Direito do Consumo

Direito do Consumo

2019

José Engrácia Antunes

ALMEDINA

DIREITO DO CONSUMO

AUTOR
José Engrácia Antunes

EDITOR
EDIÇÕES ALMEDINA, S.A.
Rua Fernandes Tomás, nºs 76-80
3000-167 Coimbra
Tel.: 239 851 904 · Fax: 239 851 901
www.almedina.net · editora@almedina.net

DESIGN DE CAPA
FBA.

PRÉ-IMPRESSÃO
EDIÇÕES ALMEDINA, SA

IMPRESSÃO E ACABAMENTO
PENTAEDRO, LDA.
fevereiro, 2019

DEPÓSITO LEGAL
451645/19

ALMEDINA | GRUPOALMEDINA

BIBLIOTECA NACIONAL DE PORTUGAL – CATALOGAÇÃO NA PUBLICAÇÃO

ANTUNES, José Engrácia, 1961-

Direito do consumo. – (Manuais universitários)
ISBN 978-972-40-7770-3

CDU 346

ABREVIATURAS

AAVV	Autores Vários
AB	Ab Instantia – Revista do Instituto do Conhecimento AB
ACE	Agrupamento Complementar de Empresas
AcP	Archiv für die civilistische Praxis
ActC	Actualidad Civil
ADC	Anuario de Derecho Civil
AEIE	Agrupamento Europeu de Interesse Económico
ARP	Auto-Regulação Publicitária
ASAE	Autoridade de Segurança Alimentar e Económica
AUJ	Acórdão de Uniformização de Jurisprudência
BB	Der Betriebs-Berater
BCEUC	Boletim de Ciências Económicas da Universidade de Coimbra
BdP	Banco de Portugal
BFDUC	Boletim da Faculdade de Direito da Universidade de Coimbra
BGB	Bürgerliches Gesetzbuch
BLR	Business Law Review
BMJ	Boletim do Ministério da Justiça
B2B	Business to Business
B2C	Business to Consumer
CadMVM	Cadernos do Mercado de Valores Mobiliários
CACCDC	Centro de Arbitragem de Conflitos de Consumo do Distrito de Coimbra
CACCL	Centro de Arbitragem de Conflitos de Consumo – Lisboa
CACCP	Centro de Arbitragem de Conflitos de Consumo – Porto
CASA	Centro de Arbitragem do Setor Automóvel
CCivil	Código Civil
CCom	Código Comercial
CDC	Cuadernos de Derecho y Comercio
CDP	Cadernos de Direito Privado

CeIm	Contratto e Impresa
CIEC	Código dos Impostos Especiais de Consumo
CIMPAS	Centro de Informação, Mediação, Provedoria e Arbitragem de Seguros
CIRE	Código da Insolvência e da Recuperação de Empresas
CJ	Colectânea de Jurisprudência
CJ/STJ	Colectânea de Jurisprudência – Acórdãos do Supremo Tribunal de Justiça
CL	Cyber Law
CMVM	Comissão do Mercado de Valores Mobiliários
CNIACC	Centro Nacional de Informação e Arbitragem de Conflitos de Consumo
CPA	Código do Procedimento Administrativo
CPC	Código de Processo Civil
CPI	Código da Propriedade Industrial
CPub	Código da Publicidade
CRC	Código do Registo Comercial
CrJ	Critério Jurídico – Revista da Pontifícia Universidad Javeriana
CRP	Constituição da República Portuguesa
CSC	Código das Sociedades Comerciais
CSSBC	Comissão de Segurança de Serviços e Bens de Consumo
CVM	Código dos Valores Mobiliários
DB	Der Betrieb
DCE	Diretiva do Comércio Eletrónico
DCSI	Diritti Comunitario e degli Scambi Internazionali
DDC	Documentação e Direito Comparado
DECO	Associação Portuguesa para a Defesa do Consumidor
DGC	Direção-Geral dos Consumidores
DGCP	Direção-Geral de Concorrência e Preços
Diss.	Dissertação
DR	Diário da República
DSI	Direito da Sociedade de Informação
ECLI	European Case Law Identifier
ECLI:EU:C	European Case Law Identifier – European Court of Justice
EDC	Estudos de Direito do Consumidor
EDI	Electronic Data Interchange
EIDC	Estudos do Instituto de Direito do Consumo
ERPL	European Review of Private Law
ELF	European Legal Forum
ESCon	Estudios sobre Consumo

ForI	Forum Institutiae
ForISP	Fórum – Revista Semestral do Instituto de Seguros de Portugal
GalRDE	Galileu – Revista de Economia e Direito
GCom	Giurisprudenza Commerciale
GiuI	Giurisprudenza Italiana
HGB	Handelsgesetzbuch
HLR	Harvard Law Review
ICCLR	International Company and Commercial Law Review
ILJ	The Italian Law Journal
IPQ	Instituto Português da Qualidade
JA	Juristische Arbeitsblätter
JBl	Juristische Blätter
JCP	Jurisclasseur Périodique (desde 1971, "La Semaine Juridique")
JCPol	Journal of Consumer Policy
JECML	Journal of European Consumer and Market Law
Julg	Revista Julgar
JusN	JusNet – Wolters Kluwer
JurI	Juridica International Law Review
JZ	Juristenzeitung
KritV	Kritische Vierteljahresschrift für Gesetzgebung und Rechtswissenschaft
LAP	Lei dos Atrasos de Pagamento nas Transações Comerciais
LAV	Lei da Arbitragem Voluntária
LCC	Lei do Crédito ao Consumo
LCCD	Lei dos Contratos Celebrados à Distância
LCCG	Lei das Cláusulas Contratuais Gerais
LCE	Lei do Comércio Eletrónico
LCS	Lei do Contrato de Seguro
LDC	Lei de Defesa do Consumidor
LDE	Lei dos Documentos Eletrónicos e da Assinatura Digital
LexE	Lex Electronica
LexM	Lex Medicinae – Revista Portuguesa de Direito da Saúde
LGC	Lei Geral da Concorrência
LI	Lei da Imprensa
LM	Lei da Mediação
LPCD	Lei das Práticas Comerciais Desleais
LPDP	Lei de Proteção de Dados Pessoais
LPIRC	Lei das Práticas Individuais Restritivas do Comércio

LR	Lei da Rádio
LRALC	Lei da Resolução Alternativa de Conflitos de Consumo
LRCP	Lei da Responsabilidade Civil do Produtor
LSEN	Lei do Sistema Elétrico Nacional
LSP	Lei da Segurança dos Produtos
LSPE	Lei dos Serviços Públicos Essenciais
LTV	Lei da Televisão
LVBC	Lei das Vendas de Bens de Consumo
MJur	Maia Jurídica – Revista de Direito
NJW	Neue Juristische Wochenschrift
OCDE	Organização para a Cooperação e Desenvolvimento Económicos
OD	Revista O Direito
RAdv	Revista do Advogado – Associação dos Advogados de São Paulo
RAL	Resolução Alternativa de Conflitos
RALC	Resolução Alternativa de Litígios de Consumo
RC	Relação de Coimbra
RCCS	Revista Crítica de Ciências Sociais
RCP	Regulamento das Custas Processuais
RD	Recueil Dalloz Sirey
RDC	Revista de Direito Civil
RDCC	Revue de Droit de la Concurrence et Consommation
RDCons	Revista de Direito do Consumidor
RDE	Revista de Direito e Economia
RDer	Revista de Derecho
RDI	Revista de Direito da Insolvência
RDM	Revista de Derecho Mercantil
RDP	Revista de Derecho Privado
RDPub	Revista de Direito Público
RDS	Revista de Direito das Sociedades
RE	Relação de Évora
RED	Revista Electrónica de Direito
REDC	Revue Européenne de Droit de la Consommation
REEE	Revista de Estudios Económicos y Empresariales
REP	Revista de Estudos Politécnicos
RevCEJ	Revista do CEJ
RevTDC	Revista Trimestral de Direito Civil
RG	Relação de Guimarães
RIDC	Revue Internationale de Droit Comparé

RivDCiv	Rivista di Diritto Civile
RivDCom	Rivista del Diritto Commerciale e del Diritto Generale delle Obbligazioni
RIW	Recht der internationalen Wirtschaft
RJACSR	Regime Jurídico de Acesso e Exercício de Atividades de Comércio, Serviços e Restauração
RJAL	Regime Jurídico do Alojamento Local
RJET	Regime Jurídico dos Empreendimentos Turísticos
RJLB	Revista Jurídica Luso-Brasileira
RJSPME	Regime Jurídico dos Serviços de Pagamento e da Moeda Eletrónica
RL	Relação de Lisboa
RLJ	Revista de Legislação e de Jurisprudência
RMP	Revista do Ministério Público
RNAVT	Registo Nacional das Agências de Viagens e Turismo
ROA	Revista da Ordem dos Advogados
RP	Relação do Porto
RPDC	Revista Portuguesa de Direito do Consumo
RRNPC	Regime do Registo Nacional de Pessoas Coletivas
RS	Rivista delle Società
RTDCiv	Revue Trimestrielle de Droit Civil
RTDPC	Rivista Trimestrale di Diritto e Procedura Civile
RVn	Revista Vniversitas
SI	Scientia Ivridica – Revista de Direito Português e Brasileiro
SLR	Stanford Law Review
SPQ	Sistema Português da Qualidade
STA	Supremo Tribunal Administrativo
STJ	Supremo Tribunal de Justiça
StJLR	St. John's Law Review
TAEG	Taxa Anual de Encargos Efetiva Global
TC	Tribunal Constitucional
TConf	Tribunal dos Conflitos
TFUE	Tratado sobre o Funcionamento da União Europeia
Themis-UNL	Themis – Revista da Faculdade de Direito da Universidade Nova de Lisboa
TJ	Tribuna da Justiça
TJUE	Tribunal de Justiça da União Europeia
TUE	Tratado da União Europeia
UE	União Europeia

UNCITRAL	United Nations Commission on International Trade Law
VersR	Versicherungsrecht – Juristische Rundschau für die Individualversicherung
VuR	Verbraucher und Recht
WM	Wertpapier-Mitteilungen – Zeitschrift für Wirtschafts- und Bankrecht
ZBB	Zeitschrift für Bankrecht und Bankwirtschaft
ZeuVr	Zeitschrift für Europäisches Unternehmens- und Verbraucherrecht
ZfRV	Zeitschrift für Europarecht, Internationales Privatrecht und Rechtsvergleichung
ZHR	Zeitschrift für das gesamte Handelsrecht und Wirtschaftsrecht

Capítulo I
Introdução*

§1
O "Consumerismo"

1. A Sociedade de Consumo

I. Nas economias tradicionais, os padrões do consumo repetiam-se rotineiramente de geração em geração, sendo as relações entre produtores e consumidores simples, diretas e pessoais: os compradores ou clientes podiam tranquilamente examinar a qualidade e as características dos produtos ou serviços adquiridos, identificar e comparar facilmente as parcas alternativas existentes no mercado, bem assim como negociar até os respetivos preços.

* **Literatura Portuguesa:** ALMEIDA, C. Ferreira, *Os Direitos dos Consumidores,* Almedina, Coimbra, 1982; ALMEIDA, C. Ferreira, *Direito do Consumo,* Almedina, Coimbra, 2005; CARVALHO, J. Morais, *Manual de Direito do Consumo,* 5ª edição, Almedina, Coimbra, 2018; LIZ, J. Pegado, *Introdução ao Direito e à Política do Consumo,* Ed. Notícias, Lisboa, 1999. **Literatura Estrangeira:** ALEXANDER, Christian, *Verbraucherschutzrecht,* Beck, München, 2015; BARENGUI, Andrea, *Diritto dei Consumatori,* Cedam, Padova, 2017; CALAIS-AULOY, Jean/ TEMPLE, Henri, *Droit de la Consommation,* 9ème édition, Dalloz, Paris, 2015; GARCÍA, L. María/ ARCE, A. Léon, *Derechos de los Consumidores y Usuarios,* 2 volumes, 3ª edición, Tirant lo Blanch, Valencia, 2016; KHOURI, P. Roque, *Direito do Consumidor,* 5ª edição, Editora Atlas, São Paulo, 2012; NEBBIA, Paolisa/ ASKHAM, Tony, *EC Consumer Law,* Oxford University Press, New York, 2004; PORTER, Katherine, *Modern Consumer Law,* Wolters Kluwer Law & Business, New York, 2016.

II. A emergência das chamadas "sociedades de consumo", imprimindo radicais transformações em todos os estádios do ciclo económico (produção, distribuição, consumo), viria alterar profundamente a situação do consumidor ordinário, desestabilizando as relações de equilíbrio entre produtores e distribuidores, por um lado, e destinatários e utilizadores, por outro. Perdido num universo massificado de trocas operadas em mercados impessoais atulhados de uma variedade infindável de bens e serviços que se renovam diariamente, assediado através de sofisticadas e agressivas técnicas de "marketing" e venda que procuram captar as suas preferências ou mesmo induzir-lhe necessidades artificiais, e confrontado com emaranhados inenarráveis de cláusulas contratuais padronizadas a que raramente presta atenção, o consumidor médio dos nossos dias encontra-se numa situação de particular debilidade e exposição, revelando-se amiúde incapaz de avaliar convenientemente as caraterísticas dos produtos ou serviços adquiridos e de discutir em pé de igualdade o respetivo preço e demais condições de negociação, quando não mesmo sendo alvo de abusos e embustes nas transações comerciais efetuadas.

III. Esta situação de desproteção do consumidor moderno – espécie de *"homo oeconomicus passivus"* – conduziu a um movimento espontâneo de organização social dos consumidores, originado nos anos sessenta nos Estados Unidos da América e, pouco depois, transitado para a Europa e demais continentes ("consumerism"), o qual rapidamente concitaria a intervenção dos poderes públicos no sentido de assegurar mecanismos jurídicos especiais de tutela para o consumidor[1]. Marco histórico fundamental do *fenómeno do "consumerismo"* é a celebérrima tirada com que o Presidente John F. KENNEDY abriu a sua mensagem dirigida ao congresso norte-americano em 15 de março de

[1] Sobre a origem, desenvolvimento e impacto do fenómeno do "consumerismo" na opinião pública e na intervenção estadual, vide STEARNS, Peter, *Consumerism in World History: The Global Transformation of Desire*, 2nd edition, Routledge, New York, 2006; WEISS, Dimitri/ / CHRIOUZE, Yves, *Le Consummérisme*, Sirey, Paris, 1984. Sobre a ascensão consumerista em Portugal, FREIRE, João/ SILVA, C. Dias, *Consumidores em Movimento*, CIES-ISCTE, Lisboa, 1996; SANTOS, M. Beja, *De Freguês a Consumidor – 70 Anos de Sociedade de Consumo – História da Defesa do Consumidor em Portugal*, Nexo, Alcochete, 2015.

1962: "consumers, by definition, include us all". Pela primeira vez na história moderna, era reconhecido que os consumidores representavam o grupo socioeconómico, a um tempo, mais importante e menos ouvido, comprometendo-se assim a garantir-lhes um feixe de direitos fundamentais, a saber, os direitos à segurança, à proteção dos seus interesses económicos, à informação, e à escolha ("consumer bill of rights message").[2]

2. O Movimento de Tutela dos Consumidores

I. Desde então, o movimento de promoção e proteção dos interesses dos consumidores não mais haveria de parar. Constatando a inadequação e insuficiência dos quadros tradicionais do direito privado para proteger eficazmente o consumidor, a esmagadora maioria das ordens jurídicas modernas viria a introduzir definitivamente a *tutela do consumidor* ("consumer protection", "Verbraucherschutz", "protection du consommateur", "tutela del consumatore") na agenda das respetivas prioridades de política legislativa, consagrando abundantes mecanismos jurídicos especiais tendentes à sua proteção.

II. Sem contar já com algumas iniciativas pioneiras existentes no *plano internacional* – designadamente, a "Carta de Proteção do Consumidor" do Conselho da Europa (1973), o "Programa para uma Política de Proteção e Informação dos Consumidores" da União Europeia (1975 e 1981) e as "Diretrizes Gerais de Proteção dos Consumidores" da ONU (1985)[3] –, a maior parte dos *ordenamentos jurídicos nacionais* consagra hoje leis próprias destinadas a tutelar os direitos dos consumidores e a garantir a organização representativa dos seus interesses, embora através de estratégias legislativas e em

[2] Aaker, David/ Day, George, *Consumerism*, 29 e ss., 4th edition, Free Press, New York, 1982. Sobre a evolução recente do fenómeno consumerista num contexto de globalização económica, vide Hilton, Matthew, *Prosperity for All: Consumer Activism in an Era of Globalization*, Cornell University Press, London, 2009.

[3] Uma versão portuguesa destes textos pode ser encontrada em Almeida, C. Ferreira, *Os Direitos dos Consumidores*, 317 e ss., Almedina, Coimbra, 1982. Sobre o ponto, vide ainda Alpa, Guido/ Bessone, Mario, *Carta Europea dei Consumatori*, in: XIX RS (1974), 827-837; OCDE, *La Politique de la Consommation dans les Pays OCDE*, Paris, 1983; UNCITRAL, *Guidelines for Consumer Protection*, United Nations, New York, 2016.

graus de densidade regulatória diversos. Apenas para falar de alguns exemplos mais próximos ou emblemáticos, pense-se no caso da Espanha ("Ley General para la Defensa de los Consumidores y Usuarios" de 2007), da França ("Code de la Consommation" de 2016), da Itália ("Codice del Consumo" de 2005), da Áustria ("Konsumentenschutzgesetz" de 1979), da Inglaterra ("Consumer Rights Act" de 2015)[4], da Alemanha (através de um conjunto de leis setoriais, designadamente a "AGB-Gesetz", a "Verbraucherkreditgesetz" e o reconhecimento da figura do consumidor no próprio "BGB")[5] ou dos Estados Unidos da América (incluindo os "Federal Food, Drug, and Cosmetic Act", "Fair Debt Collection Practices Act", "Fair Credit Reporting Act" e "Gramm-Leach-Bliley Act").[6]

§2
O Direito do Consumo

1. Breve Noção

I. Esta linha de evolução socioeconómica e legislativa, traduzida na entronização do consumidor como centro nevrálgico de uma específica zona de intervenção das ordens jurídicas da modernidade, cedo conduziria à emergência de um *"Direito do Consumo"*. Este novel setor jurídico, por vezes também designado "direito do consumidor"

[4] Sobre estas leis gerais e códigos de consumo, vide RODRÍGUEZ-CANO, R. Bercovitz, *Comentario del Texto Refundido de la Ley General para la Defensa de los Consumidores y Usuarios*, 2ª edición, Aranzadi, Madrid, 2015; PICOT, Yves/ PICOT, Nathalie/ CHEVRIER, Eric, *Code de la Consommation – Annoté et Commenté*, Dalloz, Paris, 2018; CUFARO, Vincenzo, *Codice del Consumo*, 4ª edizione, Giuffrè, Milano, 2015; KOSESNIK-WEHRLE, Anne Marie, *Konsumentenschutzgesetz – Kurzkommentar*, 4. Aufl., Manz, Wien, 2016; BARRY, Dennis/ JENKINS, Edward/ / SUMNALL, Charlene/ DOUGLAS-JOHN, Ben, *Blackstone's Guide to the Consumer Rights Act 2015*, Oxford University Press, Oxford, 2016.

[5] Sobre o direito alemão do consumo, vide ALEXANDER, Christian, *Verbraucherschutzrecht*, Beck, München, 2015; BÜLOW, Peter/ ARTZ, Markus, *Verbraucherprivatrecht*, C.F. Müller, Heidelberg, 2016.

[6] Sobre o direito norte-americano do consumo, vide PORTER, Katherine, *Modern Consumer Law*, Wolters Kluwer Law & Business, Aspen Case Book Series, New York, 2016; WALEY, Douglas, *Problems and Materials on Consumer Law*, 7th edition, Wolters Kluwer Law & Business, New York, 2016.

("consumer law", "diritto dei consumatori") ou "direito de defesa dos consumidores" ("Verbraucherschutzrecht", "derecho de protección a los consumidores")[7], tem por objeto o *conjunto de princípios e normas (legais, regulamentares, autorregulatórios) relativos à disciplina jurídica das relações de consumo, mediante a consagração da figura do consumidor, a definição do seu estatuto jurídico (em especial, os seus direitos fundamentais) e a regulação dos atos de consumo (em especial, os contratos de consumo), tendo por finalidade precípua a promoção e a proteção dos interesses dos consumidores.*

II. Trata-se, naturalmente, de uma mera definição propedêutica ou preliminar, a explicitar e densificar no decurso da exposição subsequente. Como adiante melhor veremos, as perplexidades geradas em torno da delimitação da própria noção-chave de "consumidor", a natureza pluridisciplinar das fontes da sua tutela jurídica, o fundamentalismo da sua matriz ideológica, e a sua inconsistente unidade dogmático-científica, tornam bastante difícil precisar com rigor o objeto desta disciplina e até fundamentar a sua própria autonomia enquanto ramo jurídico – não faltando mesmo quem afirme que "um direito do consumo, como ramo autónomo do direito, à semelhança do direito civil, do direito comercial ou do direito de trabalho, não existe no atual sistema jurídico".[8]

III. *Em Portugal*, como noutros países, a génese do Direito do Consumo é recente. Anteriormente à década de 80, pode dizer-se que, ressalvadas escassas e inexpressivas referências contidas na lei civil (v.g., o conceito de coisas consumíveis do art. 208º do CCivil) e comercial (v.g., as compras destinadas ao consumo do comprador do art. 464º, nº 1 do CCom), o direito português não concedia atenção ao fenómeno jurídico-económico do consumo[9]. Seria apenas com a

[7] Sobre estas diferentes terminologias, e seu significado relativo, vide *infra* § 2-6 (IV).

[8] Sangensted, H. Rudolf, *Meine Rechte als Verbraucher*, 19, Beck, München, 1980.

[9] Chegou a existir uma proposta de Lei nº 5/XI, relativa à "proteção e defesa do consumidor" (a propósito da qual a Câmara Corporativa elaborou um parecer, publicado em 17 de abril de 1974), a qual, todavia, nunca veio a ser aprovada. Sobre a proto-história dos direitos dos consumidores em Portugal, vide Almeida, C. Ferreira, *Os Direitos dos Consumidores*, 39 e ss., Almedina, Coimbra, 1982.

aprovação da primeira "Lei de Defesa do Consumidor" (Lei nº 29/81, de 22 de agosto) e a primeira revisão da CRP (Lei nº 1/82, de 30 de setembro) que esta situação se alteraria.

IV. Já durante o presente milénio, chegou a ser elaborado um "Anteprojeto de Código de Consumidor", preparado por uma comissão presidida por A. Pinto Monteiro, com o propósito, entre outros, de proceder a uma compilação da profusa legislação do consumo existente, conferindo assim uma maior unidade sistemática à regulação jurídica neste domínio[10]. Todavia, alvo de diversas críticas, tal anteprojeto jamais viria a ser aprovado.[11]

2. Fontes Nacionais

I. As fontes do Direito do Consumo são hoje, fruto da sua multidisciplinaridade, muito díspares, podendo aqui classificar-se em fontes nacionais, europeias e internacionais.

II. Desde logo, no plano das fontes internas, cumpre salientar a *Constituição da República Portuguesa*[12]. Para além de ter estabelecido a proteção do consumidor entre as "incumbências prioritárias" (art. 81º, i) da CRP) e os "objetivos da política comercial" (art. 99º, e) da CRP) do Estado português, e de ter ainda previsto o direito de ação popular para promover a prevenção ou a cessação de infrações contra os direitos dos consumidores (art. 52º, nº 3, a) da CRP), a Lei Fun-

[10] *Código do Consumidor – Anteprojeto*, Ministério da Economia e Inovação, Lisboa, 2006.

[11] Ascensão, J. Oliveira, *O Anteprojecto do Código do Consumidor e a Publicidade*, in: III EIDC (2006), 7-36; Cordeiro, A. Menezes, *O Anteprojecto de Código do Consumidor*, in: 138 OD (2006), 685-715; Liz, J. Pegado, *Um Código do Consumidor, Para os Consumidores ou Nem uma Coisa Nem Outra?*, in: 49 RPDC (2007), 26-32.

[12] Andrade, J. Vieira, *Os Direitos dos Consumidores como Direitos Fundamentais na Constituição Portuguesa de 1976*, in: LXXVIII BFDUC (2002), 43-64; Cristas, Assunção, *Protecção Constitucional do Consumidor e Suas Implicações no Direito Contratual*, in: AAVV, "Direito Contratual entre Liberdade e Protecção dos Interesses e Outros Artigos Alemães-Lusitanos", 47-60, Almedina, Coimbra, 2008; Meirim, J. Manuel, *A Constituição da República e os Consumidores*, in: XI RMP (1990), 181-188; Nabais, J. Casalta, *O Estatuto Constitucional dos Consumidores*, in: AAVV, "Estudos em Homenagem ao Prof. Doutor Sérvulo Correia", vol. I, 479-508, Coimbra Editora, Coimbra, 2010.

damental consagrou expressamente os direitos dos consumidores, alcandorando-os à dignidade de direitos fundamentais[13]. Com efeito, nos termos do art. 60º da CRP (sob a epígrafe "direitos dos consumidores"), o legislador dispõe expressamente que "os consumidores têm direito à qualidade dos bens e serviços consumidos, à formação e à informação, à proteção da saúde, da segurança e dos seus interesses económicos, bem como à reparação dos danos" (nº 1), proibindo ainda "todas as formas de publicidade oculta, indireta ou dolosa" (nº 2), e consagrando o direito das associações de consumidores "ao apoio do Estado e a ser ouvidas sobre questões que digam respeito à defesa dos consumidores, sendo-lhes reconhecida legitimidade processual para defesa dos seus associados ou de interesses coletivos ou difusos" (nº 3)[14]. Este preceito, todavia, tem uma natureza essencialmente programática, sendo duvidoso que seja diretamente aplicável às relações de consumo e, assim, fonte de direitos subjetivos para os consumidores.[15]

III. Dando cumprimento a estes imperativos constitucionais, foi aprovada em 1981 a primeira *Lei de Defesa do Consumidor* (LDC) (Lei nº 29/81, de 22 de agosto), a qual viria mais tarde a ser revogada e substituída pela Lei nº 24/96, de 31 de julho, atualmente em vigor[16].

[13] Como salientam J. Gomes Canotilho e Vital Moreira, "a proteção constitucional dos consumidores, que no texto originário da Constituição estava inserida na constituição económica, surge agora localizada em sede de direitos fundamentais (...), o que se traduz numa evidente promoção" (*Constituição da República Portuguesa Anotada,* 780, 4ª edição, Coimbra Editora, 2007).

[14] Miranda, Jorge, *Anotação ao Artigo 60º da Constituição,* in: IV EIDC (2014), 25-34.

[15] Nabais, J. Casalta, *O Estatuto Constitucional dos Consumidores,* 488, in: AAVV, "Estudos em Homenagem ao Prof. Doutor Sérvulo Correia", vol. I, 479-508, Coimbra Editora, Coimbra, 2010; na jurisprudência, vide o Acórdão do TC nº 650/04, de 16-XI-2004 (Bravo Serra). Sustentando a sua aplicabilidade direta, com fundamento na qualificação da maioria dos direitos dos consumidores como análogos aos direitos, liberdades e garantias (arts. 1º e 18º da CRP), Barbieri, Diovana, *A Vinculação dos Particulares aos Direitos Fundamentais dos Consumidores na Ordem Jurídica Portuguesa,* in: 8 EDC (2007), 291-345.

[16] A atual LDC sofreu quatro revisões, tendo sido alterada sucessivamente pelas Lei nº 85/98, de 16 de dezembro, Decreto-Lei nº 67/2003, de 8 de abril, Lei nº 10/2013, de 28 de janeiro, e Lei nº 47/2014, de 28 de julho. Sobre estas sucessivas versões da "Lei de Defesa do Consumidor" (que, na versão atual, aparece designada como "Regime Legal Aplicável à

Do ponto de vista da sua estrutura, a LDC consagra uma noção geral de consumidor (art. 2º), estabelece os direitos dos consumidores (arts. 3º a 15º), determina o seu caráter injuntivo (art. 16º), e fixa as condições de representatividade e os direitos das várias instituições de promoção e tutela dos consumidores (arts. 17º a 22º), encerrando com algumas disposições finais e transitórias (arts. 23º a 25º). Embora constituindo uma trave-mestra da política de consumo e o quadro normativo de referência dos direitos dos consumidores, encontramo-nos aqui perante uma mera lei-quadro ou "lei de bases", na qual o legislador nacional se limitou a verter os grandes princípios já internacionalmente aceites na matéria e que vem sendo secundada e concretizada através de abundantíssimas leis avulsas e especiais.[17]

IV. Pode assim dizer-se que a *legislação especial de consumo* constitui hoje a fonte quantitativamente mais importante do Direito do Consumo português[18]. Entre os principais diplomas, merecem destaque a Lei do Crédito ao Consumo (LCC) (Decreto-Lei nº 133/2009, de 2 de junho), a Lei dos Contratos Comerciais à Distância (LCCD) (Decreto-Lei nº 24/2014, de 14 de fevereiro), a Lei do Comércio Eletrónico (LCE) (Decreto-Lei nº 7/2004, de 7 de janeiro), a Lei das Cláusulas Contratuais Gerais (LCCG) (Decreto-Lei nº 446/85, de 25 de outubro), a Lei das Práticas Comerciais Desleais (LPCD) (Decreto-Lei nº 57/2008, de 26 de março), a Lei das Práticas Individuais Restritivas de Comércio (LPIRC) (Decreto-Lei nº 166/2013, de 27 de dezembro), a Lei da Proteção dos Dados Pessoais (LPDP) (Lei nº 67/98, de 26 de outubro), a Lei da Responsabilidade Civil do Produtor (LRCP) (Decreto-Lei nº 383/89, de 6 de novembro), a

Defesa do Consumidor"), vide Almeida, Teresa, *Lei de Defesa do Consumidor Anotada*, 2ª edição, Instituto do Consumidor, Lisboa, 2001; Cardoso, Elionora, *Lei de Defesa do Consumidor: Comentada e Anotada*, Coimbra Editora, Coimbra, 2012.

[17] Sobre este aspeto, vide *infra* § 9-2.

[18] Para algumas coletâneas legislativas, condenadas aliás à sua rápida desatualização, vide, por ordem cronológica, Ferreira, Ataíde/ Liz, J. Pegado, *Direitos dos Consumidores: Colectânea de Legislação*, 2 vols., Deco, Lisboa, 1995/1998; Frota, Mário, *Dos Contratos de Consumo em Especial – Colectânea de Legislação*, 2ª ed., Coimbra Editora, Coimbra, 2000; Cardoso, Elionora, *Coletânea de Legislação do Consumo*, Coimbra Editora, Coimbra, 2011; Falcão, David, *Direito do Consumo – Coletânea de Legislação Fundamental*, 4ª edição, Almedina, Coimbra, 2018.

Lei da Resolução Alternativa de Litígios de Consumo (LRALC) (Lei nº 144/2015, de 8 de setembro), a Lei da Segurança dos Produtos (LSP) (Decreto-Lei nº 69/2005, de 17 de março), a Lei dos Serviços Públicos Essenciais (LSPE) (Lei nº 23/96, de 26 de julho), e a Lei das Vendas de Bens de Consumo (LVBC) (Decreto-Lei nº 67/2003, de 8 de abril).

V. Mas muitos outros diplomas integrantes do verdadeiro "mare magnum" legislativo e regulamentar extravagante relativo à proteção dos consumidores poderiam ser aqui ainda referidos. Assim, a mero título de exemplo, e por ordem cronológica, vejam-se os Decreto-Lei nº 238/86, de 19 de agosto (língua a utilizar nas informações sobre a natureza, caraterísticas e garantias de bens e serviços), Decreto-Lei nº 150/90, de 10 de maio (imitações perigosas), Decreto-Lei nº 138/90, de 26 de abril (indicação obrigatória do preço de bens nas vendas a retalho), Decreto-Lei nº 275/93, de 5 de agosto (habitação periódica), Lei nº 83/95, de 31 de agosto (direito de participação procedimental e ação popular), Decreto-Lei nº 291/2001, de 20 de novembro (comercialização de géneros alimentícios), Decreto-Lei nº 304/2001, de 26 de novembro (informação ao consumidor sobre economia de combustível e emissões de dióxido de carbono dos automóveis), Lei nº 25/2004, de 8 de julho (ações inibitórias em matéria de proteção dos interesses dos consumidores), Decreto-Lei nº 156/2005, de 15 de setembro (livro de reclamações), Decreto-Lei nº 95/2006, de 29 de maio (contratos à distância relativos a serviços financeiros), Decreto-Lei nº 70/2007, de 26 de março (práticas comerciais com redução de preço), Decreto-Lei nº 331/2007, de 9 de outubro (promoção e comercialização de bens integrados num conjunto), Decreto-Lei nº 134/2009, de 2 de junho ("call centers"), Decreto-Lei nº 222/2009, de 11 de setembro (proteção do consumidor na celebração de seguros de vida associados ao crédito à habitação), Decreto-Lei nº 118/2010, de 25 de outubro (prazos de pagamento obrigatórios para os contratos de compra e venda ou fornecimento de bens alimentares exclusivamente destinados ao consumo humano, em que seja parte uma micro ou pequena empresa), Decreto-Lei nº 43/2011, de 24 de março (regime da segurança dos brinquedos disponibilizados no mercado), Decreto-Lei nº 71/2012, de 21 de março (sistema nacional de qualidade), Decreto-Regulamentar nº 38/2012, de 10 de abril (Direção-Geral do Consumidor), Lei nº 5/2013, de 16 de janeiro (Conselho Nacional do Consumo), Decreto-Lei nº 57/2017, de 9 de junho (disponibilização no mercado, colocação em serviço e utilização de equipamentos rádio), Decreto-Lei nº 63/2017, de 9 de junho (certificação económica de equipamentos marítimos), Decreto-Lei nº 74-A/2017, de 23 de junho (crédito aos consumidores para imóveis destinados a habitação) Decreto-Lei nº 102/2017, de 23 de agosto (harmonização das obrigações de informação nos estabelecimentos comerciais de venda de bens e/ou prestação de serviços), e Decreto-Lei nº 107/2017, de 30 de agosto (transparência e comparabilidade das comissões cobradas aos consumidores pelas contas de pagamento), bem assim como as Portaria nº 1340/2008, de 26 de novembro (Fundo para a Promoção dos Direitos dos Consumidores) e Portaria nº 201-A/2017, de 30 de junho (modelo, edição, preços, fornecimento e distribuição do livro de reclamações).

VI. Finalmente, apesar de não constituir fonte em sentido estrito, merece igualmente referência a *jurisprudência* do consumo. No espaço de poucas décadas, os tribunais judiciais portugueses proferiram numerosas e importantes decisões que vêm contribuindo para o avanço e a sedimentação deste setor do ordenamento jurídico[19], sendo ainda de destacar a jurisprudência europeia e até comparada[20], bem assim como a própria jurisprudência arbitral[21]. Do mesmo modo, vêm adquirindo crescente relevo prático as próprias *normas autorregulatórias*, plasmadas em códigos deontológicos (v.g., "Código

[19] Nunes, Natália, *Direitos do Consumidor: Colectânea de Jurisprudência*, Deco, Lisboa, 2003. Para alguns comentários à jurisprudência, vide Alves, João, *Direito dos Consumidores: Textos e Peças*, Coimbra Editora, Coimbra, 2006; Cardoso, Elionora, *Lei de Defesa do Consumidor: Comentada e Anotada*, Coimbra Editora, Coimbra, 2012.

[20] Micklitz, Hans-W./ Stuyck, Jules/ Terryn, Evelyn, *Cases, Materials and Texts in EC Consumer Law*, Hart Publishing, Portland, 2010; Terryn, Evelyn/ Straetmans, Gert/ Colaert, Veerle, *Landmark Cases of EU Consumer Law*, Intersentia, Antwerp, 2013.

[21] Centro de Arbitragem de Conflitos de Consumo de Lisboa, *Sinopse da Ação e Colectânea de Jurisprudência*, CACCL, Lisboa, 1999.

de Conduta em Matéria de Publicidade" da ARP), "acordos de boa conduta" (art. 19º da LDC), e outras normas de "soft law".[22]

3. Fontes Europeias

I. A par destas fontes internas, não se pode perder de vista a importância crescente das fontes europeias em matéria de defesa do consumidor. Com efeito, pode afirmar-se, sem risco de exagerar, que o legislador comunitário tem sido a *grande força motriz* dos direitos nacionais do consumo na Europa, incluindo naturalmente o português[23] – não surpreendendo assim que haja quem fale numa harmonização completa nesta matéria[24] ou até na emergência de um código europeu do consumo.[25]

II. Recorde-se que, desde o Tratado de Maastrich, a competência para legislar em matéria dos direitos dos consumidores foi transferida para a União Europeia: o TFUE consagra claramente, entre os seus princípios e linhas fundamentais de ação, para além da referida competência partilhada (art. 4º, nº 2, f)), o compromisso de incluir a defesa dos consumidores na definição e execução das políticas europeias (art. 12º) e no plano de harmonização legislativa (art.

[22] Cf. *infra* § 15-3. Vide ainda European Consumer Law Group, *Le Soft Law et l'Intérêt du Consommateur,* in: 2 REDC (2001), 113-133; Fernández, E. Fernández, *Mecanismos de Protección del Consumidor Instaurados por la Propria Empresa,* in: AAVV, "Derecho de los Consumidores y Usuarios", vol. II, 2479-2499, 3ª edición, Tirant lo Blanch, Valencia, 2016.

[23] Carvalho, J. Morais, *La Protección de los Consumidores en la Unión Europea: Mito o Realidad?,* in: 6 CrJ (2006), 243-266; Martins, A. Guerra, *O Direito Comunitário do Consumo – Guia de Estudo,* in: I EIDC (2002), 63-91; Frota, Mário, *Política de Consumidores na União Europeia. O Acervo do Direito Europeu do Consumo,* Almedina, Coimbra, 2003. Para outros desenvolvimentos, vide Nebbia, Paolisa/ Askham, Tony, *EC Consumer Law,* Oxford University Press, New York, 2004; Reich, Nobert/ Micklitz, Hans-W., *Europäisches Verbraucherrecht,* 4. Aufl., Nomos, Baden-Baden, 2003; Wheaterill, Stephen, *EU Consumer Law and Policy,* 2nd edition, Elgar European Law, Cheltenham, 2014.

[24] Stürner, Michael, *Vollharmonisierung im Europäischen Verbraucherrecht?,* Walter de Gruyter, Berlin, 2009. Mais recentemente, sustentando que o direito europeu do consumo poderá funcionar mesmo como um modelo ou "benchmark" a nível mundial, Howells, Geraint/ / Twigg-Flesner, Christian/ Wilhelmsson, Thomas, *Rethinking EU Consumer Law,* Routledge, New York, 2017.

[25] Osman, Filiali (dir.), *Vers un Code Européen de la Consommation?,* Bruylant, Bruxelles, 1998.

114º), prevendo ainda, muito em particular, um conjunto de medidas de atuação específica neste domínio no seu Título XV, intitulado "A Defesa dos Consumidores" (art. 169º).[26]

III. Em execução deste comando, são numerosos os *instrumentos de harmonização legislativa* que vêm sendo aprovados pelas instâncias comunitárias, a grande maioria dos quais já adotados na ordem jurídica interna portuguesa. No domínio dos instrumentos de aplicação direta e imediata, destacam-se os *Regulamentos*: por ordem cronológica, refiram-se os Regulamentos CE/2006/2004, de 27 de outubro (cooperação no domínio da defesa do consumidor), CE/765/2008, de 9 de julho (requisitos de acreditação e fiscalização do mercado relativos à comercialização de produtos), UE/1169/2011, de 25 de outubro (prestação de informação aos consumidores sobre os géneros alimentícios), UE/524/2013, de 21 de maio (resolução de litígios de consumo em linha), UE/254/2014, de 26 de fevereiro (programa plurianual «Consumidores»), UE/2016/792, de 11 de maio (índices harmonizados de preços no consumidor), e UE/2017/826, de 17 de maio (reforço da participação dos consumidores na elaboração das políticas da União relativas a serviços financeiros). Já no domínio dos instrumentos europeus que envolvem atos de transposição interna, podem mencionar-se as *Diretivas* 93/13/CEE, de 5 de abril (cláusulas abusivas nos contratos de consumo), 98/6/CE, de 16 de fevereiro (indicações dos preços dos produtos oferecidos aos consumidores), 1999/44/CE, de 25 de maio (venda de bens de consumo e garantias a ela relativas), 2001/95/CE, de 3 de dezembro (segurança geral dos produtos), 2002/22/CE, de 7 de março (serviço universal e direitos dos utilizadores em matéria de redes e serviços de comunicações eletrónicas), 2002/65/CE, de 23 de setembro (comercialização à distância de serviços financeiros prestados a consumidores), 2005/29/ /CE, de 11 de maio (práticas comerciais desleais das empresas face aos consumidores no mercado interno), 2008/122/CE, de 14 de

[26] FROTA, Mário, *O Tratado de Amesterdão e a Tutela dos Direitos do Consumidor*, in: 15 RPDC (1998), 91-93. Sobre a progressiva inflexão teleológica do direito europeu da integração do mercado interno para os direitos fundamentais e a inclusão social, vide BENÖR, Iris, *EU Consumer Law and Human Rights*, Oxford University Press, Oxford, 2013.

janeiro (proteção do consumidor em contratos de utilização periódica de bens, de aquisição de produtos de férias de longa duração, de revenda e de troca), 2008/48/CE, de 23 de abril (contratos de crédito aos consumidores), 2009/22/CE, de 23 de abril (ações inibitórias em matéria de proteção dos interesses dos consumidores), 2011/83/ /UE, de 25 de outubro (direitos dos consumidores, vulgarmente conhecida como "Diretiva dos Direitos dos Consumidores"), 2013/11/ /UE, de 21 de maio (resolução alternativa de litígios de consumo), e 2014/92/UE, de 23 de julho (comparabilidade das comissões relacionadas com as contas de pagamento, mudança de conta de pagamento e acesso a contas de pagamento com características básicas).[27]

4. Fontes Internacionais

I. Um dos traços caraterísticos dos consumidores e das relações de consumo nas economias atuais é a sua progressiva *internacionalização*. Entre os fatores responsáveis por este fenómeno, destacam-se a globalização económica em curso – de que a internacionalização do consumo constitui, simultaneamente, causa e efeito –[28] e a importância crescente do comércio eletrónico – de que os contratos eletrónicos de consumo (B2C), celebrados através da internet, são hoje uma eloquente manifestação.[29]

[27] Sobre a chamada Diretiva dos Direitos dos Consumidores, vide PASSINHAS, Sandra, *A Diretiva 2011/83/UE, de 25 de Outubro, relativa aos Direitos dos Consumidores: Algumas Considerações*, in: 9 EDC (2015), 93-141; TONNER, Klaus/ FANGEROW, Kathleen, *Directive 2011/83/EU on Consumer Rights: A New Approach to European Consumer Law?*, in: 1 JECML (2012), 67-80. Sobre a transposição de algumas dessas diretivas em Portugal, vide CARVALHO, J. Morais, *Implementation of the Consumer Rights Directive: Portugal*, in: 3 ZeuVr (2014), 285-288; PEREIRA, A. Dias, *A Protecção do Consumidor no Quadro da Directiva sobre o Comércio Electrónico*, in: 2 EDC (2000), 43-140. Para mais desenvolvimentos, REINHARD, Hans-Joachim, *Verbraucherschutz durch EU-Richtlinien – Der acquis communautaire im Bereich des Verbraucherrechts*, in: 2 ELF (2004), 86-91.

[28] CHANTAL, Ammi (ed.), *Global Consumer Behavior*, Wiley-ISTE, New York, 2007 (incluindo análise dos consumidores portugueses, a pp. 125 e ss.); COGLIANESE, Cary/ FINKEL, Adam/ / ZARING, David, *Consumer Protection in an Era of Globalization*, University of Pennsylvania, Faculty Scholarship, Paper nº 351, 2009.

[29] Sobre os contratos eletrónicos de consumo, vide *infra* § 26.

II. A proliferação das relações de consumo transnacionais ou plurilocalizadas – muito em especial, dos contratos internacionais de consumo, que se encontram em conexão com diferentes ordens jurídicas, mormente em virtude dos seus sujeitos (consumidor e empresário/profissional) possuírem a sua residência habitual, domicílio ou sede em dois Estados diferentes ou de a sua execução dever ser realizada num terceiro – trouxe para a ribalta novos problemas regulatórios, que as ordens jurídicas apenas lenta e insatisfatoriamente têm sucedido a resolver. Estas relações e contratos colocam, essencialmente, dois problemas específicos: o problema da determinação dos tribunais internacionalmente competentes – os tribunais do foro apenas podem apreciar os litígios emergentes destes contratos quando forem competentes por força das normas da competência internacional – e o problema da lei aplicável – o direito material vigente na ordem jurídica do foro apenas regulará estes contratos quando as normas de conflitos remetam para esta.[30]

III. A regulação das relações e conflitos internacionais de consumo releva hoje de um mosaico deficiente e inarticulado de instrumentos normativos jusnacionais, juseuropeus e jusinternacionais. Entre os primeiros, destacam-se as normas de conflitos consagradas em determinadas leis nacionais do consumo: vejam-se assim, por exemplo, o art. 23º da LCCG, o art. 35º da LCC ou o art. 5º da LCE. Entre os

[30] Sobre os contratos e conflitos de consumo transnacionais, vide, entre nós, Guimarães, M. Raquel, *A Compra e Venda Transnacional de Bens de Consumo*, in: 1 RED (2013), 1-19; Oliveira, E. Dias, *Lei Aplicável aos Contratos Celebrados com os Consumidores através da Internet e Tribunal Competente*, in: 4 EDC (2002), 219-239; Pinheiro, L. Lima, *Direito Aplicável aos Contratos com Consumidores*, in: 61 ROA (2001), 155-170; Ramos, R. Moura, *Remarques sur les Développements Récents du Droit International Privé Portuguais en Matière de Protection des Consommateurs*, in: "Liber Amicorum George A. L. Droz", 235-251, Martinus Nijhoff, Dordrecht, 1996; Teixeira, P. Nascimento, *A Questão da Protecção dos Consumidores nos Contratos Plurilocalizados*, in: 54 ROA (1994), 181-262; Teles, E. Galvão, *A Proteção do Consumidor nos Contratos Internacionais*, Diss., Lisboa, 1997. Para maiores desenvolvimentos, vide Hill, John, *Cross-Border Consumer Contracts*, Oxford University Press, Oxford, 2009; Klausner, E. António, *Direito Internacional do Consumidor: A Proteção do Consumidor no Livre Comércio Internacional*, Ed. Juruá, Curitiba, 2012; Sachse, Kathrin, *Der Verbrauchervertrag in Internationalen Privat- und Prozessrecht*, Mohr, Tübingen, 2006; Terradas, B. Añoveros, *Los Contratos de Consumo Intracomunitarios*, Marcial Pons, Madrid, 2003.

segundos, e para além das normas de conflitos ou afins consagradas em diversas Diretivas europeias em matéria de consumo (v.g., art. 6º, nº 2 da Diretiva 93/13/CEE, de 5 de abril, arts. 6º, nº 7 e 12º, nº 2 da Diretiva 2002/65/CE, de 23 de setembro, art. 22º, nº 4 da Diretiva 2008/48/CE, de 23 de abril), destaque especial merece o *Regulamento UE/1215/2012, de 12 de dezembro*, em matéria de competência judiciária, reconhecimento e execução de decisões em matéria civil e comercial: este regulamento estabelece um conjunto de normas de competência especialmente dedicadas aos contratos de consumo (arts. 17º a 19º, 26º, nº 2, e 31º, nº 4)[31]. Finalmente, entre os últimos, destaca-se a *Convenção de Roma de 1980* (lei aplicável às obrigações contratuais) – cujo art. 5º prevê um conjunto de normas de conflito especiais para os contratos em que uma das partes seja consumidor, a qual viria a ser ser substituída, para os Estados-membros da União Europeia, pelo Regulamento CE/593/2008, de 17 de junho ("Roma I"), cujo art. 6º se ocupa agora da referida matéria –[32], sem prejuízo de outros instrumentos jusinternacionais de natureza legal (arts. 15º a 17º da Convenção de Bruxelas, arts. 15º a 17º da Convenção de Lugano, art. 6º, nº 1 do Regulamento Roma II) e autorregulatória (v.g., "OECD Guidelines for Protecting Consumers from Fraudulent and Deceptive Commercial Practices Across Borders" de 2003).[33]

[31] Bonomi, Andrea, *Jurisdiction over Consumer Contracts,* in: Dickynson, Andrew/ Lein, Eva, "The Brussels I Regulation Recast", 213-245, Oxford University Press, Oxford, 2015.

[32] Sobre o ponto, além dos estudos atrás referidos, vide ainda Vicente, D. Moura, *Lei Reguladora dos Contratos de Consumo,* 76 e ss., in: II EIDC (2005), 75-101; Pinheiro, L. Lima, *Direito Aplicável aos Contratos com Consumidores,* 160 e ss., in: 61 ROA (2001), 155-170; Teles, E. Galvão, *A Lei Aplicável aos Contratos de Consumo no "Labirinto Comunitário"*, in: "Estudos em Homenagem ao Prof. Doutor Inocêncio Galvão Telles", vol. I, 683-751, Almedina, Coimbra, 2002. Noutros quadrantes, Ragne, Piir/ Sein, Karin, *Law Applicable to Consumer Contracts: Interaction of the Rome I Regulation and EU-Directive-based Rules on Conflicts of Laws,* in: 24 "JurI" (2016), 63-70.

[33] Sobre o tribunal competente, Santos, A. Marques, *Direito Aplicável aos Contratos Celebrados através da Internet e Tribunal Competente,* in: 4 DSI (2003), 107-170; Vicente, D. Moura, *A Competência Judiciária em Matéria de Conflitos de Consumo nas Convenções de Bruxelas e de Lugano,* in: I EIDC (2002), 107-130. Sobre os pactos atributivos de jurisdição (para os quais é relevante a Convenção de Haia de 2005), Pereira, A. Dias, *Os Pactos Atributivos de Jurisdição nos Contratos Electrónicos de Consumo,* in: 3 EDC (2001), 281-300.

5. Razão de Ser

I. A origem última e razão de ser fundamental desta tutela orgânica dos consumidores radica nas *insuficiências patenteadas pela ordem jurídica tradicional e pelo modelo económico liberal para fazerem face ao desequilíbrio das relações de força entre os protagonistas do circuito económico* nas modernas sociedades de consumo, "maxime", entre produtores, distribuidores e consumidores.

II. Com efeito, o direito privado clássico, herdado das codificações oitocentistas e assente no primado da autonomia privada, concebe as relações entre os sujeitos jurídicos na base de uma absoluta e pressuposta liberdade e igualdade recíprocas (art. 405º, nº 1 do CCivil). E o modelo económico liberal, assente na liberdade de concorrência e de iniciativa privada (art. 61º, nº 1 da CRP), acredita que a tutela dos sujeitos económicos é assegurada através do mero jogo das forças de mercado e do preço. Sucede, porém, que, no contexto de sistemas económicos caracterizados pela massificação e estandardização das trocas comerciais, as relações entre as empresas produtoras e distribuidoras (profissionais) e os destinatários finais dos respetivos bens e serviços (consumidores) de há muito deixaram de corresponder a um tal imaginário de relações entre sujeitos livres e iguais, para se assumirem antes como relações entre entidades dotadas de um estatuto económico, social, informativo, e técnico inequivocamente desigual.[34]

III. Ora é justamente esta ideia-chave de consumidor, qual David contra Golias, enquanto parte desigual, débil, ou profana no quadro das relações jurídico-económicas de consumo estabelecidas com contrapartes empresariais dotadas de uma superior capacidade financeira e preparação técnica, e a coeva intenção de restabelecer o equilíbrio de forças entre ambos ("bargaining power"), que constitui o verdadeiro *"leitmotiv"* do direito do consumo: não admira assim

[34] Sobre as insuficiências deste modelo jurídico-económico – bem assim como das correspetivas super-metáforas do primado da autonomia e da livre iniciativa privadas (art. 405º, nº 1 do CCivil e art. 61º, nº 1 da CRP) –, vide Antunes, J. Engrácia, *Direito dos Contratos Comerciais,* 123 e ss., reimpressão, Almedina, Coimbra, 2017.

que este seja perspetivado essencialmente como um direito especial de defesa ("Abwehrrecht", "derecho de defensa") ou de proteção ("Schutzrecht", "diritto di tutela") dos consumidores individuais "fracos" perante organizações empresariais ou profissionais "fortes". Isso mesmo está bem patente, de resto, nas denominações das sucessivas leis portuguesas na matéria – "Lei de Defesa do Consumidor" (Lei nº 29/81) ou "Regime Legal Aplicável à Defesa do Consumidor" (Lei nº 24/96).[35]

IV. A disciplina jurídica do consumo caracteriza-se ainda por uma dúplice dimensão fundamental – *individual* e *coletiva*[36]. Com efeito, as normas jusconsumeristas não se confinam à relação consumidor-empresário e à tutela dos interesses e direitos individuais daquele, mas possuem igualmente uma dimensão coletiva que visa a proteção de certos grupos de consumidores ou dos próprios consumidores em geral, tutelando assim interesses e direitos difusos, coletivos e homogéneos (cf. ainda art. 60º, nº 3 da CRP): v.g., os casos de um automóvel com defeito de fabrico, um género alimentício com aditivos cancerígenos, ou contratos de crédito estandardizados com condições abusivas, são exemplos de infrações jurídicas de consumo suscetíveis de afetarem um conjunto muito vasto de consumidores, que não apenas um determinado consumidor individual em concreto.

[35] Sobre esta "ratio" fundamental do direito do consumo, como direito privado especial de defesa ou proteção, vide, entre nós, Almeida, C. Ferreira, *Os Direitos dos Consumidores,* 11 e ss., 223 e ss., Almedina, Coimbra, 1982; Silva, J. Calvão, *Protecção do Consumidor*, 128 e ss., in: Campos, D. Leite (ed.), "Direito das Empresas", 113-152, INA, Lisboa, 1990; noutros quadrantes, entre tantos, Simitis, Konstantin, *Verbraucherschutz. Schlagwort oder Rechtsprinzip?,* 150 e ss., Nomos, Baden-Baden, 1976. Entre os fundamentos deste ramo, é por vezes também referida a finalidade de proteção do mercado (Carvalho, J. Morais, *Manual de Direito do Consumo*, 40, 5ª edição, Almedina, Coimbra, 2018): em nossa opinião, trata-se, todavia, de uma finalidade meramente indireta ou reflexa, já que constitui uma decorrência própria de grande parte das normas reguladoras da atividade económica em sistemas de mercado livre e até, nalguns casos, o seu traço distintivo último (como sucede, por exemplo, no direito da concorrência).

[36] Sobre esta dupla dimensão, vide Almeida, Teresa, *Lei de Defesa do Consumidor Anotada,* 34 e ss., Instituto do Consumidor, Lisboa, 2001; Liz, J. Pegado, *Introdução ao Direito e à Política do Consumo,* 227 e ss., Ed. Notícias, Lisboa, 1999. Noutros quadrantes, Alexander, Christian, *Verbraucherschutzrecht,* 9 e ss., Beck, München, 2015.

Fazendo jus a essa fundamental dimensão transsubjetiva dos interesses e valores subjacentes à tutela do consumidor, a doutrina fala assim de interesses difusos – que são aqueles que, pela sua relevância social ou comunitária, respeitam a um conjunto indeterminável de titulares e bens de natureza indivisível, v.g., saúde pública, segurança, qualidade do ambiente (v.g., campanhas de publicidade enganosa, produtos perigosos) –, interesses coletivos – que respeitam a um conjunto determinado de consumidores, delimitado em função da sua pertença a certo grupo ou categoria de cidadãos (v.g., associação profissional ou empresarial) –, e interesses individuais homogéneos – que respeitam a indivíduos que são titulares de direitos subjetivos no contexto de relações jurídicas de consumo de natureza idêntica ou similar estabelecidas com empresas ou profissionais (v.g., adquirentes de "time-sharing")[37]. Esta dúplice dimensão material (individual e coletiva) tem, aliás, uma importante expressão judiciária e adjetiva que faz coexistir a legitimidade jusprocessual individual, coletiva e institucional.[38]

6. Autonomia

I. Se não existem dúvidas sobre o relevo desta tutela jurídico-positiva orgânica dos consumidores, permanece ainda extremamente controvertido, todavia, se o correspondente corpo de disposições legais e regulamentares terá ou não dado origem a um ramo jurídico *autónomo* dotado de verdadeiros pergaminhos de unidade dogmática e científica própria – oscilando a doutrina nacional e estrangeira, a este propósito, entre a negativa rotunda e otimismo desassombrado.[39]

[37] Sobre a temática geral dos interesses difusos, vide ANTUNES, L. Colaço, *A Tutela dos Interesses Difusos em Direito Administrativo*, Almedina, Coimbra, 1989. No direito do consumo, vide MONTE, M. Ferreira, *Da Protecção Penal do Consumidor*, 205 e ss., Almedina, Coimbra, 1996; noutros quadrantes, TARZIA, Giuseppe, *La Tutela degli Interesse Diffusi nel Diritto Comparato con Particulare Riguardo alla Protezione dell' Ambiente e dei Consumatori*, Giuffrè, Milano, 1976.

[38] Cf. *infra* § 15.

[39] Sobre a questão da autonomia do direito do consumo, vide entre nós ALMEIDA, C. Ferreira, *Direito do Consumo*, 71 e ss., Almedina, Coimbra, 2005; CARVALHO, J. Morais, *Manual de Direito do Consumo*, 37 e ss., 5ª edição, Coimbra, 2018; CORDEIRO, A. Menezes, *Da Natureza Civil do Direito do Consumo*, in: 136 OD (2004), 605-640; LEITÃO, L. Menezes, *O Direito do Consumo: Autonomização e Configuração Dogmática*, in: I EIDC (2002), 11-30; LIZ, A. Pegado,

II. Mais do que tomar uma posição sobre esta questão, importará porventura sobretudo realçar que o denominado "direito do consumo", antes que propriamente se assumir como um novo ramo jurídico que se vem somar às divisões tradicionais da ordem jurídica, parece traduzir um movimento de progressiva adaptação destes diferentes ramos clássicos às novas realidades e necessidades económico-sociais geradas pelo fenómeno consumerista, mobilizando a renovação dos seus quadros e instrumentalizando até algumas das suas regras próprias por uma finalidade da tutela do consumidor. É esta específica intencionalidade axiológica, e correspetiva funcionalização normativa, que explicará também a razão pela qual o chamado direito do consumo assume hoje uma verdadeira *natureza multidisciplinar*, que não se detém nem se acomoda facilmente nas fronteiras clássicas do "mapa-múndi" jurídico, constituindo uma espécie de diagonal fulgurante que perpassa transversalmente as diferentes disciplinas jusprivatísticas e juspublicisticas, embebendo-as em maior ou menor grau por aquele vetor axiológico fundamental da proteção dos consumidores: como sublinha J. Calvão da Silva, é esta ideia-força que fornece "a base aglutinadora e o cimento de todo um arsenal legislativo e regulamentar"[40] que se encontra disperso por diversos setores ou ramos do direito.

III. Tal o caso, designadamente, do *direito constitucional* (a começar pela consagração dos direitos dos consumidores como direitos fundamentais: cf. art. 60º da CRP)[41] , do *direito administrativo* (por exemplo,

Introdução ao Direito e à Política do Consumo, 262 e ss., Ed. Notícias, Lisboa, 1999; Varela, J. Antunes, *Direito do Consumo*, in: 1 EDC (1999), 391-405.

[40] *Responsabilidade Civil do Produtor*, 67, Almedina, Coimbra, 1990. Ou, no dizer de Eduardo Polo, "a defesa e proteção jurídica do consumidor constitui hoje um desses temas tão extraordinariamente amplos que afeta e respeita a quase todos os setores do ordenamento jurídico" (*La Protección del Consumidor en el Derecho Privado*, 21, Civitas, Madrid, 1980). Sobre a natureza multidisciplinar do direito do consumo, Liz, J. Pegado, *Introdução ao Direito e à Política do Consumo*, 57 e ss., Ed. Notícias, Lisboa, 1999; noutros ordenamentos, Alexander, Christian, *Verbraucherschutzrecht*, 11, Beck, München, 2015.

[41] Andrade, J. Vieira, *Os Direitos dos Consumidores como Direitos Fundamentais na Constituição Portuguesa de 1976*, in: LXXVIII BFDUC (2002), 43-64; Nabais, J. Casalta, *O Estatuto Constitucional dos Consumidores*, in: AAVV, "Estudos em Homenagem ao Prof. Doutor Sérvulo Cor-

as normas que têm por finalidade as instituições de promoção e defesa dos direitos do consumidor, o controlo da aplicação da legislação do consumo, ou o exercício dos direitos dos consumidores: cf. arts. 1º, 5º, nºs 2 e 3, 6º, 7º, nº 1, 14º, 20º e 21º da LDC)[42], do *direito penal* (por exemplo, as normas que se ocupam das infrações penais e contraordenacionais das leis do consumo: v.g., arts. 20º e segs. da LPCD, arts. 12º-A e segs. da LVBC)[43], do *direito civil* (com destaque para as normas relativas aos negócios jurídicos e responsabilidade, v.g., cláusulas contratuais gerais, responsabilidade civil por produtos defeituosos: cf. LCCG, LRCP)[44], do *direito processual civil* (com destaque para as diferentes formas de acesso do consumidor à justiça, v.g., ação inibitória, arbitragem de conflitos de consumo, legitimação processual ativa das associações de consumidores: cf. arts. 10º, 11º, e 13º da LDC, Lei nº 25/2004, de 8 de julho, Lei nº 144/2015, de 8 de setembro)[45], do *direito internacional privado* (v.g., lei aplicável, tribunal competente e pactos de jurisdição nos contratos de consumo plurilocalizados: cf. art. 23º, nº 2 da LCCG, arts. 17º a 19º do Regulamento UE/1215/2012, de 12 de dezembro, art. 5º da Convenção de Roma)[46], do *direito fiscal* (veja-se, por exemplo, o "Código dos Impostos Especiais do Consumo"), e assim por diante. Como melhor veremos à frente, especial-

reia", vol. I, 479-508, Coimbra Editora, Coimbra, 2010. Para mais desenvolvimentos, vide *supra* § 2-2.

[42] Gomes, C. Amado, *Os Novos "Trabalhos" do Estado: A Administração Pública e a Defesa do Consumidor*, in: I EIDC (2002), 31-61; Leitão, A. Menezes, *Tutela do Consumo e Procedimento Administrativo*, in: II EIDC (2005), 119-140.

[43] Almeida, C. Pizarro, *Direito Penal do Consumo – Algumas Questões*, in: I EIDC (2002) 255-278; Borges, J. Marques, *Direito Penal Económico e Defesa do Consumidor*, Rei dos Livros, Lisboa, 1982; Monte, M. Ferreira, *Da Protecção Penal do Consumidor – O Problema da (Des)Criminalização no Incitamento ao Consumo*, Almedina, Coimbra, 1996.

[44] Ascensão, J. Oliveira, *Direito Civil e Direito do Consumidor*, in: 53 RPDC (2008), 9-27; Cordeiro, A. Menezes, *Da Natureza Civil do Direito do Consumo*, in: 136 OD (2004), 605-640.

[45] Carvalho, J. Morais/ Pinto-Ferreira, J. Pedro/ Carvalho, J. Campos, *Manual de Resolução Alternativa de Litígios de Consumo*, Almedina, Coimbra, 2017; Freitas, J. Lebre, *A Acção Processual Civil no Código do Consumidor*, in: 49 RPDC (2007), 55-66; Liz, J. Pegado, *Conflitos de Consumo. Uma Perspectiva Comunitária da Defesa dos Consumidores*, Centro de Informação Jacques Delors, Lisboa, 1999.

[46] Cf. *supra* § 1-4.

mente importantes são ainda as relações entre o direito do consumo e *o Direito Comercial*.[47]

IV. No que concerne ao seu sistema de construção – e um pouco à semelhança do que se passou com o Direito Comercial, onde a doutrina tradicional sempre oscilou entre uma conceção subjetiva (direito dos comerciantes) e objetiva (direito dos atos de comércio) –, as ordens jurídicas nacionais vêm hoje configurando o sistema do direito do consumo sob uma perspetiva subjetiva (enquanto direito protetor dos *consumidores*) e uma perspetiva objetiva (enquanto direito regulador dos *atos de consumo*): estas diferentes perspetivas têm também expressão ao nível terminológico, havendo países e doutrinas que o designam prevalentemente como "Direito do Consumidor" ("Verbraucherrecht", "Consumer Law")[48] ao passo que outros falam antes de um "Direito do Consumo" ("Droit de la Consommation", "Diritto del Consumo")[49]. Quanto a nós, trata-se de uma falsa alternativa, já que as noções de consumidor e consumo se pressupõem e remetem reciprocamente, criando assim um inevitável círculo vicioso e virtuoso entre elementos subjetivos e objetivos: como veremos já em seguida, este setor normativo tem por objeto precípuo as relações jurídicas de consumo, as quais se delimitam simultaneamente em função dos seus sujeitos (empresários/profissionais "versus" consumidores), mas também do seu objeto (destino empresarial/profissional "versus" destino privado/não profissional dos bens, serviços ou direitos).[50]

[47] Cf. *infra* § 3.

[48] Neste sentido, entre nós, Ascensão, J. Oliveira, *Direito Civil e Direito do Consumidor*, in: 53 RPDC (2008), 9-27; Monteiro, A. Pinto, *Sobre o Direito do Consumidor em Portugal*, in: 4 EDC (2002), 121-135; Tenreiro, Mário, *Un Code de la Consommation ou un Code Autour du Consommateur? Quelques Réflexions Critiques sur la Codification et la Notion du Consommateur*, in: "Liber Amicorum Norbert Reich", 339-356, Nomos, Baden-Baden, 1997.

[49] Neste sentido, entre nós, Almeida, C. Ferreira, *Direito do Consumo*, Almedina, Coimbra, 2005; Carvalho, J. Morais, *Manual de Direito do Consumo*, 5ª edição, Almedina, Coimbra, 2018; Cordeiro, A. Menezes, *Da Natureza Civil do Direito do Consumo*, in: 136 OD (2004), 605-640; Leitão, L. Menezes, *O Direito do Consumo: Autonomização e Configuração Dogmática*, in: I EIDC (2002), 11-30; Liz, A. Pegado, *Introdução ao Direito e à Política do Consumo*, Ed. Notícias Lisboa, 1999.

[50] Sobre esta componente relacional, exposta *infra* §§ 4-1 (III) e 6, vide Almeida, C. Ferreira, *Os Direitos dos Consumidores*, 214, Almedina, Coimbra, 1982; Calais-Auloy, Jean/

V. Finalmente, é mister sublinhar que os fundamentos conceituais, axiológicos e até científicos deste setor jurídico resistem cada vez menos a um escrutínio sério. Desde logo, as normas jurídicas de consumo arrancam de um *conceito de consumidor estereotipado*, assente num modelo monolítico, abstrato e vago de "consumidor médio" ("avegare consumer", "durchschnittliche Verbraucher")[51]: para além de não existir um consumidor-tipo (já que está por demonstrar que a vulnerabilidade seja afinal uma condição intrínseca da generalidade dos consumidores, além de ficar por esclarecer de que vulnerabilidade aqui afinal falamos, v.g., socioeconómica, cultural, técnica, jurídica, fática, etc.), tal conceito mostra-se incapaz de acompanhar a evolução dos próprios fenómenos económicos da produção e consumo, como é bem ilustrado pela figura "prossumidor", um híbrido entre produtor e consumidor que vem assumindo uma crescente relevância na última década[52]. Por outro lado, tornou-se hoje por demais ostensivo um certo *fundamentalismo* que parece animar este setor normativo, não sendo raro encontrar normas legais e regulamentares que, mais do que propriamente um contraente débil, tratam o consumidor como um verdadeiro débil mental, padecendo de uma espécie de "imbecillitas" congénita, gerando assim artificialmente novas

/ STEINMETZ, Frank, *Droit de la Consommation*, 3 e ss., 4ème édition, Dalloz, Paris, 1996; KRAMER, Ernst, *Zur Konzeption des Konsumentenschutzrechts*, 288, in: 69 KritV (1986), 270-290.

[51] Qualificando-o como uma "perigosa abstração", LIZ, A. Pegado, *Introdução ao Direito e à Política do Consumo*, 271, Ed. Notícias, Lisboa, 1999. Sobre tal conceito, vide KRÜGER, M. Gálvez, *O Consumidor de Referência para Avaliar a Deslealdade da Publicidade e de Outras Práticas Comerciais*, in: "Estudos em Homenagem ao Prof. Doutor Carlos Ferreira de Almeida", vol. I, 521-548, Almedina, Coimbra, 2011; RODRIGUES, H. Rigor, *O Conceito Consumidor Médio no Panorama Comunitário: Subsídios para a sua Compreensão*, in: 58 RPDC (2009), 15-42; noutras latitudes, DJUROVIC, Mateja, *The Average Consumer Under EU Law*, in: "Estudos de Direito do Consumo – Homenagem a Manuel Ataíde Ferreira", 411-430, Deco, Lisboa, 2016; MAK, Vanessa, *Standards of Protection: In Search of the "Average Consumer" of EU Law*, in: 1 ERPL (2011), 25-42.

[52] "Prossumidor" é um neologismo (originado no inglês "prosumer" e proveniente da junção de produtor e consumidor ou profissional e consumidor) que designa o consumidor que faz os seus próprios bens ou serviços (pense-se assim, por exemplo, no caso das impressões 3D). Cf. FRAYSSÉ, Olivier/ O'NEIL, Mathieu (eds.), *Digital Labour and Prosumer Capitalism: The US Matrix*, Palgrave Macmillan, New York, 2015; KOPASS, Dennis, *Vom Consumer zum Prosumer*, Grin Verlag, Hamburg, 2015.

desigualdades e desequilíbrios nas relações juseconómicas entre produção, distribuição e consumo: na verdade, não existirá porventura decisão judicial ou artigo doutrinal envolvendo o consumidor que não o caraterize como "fraco", "débil", "vulnerável", "desprotegido", "desfavorecido", "inferior", "desigual", "impotente", "pobre", "vítima" ou qualquer outra criatura que mais parece saída dos contos dos irmãos Grimm[53]. Por outro lado ainda, fruto da ascensão fulgurante do fenómeno do consumo no quadro das relações económicas modernas, trata-se de um setor condenado a acompanhar a evolução, sempre imprevisível e errática, destas relações: depois de ter conhecido a sua idade de ouro nos finais do séc. XX, a regulação de defesa dos consumidores *perdeu muito do seu originário ímpeto* e protagonismo na sequência da drástica redução do consumo resultante da recente crise financeira de 2008 e subsequente crise das dívidas soberanas de 2011[54]. Finalmente, sem prejuízo do seu caráter pioneiro, a verdade é que este setor normativo tende gradualmente à sua progressiva *absorção* pelos Direito Civil e Direito Comercial comuns: com efeito, uma boa parte das especialidades do regime jurídico das relações de consumo (v.g., exigência de forma escrita, reforço dos deveres pré-contratuais, contratuais e pós-contratuais de informação, controlo do conteúdo contratual, responsabilidade objetiva dos participantes em cadeias contratuais, direitos de desistência contratual, etc.) vai sendo paulatinamente generalizada no quadro das relações jurídico-civis e comerciais, passando assim, mais tarde ou mais cedo, a fazer parte do "acquis commun" jusprivatista.[55]

[53] Vogenauer, Stefan, *The Image(s) of the "Consumer" in EU Law*, in: 3 JECML (2014), 61-62. Aliás, este fundamentalismo pode mesmo assumir, ele próprio, laivos de radicalismo: pense-se na figura dos consumidores "hipervulneráveis" (v.g., crianças, idosos, deficientes) – uma espécie de "débil dos débeis" – que vai fazendo curso nas leis de consumo (v.g., art. 6.º, a) da LPCD) (cf. Schmidt, C. Heineck, *Consumidores Hipervulneráveis*, Ed. Atlas, São Paulo, 2014).

[54] Sobre o relevo da crise de 2008, Almeida, C. Ferreira, *O Futuro do Direito do Consumo na Crise Económica Global*, in: "I Congresso Luso-Brasileiro de Direito", 33-39, Almedina, Coimbra, 2014; Carvalho, J. Morais, *Crise e Consumo*, in: 12 RDPub (2014), 103-112. Falando a este propósito de alguns retrocessos legais, vide Carvalho, J. Morais, *Manual de Direito do Consumo*, 42, 5ª edição, Coimbra, 2018.

[55] Almeida, C. Ferreira, *O Futuro do Direito do Consumo*, 28, in: "I Congresso de Direito do Consumo", 27-38, Almedina, Coimbra, 2016.

§3
Seu Relevo para o Direito Comercial

1. "Ius Consummatorum" e "Ius Mercatorum"

I. A emergência da figura socioeconómica do consumidor e respetiva tutela nas ordens jurídicas modernas tem um significado muito particular para o Direito Comercial – a ponto de alguns terem já nele entrevisto "uma das notas mais relevantes" da evolução recente deste setor do direito[56] ou até o terem reputado como uma das suas disciplinas-filhas.[57]

II. Originariamente nascido como um direito dos comerciantes ("mercatores") e hoje transformado num direito das empresas, o Direito Comercial jamais se alheou ou desinteressou da regulação dos interesses das respetivas contrapartes. Ora, a par das relações estabelecidas pelos próprios empresários entre si (relações comerciais puras ou bilateralmente comerciais) e das relações estabelecidas entre os empresários e o Estado, não se pode ignorar que um setor significativo das relações jurídico-comerciais hodiernas diz respeito às relações estabelecidas entre aqueles sujeitos e os consumidores dos respetivos bens e serviços (relações comerciais mistas ou unilateralmente comerciais).

III. Com efeito, nas modernas sociedades de consumo, empresa e consumidor são frequentemente as *duas faces de uma mesma moeda*. Se é verdade que as empresas são as células básicas do sistema eco-

[56] Calero, F. Sánchez, *Perspectivas Actuales del Derecho Mercantil*, 30, Aranzadi, Pamplona, 1995. Entre nós, a importância desta interpenetração também não passou despercebida: segundo C. Ferreira de Almeida, "os direitos dos consumidores são também tema de direito privado, *sobretudo de direito comercial*" (*Os Direitos dos Consumidores*, 234, Almedina, Coimbra, 1982).

[57] Assim, P. Pais de Vasconcelos, para quem "o direito do consumo integra o Direito Comercial", afirmando ainda que "este regime especial de proteção não é tradicionalmente objeto de ensino na disciplina de Direito Comercial, embora em bom rigor devesse sê-lo" (*Direito Comercial*, vol. I, 142 e s., Almedina, Coimbra, 2011). No sentido de uma coexistência, Rogers, Kevin, *Philosophical Contrasts in Commercial and Consumer Law – Should We Codify Commercial Law?*, in: 26 BLR (2005), 262-266.

nómico moderno, enquanto organizações destinadas à produção e colocação de bens e serviços em mercado, não menos o é que os consumidores são também "atores centrais" desse mesmo sistema (Christian ALEXANDER)[58]: protagonistas do término do ciclo económico (produção, distribuição, consumo), os consumidores são a contraparte natural das empresas e o termo perficiente de toda a atividade por estas desenvolvidas (do latim "consummator", aquele que completa, acaba ou realiza). Dir-se-iam assim naturais, e até inevitáveis, as interpenetrações entre estes dois setores normativos: como melhor veremos adiante, a maior parte das relações de consumo corresponde a relações jurídico-económicas estabelecidas entre empresas e consumidores com vista à satisfação das necessidades privadas destes últimos, derivando assim geralmente de verdadeiros atos de comércio mistos.[59]

IV. Por outro lado, o Direito Comercial, enquanto setor tendencialmente vocacionado à regulação jurídica da constituição, organização e atividade dos agentes originários do processo económico (empresas), nunca se poderá alhear ou desinteressar do imenso caudal de intervenções regulatórias que, a jusante, vem tendo lugar com vista à tutela dos agentes terminais desse mesmo processo (consumidores). Dir-se-ia assim, pois, que o "ius consummatorum" vem introduzir um "notável grau de *socialização do Direito Comercial*"[60], sem, todavia, obliterar ou alterar o código genético deste último: significa isto dizer que, na organização, exercício e desenvolvimento das respetivas atividades económicas, os sujeitos jurídico-comerciais sempre haverão obrigatoriamente de observar o enquadramento e as balizas que – a par de outros conjuntos de normas e princípios que

[58] ALEXANDER, Christian, *Verbraucherschutzrecht*, 3, Beck, München, 2015.

[59] Sobre os contratos comerciais mistos ou relativos, vide ANTUNES, J. Engrácia, *Direito dos Contratos Comerciais*, 46 e s., reimpressão, Almedina, Coimbra, 2017.

[60] LASTRES, J. García-Pita, *Derecho Mercantil de las Obligaciones*, 39, Marcial Pons, Madrid/ / Barcelona, 2003; no mesmo sentido, vide GALÁN, J. Font, *Hacia un Sistema Jurídico Mercantil de "Faz Completamente Nueva"? La Ley de Defensa de los Consumidores y Usuarios: Un Instrumento para la Realización Histórica de un Derecho Mercantil del Estado Social*, in: 177 RDM (1985), 381-417.

fornecem os quadros gerais da atividade empresarial (concorrência, publicidade, contabilidade)[61] – resultam da consagração pelo legislador de normas jurídicas precipuamente endereçadas à proteção dos consumidores dos respetivos bens ou serviços.

V. A importância deste recente vetor da evolução legislativa – acentuada pelo relevo constitucional (art. 60º da CRP) e pelo caráter injuntivo (art. 16º da LDC) dos direitos dos consumidores – é de tal ordem que estarão porventura ainda por fazer as contas definitivas sobre o impacto que ele poderá vir a ter na conformação do próprio sistema juscomercialista, senão mesmo do direito patrimonial privado no seu todo[62]. Graças a ele, o protagonismo regulatório absoluto da empresa e da proteção dos respetivos interesses – forjado no contexto geral de uma ordem jurídico-económica tradicionalmente assente nas super-metáforas do primado da autonomia, da propriedade e da livre iniciativa económica privadas (art. 405º, nº 1 do CCivil, art. 61º, nº 1 da CRP) e exclusivamente centrada nas preocupações da produção e circulação dos bens (que foi aquele que assistiu ao nascimento e evolução histórica do "ius mercatorum") –, passou assim a sofrer agora a concorrência da figura emergente do consumidor e da tutela dos respetivos interesses e direitos (v.g., direito à qualidade dos bens e serviços, à proteção da saúde e segurança física, à proteção dos interesses económicos, à informação, à prevenção e reparação de danos, etc.). Sublinhe-se, todavia, que não se deve exagerar a relevância deste jovem ramo jurídico no âmbito do curso histórico multicentenário do Direito Comercial: se parece totalmente fora de

[61] Sobre tais quadros, Antunes, J. Engrácia, *A Unidade da Tutela Jurídica da Concorrência*, policopiado, UCP, Porto, 1984; Antunes, J. Engrácia, *Direito da Contabilidade,* reimpressão, Almedina, Coimbra, 2019; Antunes, J. Engrácia, *O Direito da Publicidade,* in: XCIII BFDUC (2017), 771-848.

[62] Não surpreende assim que alguns autores venham sustentando (audaciosamente, convenhamos) uma reorganização do Direito Privado em três novas divisões fundamentais: o Direito Civil (enquanto direito das relações privadas entre indivíduos-cidadãos), o Direito das Empresas (direito do estatuto e relações jurídicas das organizações empresariais), e o Direito dos Consumidores (direito do estatuto do consumidor e das relações jurídicas entre consumidores e empresas). Cf. Reich, Norbert, *Markt und Recht*, 194 e ss., Luchterhand, Darmstadt, 1977.

causa que o Direito Comercial venha a desaparecer e a ser absorvido pelo Direito do Consumo[63], também não parece inversamente verosímil, ou sequer desejável, a integração pura e simples deste último no seio do primeiro[64], ou ainda, muito menos, a unificação de ambos no âmbito de uma espécie de novo ramo bifronte.[65]

2. As Leis do Consumo no Universo Juscomercialista

I. A influência das leis do consumo faz-se hoje sentir um pouco por todo o universo juscomercialista, sendo visível a interpenetração dos "novos" interesses dos consumidores e dos "velhos" interesses dos comerciantes e das empresas, seja no quadro do núcleo tradicional do Direito Comercial, seja sobretudo em múltiplas das respetivas disciplinas-filhas atuais.

II. Essa influência pode ser encontrada, desde logo, em vários *institutos clássicos do Direito Comercial.* A ilustração mais lídima dessa influência pode ser encontrada na figura dos *atos de comércio mistos,* também designados atos unilateralmente comerciais, que revestem natureza comercial apenas relativamente a um dos respetivos sujeitos intervenientes[66]: dado que as relações jurídicas de consumo corres-

[63] Como já chegou a ser aventado por alguns (cf. SAUPHANOR, Nathalie, *L'Influence du Droit de la Consommation sur le Système Juridique,* 73, LGDJ, Paris, 2000).

[64] Proposta para a qual não faltam defensores: assim, entre nós, P. Pais de VASCONCELOS, para quem "o direito do consumo integra o Direito Comercial" (*Direito Comercial,* vol. I, 142, Almedina, Coimbra, 2011); noutros países, Robert BRADGATE, para quem "se o Direito Comercial for definido amplamente como toda a lei relativa à atividade comercial, então o direito de proteção do consumidor pode ser visto como um mero componente, embora de importância crescente, da estrutura geral da lei comercial" (*Commercial Law,* 13, 3th edition, Butterworths, London, 2000). Mas não se pode excluir que, no futuro, confirmando-se a tendência evolutiva do Direito Comercial para se afirmar como disciplina-mãe de uma federação de disciplinas-filhas autónomas polarizadas em torno da realidade da empresa, o Direito do Consumo, ultrapassada a áurea de modernismo que o rodeia e uma vez assente o pó, se venha, também ele, a acomodar nas franjas do ordenamento juscomercial.

[65] Assim, a literatura que já aborda os dois temas unitariamente: veja-se ROSE, Francis, *Blackstone's Statutes on Commercial and Consumer Law 2013-2014,* 22th edition, Oxford University Press, Oxford, 2013.

[66] Sobre os atos de comércio mistos, vide ANTUNES, J. Engrácia, *O Regime Jurídico dos Actos de Comércio,* in: IX Themis-UNL (2009), nº 17, 19-60. Para as classificações dos atos de

ponderão geralmente a atos de comércio mistos (estabelecidos entre um empresário e um consumidor), tal significa que elas se encontrarão subordinadas também ao império da lei comercial (art. 99º do CCom), assumindo então um relevo decisivo a questão fundamental de saber se, e em que medida, as regras gerais fixadas no sistema da unidade mitigada, acolhido naquele preceito pelo legislador português, deverão ser objeto de uma redução teleológica quando a sua aplicação se revele incompatível com a regulação especial e imperativa jusconsumerista aplicável (pense-se, por exemplo, na articulação das normas dos arts. 463º e segs. do CCom e das normas da LVBC, no caso das compras e vendas mercantis mistas)[67]. Mas muitos outros exemplos poderiam aqui ser referidos. Pense-se, designadamente, em matéria do *estabelecimento comercial*, na disciplina da respetiva clientela ("clientèle", "Kundschaft"), que justamente designa o conjunto de relações jurídicas e fácticas com as pessoas que adquirem os produtos ou serviços da empresa (clientes ou consumidores)[68]; em matéria das *obrigações comerciais*, na disciplina da prescrição presuntiva dos créditos dos comerciantes emergentes de vendas a consumi-

comércio, vide ABREU, J. Coutinho, *Curso de Direito Comercial*, vol. I, 78 e ss., 11ª edição, Almedina, Coimbra, 2018; ASCENSÃO, J. Oliveira, *Direito Comercial*, vol. I, 79 e ss., Lisboa, 1998; CORREIA, A. Ferrer, *Direito Comercial*, 37 e ss., Lex, Lisboa, 1994; OLAVO, Fernando, *Direito Comercial*, vol. I, 104 e ss., Coimbra Editora, 1978.

[67] Sobre tal questão, vide ALMEIDA, C. Ferreira, *Direito do Consumo*, 200, Almedina, Coimbra, 2005. Noutros quadrantes, vide LASTRES, J. García-Pita, *Compraventa Mercantil y Derecho de los Consumidores*, in: 31 CDC (1994), 14-104; SCHMIDT, Karsten, *BGB-Verbraucherrecht und Handelsrecht. Eine Skizze*, 148, in: Schulte-Nölke, Hans/ Schulze, Reiner (Hrsg.), "Die Schuldrechtsreform vor dem Hintergrund des Gemeinschaftsrechts", 143-153, Mohr, Tübingen, 2001.

[68] Sobre a clientela, enquanto elemento do estabelecimento comercial, vide CARVALHO, Orlando, *Critério e Estrutura do Estabelecimento Comercial*, 309 e ss., 338 e ss., Atlântida Editora, Coimbra, 1967; CORDEIRO, A. Menezes, *Manual de Direito Comercial*, 331, 3ª edição, Almedina, Coimbra, 2013; CORREIA, A. Ferrer, *Reivindicação do Estabelecimento Comercial como Unidade Jurídica*, 256, in: "Estudos de Direito Civil, Comercial e Criminal", 255-276, Almedina, Coimbra, 1985; na jurisprudência, vejam-se os Acórdãos do STJ de 25-III-1999 (Herculano NAMORA), in: VII CJ/STJ (1999), II, 38-40, e de 13-III-2007 (Nuno CAMEIRA), in: XV CJ/STJ (2007), I, 113-114. Em sentido oposto, todavia, ABREU, J. Coutinho, *Da Empresarialidade – As Empresas no Direito*, 52, Almedina, Coimbra, 1996.

dores (art. 317º, b) do CCivil)[69]; ou em matéria do acesso e exercício de atividades comerciais ("maxime", RJACSR).[70]

III. Todavia, é naturalmente no plano das novas disciplinas-filhas juscomerciais que a *contiguidade* entre o "ius consummatorum" e o "ius mercatorum" é prenhe de consequências de ordem legal e sistemática. Torna-se assim relevante, direta ou indiretamente, para o Direito Comercial uma boa parte da copiosa regulação jurídica de tutela do consumidor, tais como, entre muitas outras, as leis relativas à responsabilidade civil do produtor (Decreto-Lei nº 383/89, de 6 de novembro), aos contratos celebrados à distância e fora do estabelecimento comercial (Decreto-Lei nº 24/2014, de 14 de fevereiro), à compra e venda de bens de consumo (Decreto-Lei nº 63/2003, de 8 de abril), ao comércio eletrónico (Decreto-Lei nº 7/2004, de 7 de janeiro) ou às práticas comerciais desleais (Decreto-Lei nº 57/2008, de 26 de março).

IV. Tal é o caso, desde logo, do *Direito dos Contratos Comerciais*. Os contratos comerciais são hoje "contratos de empresa", definindo-se como os contratos celebrados pelos empresários relativos à constituição, organização ou exercício da respetiva atividade empresarial[71]. Uma das principais projeções do fenómeno do consumo nas ordens jurídicas modernas consistiu na progressiva autonomização dos chamados "contratos de consumo", subordinando estes a um conjunto de normas especiais dominado por uma finalidade de proteção do consumidor[72]. Ora, não se pode perder de vista que os

[69] Antunes, J. Engrácia, *O Regime Jurídico dos Actos de Comércio*, in: IX Themis-UNL (2009), nº 17, 19-60. Sublinhe-se que tal regime não prejudica a existência de regimes prescricionais especiais, adrede concebidos para certo tipo de consumidores em particular: veja-se assim, por exemplo, a prescrição dos créditos nos contratos de serviços públicos essenciais (art. 10º, nº 1 da LSPE) (cf. *infra* § 27-4).

[70] Sobre a relevância do RJACSR no domínio jusconsumerista, vide Dinis, Marisa, *Da Incidência do Regime Jurídico de Acesso e Exercício de Atividades de Comércio, Serviços e Restauração nos Direitos do Consumidor*, in: 85 RPDC (2017), 53-72.

[71] Sobre tal noção moderna de contrato comercial, vide Antunes, J. Engrácia, *Direito dos Contratos Comerciais*, 27 e ss., reimpressão, Almedina, Coimbra, 2017.

[72] Sobre os contratos de consumo, vide *infra* Capítulos IV e V.

contratos de consumo têm como contraparte natural um empresário – representando por isso também, "ex definitione", verdadeiros e próprios contratos comerciais. De facto, pese embora na maioria das legislações atuais a contraparte contratual seja construída com recurso ao conceito mais amplo de "profissional" (cf. também art. 2º, nº 1 da LDC), constitui um dado insofismável que a esmagadora maioria dos contratos consumeristas corresponde hoje a negócios celebrados entre empresários e consumidores[73]: como sublinha Leopoldo SAMBUCCI, "é hoje claro que os contratos de consumo são, ao mesmo tempo, «contratos de empresa»"[74]. Esta asserção, de resto, é válida em pleno coração da contratação mercantil, como é o caso dos con-

[73] Sobre o empresário enquanto protagonista das relações de consumo, vide *infra* § 6-1.

[74] *Il Contratto dell'Impresa*, 65, Giuffrè, Milano, 2002. Esta proeminência natural (embora não necessária ou exclusiva) da figura do empresário ou, mais restritamente, do comerciante, como contraparte contratual consumerista, é reconhecida pacificamente na generalidade da *doutrina*, nacional ou estrangeira. Assim, entre nós, C. Ferreira de ALMEIDA afirma que "quase todos os textos (legais) caracterizam os contratos de consumo (...) como contratos celebrados entre um consumidor e uma empresa (ou profissional)" (*Direito do Consumo*, 87, Almedina, Coimbra, 2005), pelo que "a generalidade dos contratos de consumo corresponde, nas ordens jurídicas onde a classificação jurídica existe, ao perfil dos atos de comércio, quase sempre por força da qualidade de comerciante do fornecedor que confere ao contrato a qualificação de ato de comércio unilateral ou misto" (*op. cit.*, 200). Na literatura estrangeira, são abundantes os autores que salientam também este aspeto: assim, segundo J. Gómez CALERO, "em muitas relações contratuais mercantis intervêm como sujeitos, de um lado, os empresários, e do outro, os adquirentes dos produtos e serviços que aqueles colocam no mercado, isto é, os consumidores e utentes", dando lugar a "uma crescente projeção no regime dos contratos mercantis de uma nova e importante regulação destinada a tutelar estes últimos, tidos como a parte mais débil daquelas relações jurídicas" (*Las Obligaciones Mercantiles*, 212, in: AAVV, "Derecho Mercantil", tomo II, 211-223, 10ª edición, Ariel, Barcelona, 2005); também Vincenzo BUONOCORE, para quem "os contratos de empresa e de consumo representam, e não apenas do ponto de vista lexical, o epílogo conjunto das transformações sofridas pela nossa economia e sociedade no curso dos últimos anos" (*Contrattazione d'Impresa e Nuove Categorie Contrattuali*, 99, Giuffrè, Milano, 2000). Existem mesmo *legislações* onde esta proeminência da figura do empresário nos contratos de consumo foi objeto de consagração expressa: assim, por exemplo, nos Estados Unidos da América, onde, nos termos da secção 2-103 (1) (c) do "Uniform Commercial Code", se define expressamente o contrato de consumo como "o contrato celebrado entre um comerciante ("merchant") e um consumidor". Para um confronto entre as duas figuras, vide ainda BUONOCORE, Vincenzo, *Contratti del Consumatore e Contratti d'Impresa*, in: XLI RivDCiv (1995), 1-41; REYMANN, Christoph, *Das Sonderprivatrecht der Handels- und Verbraucherverträge*, Mohr Siebeck,

tratos bancários, de seguro, de investimento ou de transporte: como é consabido, a esmagadora maioria destes contratos é celebrada entre um contraente "forte" – uma empresa bancária, seguradora, transportadora ou de investimento – e um contraente "fraco" – o cliente, o segurado, o transportado ou o investidor.[75]

V. Importantes são também as relações com o *Direito da Concorrência*, atento o relevo do consumidor no âmbito, tanto do direito de defesa da concorrência (mormente, na apreciação das práticas restritivas anticoncorrenciais e no controlo das concentrações: v.g., arts. 11º, nº 2, b) 39º, nº 3, 41º, nº 1 da LGC), como do direito da concorrência desleal (configurando os atos lesivos dos consumidores uma categoria dos atos de concorrência desleal: cf. art. 311º, nº 1, d) a f) do CPI, Decreto-Lei nº 57/2008, de 26 de março).[76]

VI. Tal é também o caso do *Direito Industrial*, atenta a proeminência da figura do consumidor no regime aplicável a numerosos direitos jusindustriais, v.g., firmas (art. 33º do RRNPC), modelos e desenhos (arts. 192º e 204º, nº 2, a) do CPI), marcas (arts. 231º, nº 5, b), 232º, nº 1, b) e d), nº 2, a), 238º, nº 1, c), 249º, nº 1, b), 262º, nº 2, a) e 288º, nº 5, b) do CPI), logótipos (arts. 239º, nº 1, b) e d), nº 3, a), 293º, nº 1 e 335º do CPI), denominações de origem (arts. 302º, nº 2 e 306º, nº 3 do CPI), e até dos ilícitos contraordenacionais (arts. 335º, 337º, nº 2 e 348º, nº 3 do CPI).[77]

Tübingen, 2009; ZENO-ZENCOVICH, Vincenzo, *Il Diritto Europeo dei Contratti (Verso la Distinzione fra "Contratti Commerciali" e "Contratti dei Consumatori")*, in: 147 GiurI (1993), IV, 57-73.

[75] Sobre os contratos de consumo como contratos comerciais mistos ou unilateralmente comerciais, vide ANTUNES, J. Engrácia, *Direito dos Contratos Comerciais*, 46 e ss., 72 e ss., reimpressão, Almedina, Coimbra, 2017.

[76] Sobre as relações entre estes setores, AAVV, *A Concorrência e os Consumidores*, CES, Lisboa, 2001; PAIS, S. Oliveira, *O Critério do Bem-Estar dos Consumidores no Contexto da Renovação do Direito Comunitário da Concorrência*, in: "Estudos em Homenagem ao Prof. Doutor Carlos Ferreira de Almeida", vol. 1, 587-627, Almedina, Coimbra, 2011; PAÚL, J. Patrício, *Concorrência Desleal e Direito do Consumidor*, in: 65 ROA (2005), 89-108. Mais desenvolvidamente, BEATER, Axel, *Verbraucherschutz und Schutzzweckdenken im Wettbewerbsrecht*, M. Siebeck, Tübingen, 2000.

[77] Sobre as relações entre estes setores, vide ASCENSÃO, J. Oliveira, *Direito Industrial e Consumidor*, in: LVII SI (2008), 71-92; RODRIGUES, L. Silveira, *Direito Industrial e Tutela do Consumi-*

VII. Tal é ainda o caso de várias disciplinas jusfinanceiras, incluindo o *Direito Bancário* – envolvendo aspetos tão variados quanto a informação bancária (pré-contratual, contratual, pós-contratual, preçários), o crédito ao consumo, os serviços mínimos bancários, a garantia de depósitos, etc. –[78], o *Direito do Mercado de Capitais* – pense-se nas figuras do investidor não qualificado, no sistema de indemnização dos investidores, na responsabilidade dos intermediários financeiros, etc. –[79], e do *Direito dos Seguros* – pense-se nos amplos deveres gerais de informação do segurador sobre as condições do contrato de seguro, no direito à livre resolução contratual, na disciplina da mediação de seguros, etc.[80]

VIII. Tal é ainda o caso do *Direito da Publicidade*. É mister recordar que o consumidor representa o destinatário por excelência da atividade publicitária, tendo mesmo a sua proteção sido erigida numa das traves-mestras do regime juspublicitário (arts. 12º e 13º do CPub): são assim frequentes e importantes as interrelações entre estes seto-

dor, in: "Direito Industrial – APDI", vol. 2, 257-279, Coimbra, Almedina, 2002.

[78] Sobre as relações entre estes setores, vide Cordeiro, A. Menezes, *A Tutela do Consumidor de Produtos Financeiros*, in: "Liber Amicorum Mário Frota – A Causa dos Direitos dos Consumidores", 51-60, Almedina, Coimbra, 2012; Monteiro, A. Pinto, *A Resposta do Ordenamento Jurídico Português à Contratação Bancária pelo Consumidor*, in: LVII BCEUC (2014), 2315-2348; noutros quadrantes, Martín, A. Aurioles/ Toledano, M. Mayorga, *La Protección del Usuario de Serviços Bancarios*, in: AAVV, "Derecho de los Consumidores y Usuarios", vol. I, 1186-1209, 3ª edición, Tirant lo Blanch, Valencia, 2016.

[79] Sobre as relações entre estes setores, vide Ascensão, J. Oliveira, *A Protecção do Investidor*, in: "Direito dos Valores Mobiliários", vol. 4, 13-40, Almedina, Coimbra, 1999; Rodrigues, S. Nascimento, *A Proteção dos Investidores em Valores Mobiliários*, 29 e ss., Almedina, Coimbra, 2001; noutros ordenamentos, Fuxa, Nastasja, *Consumer Protection in the Markets of Financial Products*, in: 3 JECML (2014), 90-104; Riesenhuber, Karl, *Anleger und Verbraucher*, in: ZBB (2014), 134-149; Ruy, F. Bravin, *Direito do Investidor – Consumidor no Mercado de Capitais e nos Fundos*, Lumenjuris, Rio de Janeiro, 2010.

[80] Sobre as relações entre estes setores, vide Alves, Eugénia, *Guia do Consumidor de Seguros*, 2ª edição, Instituto do Consumidor, Lisboa, 2002; Baptista, Fátima, *A Protecção do Consumidor de Seguros*, in: 149 RMP (2017), 103-139; Leitão, A. Menezes, *Nótula sobre a Proteção do Consumidor no Regime Jurídico dos Contratos de Seguros*, in: "Estudos de Direito do Consumo – Homenagem a Manuel Ataíde Ferreira", 11-17, Deco, Lisboa, 2016; Oliveira, F. Gonçalves, *Os Seguros e o Consumidor*, in: 59 RPDC (2009), 19-41. Noutros quadrantes, Sánchez, E. Caballero, *El Consumidor de Seguros: Protección y Defensa*, Ed. Mapfre, Madrid, 1997.

res jurídicos, tal como sucede, de modo particularmente significativo, com as figuras da integração publicitária contratual (art. 7º, nº 5 da LDC) e da publicidade enganosa (arts. 3º, d) e 21º da LPCD).[81]

IX. Tal, enfim, é o caso do *Direito da Insolvência*: pense-se, designadamente, nas questões do sobre-endividamento dos consumidores e da exoneração do respetivo passivo restante (arts. 235º e segs. do CIRE) ou dos efeitos da insolvência sobre o contrato promessa (art. 106º do CIRE).[82]

[81] Sobre as relações entre estes setores, vide ANTUNES, J. Engrácia, *O Direito da Publicidade*, in: XCIII BFDUC (2017), 771-848; ASCENSÃO, J. Oliveira, *O Anteprojeto do Código do Consumidor e a Publicidade*, in: III EIDC (2007), 7-36; LEITÃO, A. Menezes, *Publicidade e Tutela do Consumidor*, in: "Estudos em Memória do Prof. Doutor J. L. Saldanha Sanches", 9-27, Wolters Kluwer/ Coimbra Editora, Lisboa, 2011. Noutros quadrantes, MALTEZ, R. Tocantis, *Direito do Consumidor e Publicidade – Análise Jurídica e Extrajurídica da Publicidade Subliminar*, Juruá Editora, Curitiba, 2011.

[82] Cf. *infra* § 21-2. Sobre as relações entre estes dois setores, vide KRUG, Peter, *Der Verbraucherkonkurs*, C. Heymanns, Köln, 1998; PARSONS, Steven, *Consumer Bankruptcy Law in Focus*, Wolters Kluwer, Aspen, 2016.

Capítulo II
O Consumidor*

§4
Aspetos Gerais

1. O Consumidor: Noção Geral

I. O conceito de consumidor constitui um conceito recente do léxico jurídico – dele se tendo mesmo chegado a afirmar tratar-se de um

* **Literatura Portuguesa:** ANTUNES, J. Engrácia, *O Conceito Jurídico de Consumidor*, in: III RDC (2018), 771-796; ALMEIDA, C. Ferreira, *O Consumidor na Ordem Jurídica Portuguesa*, in: II "Progresso do Direito" (1984), 13-18; CARVALHO, J. Morais, *O Conceito de Consumidor no Direito Português*, in: 14 EDC (2018), 185-232; DUARTE, Paulo, *O Conceito Jurídico de Consumidor, Segundo o Art. 2º, nº 1 da Lei de Defesa do Consumidor*, in: 75 BFDUC (1999), 649-703; LAURENTINO, Sandrina, *Os Destinatários da Legislação do Consumidor*, in: 2 EDC (2000), 415-441; NETO, R. Grassi, *Elementos para uma Teoria Geral do Direito do Consumidor*, in: 57 RPDC (2009), 57-92; OLIVEIRA, F. Baptista, *O Conceito de Consumidor – Perspectivas Nacional e Comunitária*, Almedina, Coimbra, 2009; RODRIGUES, H. Rigor, *O Conceito Consumidor Médio no Panorama Comunitário: Subsídios para a sua Compreensão*, in: 58 RPDC (2009), 15-42; SIMÕES, F. Dias, *O Conceito de Consumidor no Direito Português*, in: 118 JusN (2011), 1-19 e 35 (2012), 1-14; ZANELLATO, M. António, *Considerações sobre o Conceito Jurídico de Consumidor*, in: 35 RPDC (2003), 41-65. **Literatura Estrangeira:** BERNARDEAU, Ludovic, *La Notion de Consommateur en Droit Communautaire*, in: 4 REDC (2001), 341-362; GARCÍA, G. Botana, *Noción de Consumidor en el Derecho Comparado*, in: 18 ESCon (1990), 54-72; HONDIUS, Ewoud, *The Notion of Consumer: European Union versus Member States*, in: 28 SLR (2006), 89-98; MARÇAL, S. Pinheiro, *Definição Jurídica de Consumidor. Evolução da Jurisprudência do STJ*,

"intruso na cena jurídica"[83]. Inteiramente desconhecido das codificações novecentistas, que ainda marcam a estrutura das ordens jurídicas contemporâneas, não surpreende que subsistam bastantes indefinições, a nível legislativo, jurisprudencial e doutrinal, quanto ao exato conteúdo e às caraterísticas distintivas de tal conceito, o qual é frequentemente considerado como um conceito "nebuloso" (George BERLIOZ), "ambíguo" (Yves GUYON), "casuístico" (F. Sánchez CALERO), ou até mesmo "vazio de conteúdo" (Ulrich PREIS)[84] – enfim, como já alguém o denominou plasticamente, um verdadeiro "fantasma da ópera" (Meiner DREHER).[85]

II. Ponto de partida da nossa análise é o art. 2º, nº 1, da LDC, preceito que contém a seguinte definição: "*Considera-se consumidor todo aquele a quem sejam fornecidos bens, prestados serviços ou transmitidos quaisquer direitos, destinados a uso não profissional, por pessoa que exerça com caráter profissional uma atividade económica que vise a obtenção de benefícios*". Esta definição é semelhante, embora não idêntica, à noção consagrada na anterior Lei nº 29/81, de 22 de agosto[86], destacando-se, "inter alia", a eliminação do âmbito circunscrito da noção legal pretérita ("para efeitos desta lei"), a ampliação do objeto da relação de consumo (que passou a incluir também os "direitos"), e a nova redação dada ao sujeito passivo (deixando de ser feita referência à sua

in: 26 RAdv (2004), 107-113; MEDICUS, Dieter, *Wer ist ein Verbraucher?*, in: "Festschrift für Z. Kitagawa", 471-486, Duncker & Humblot, Berlin, 1992.

[83] Para utilizar a expressão de FOURGOUX, Jean-Claude/ MIHAÏLOV, Jeanne/ JEANNIN, M. Véronique, *Principes et Pratique du Droit de la Consommation*, 2, Éd. Delmas, Paris, 1979.

[84] Cf. respetivamente BERLIOZ, George, *Droit de la Consommation et Droit des Contrats*, in: JCP (1979), II, 2954-2965; GUYON, Yves, *Droit des Affaires*, tome I, 947, 9ème édition, Economica, Paris, 1996; CALERO, F. Sánchez/ GUILARTE, J. Sánchez-Calero, *Instituciones de Derecho Mercantil*, tomo I, 119, 28ª edición, Thomson/ Aranzadi, Navarra, 2005; PREIS, Ulrich, *Der Përsonlicher Anwendungsbereich der Sonderprivatrechte*, 593, in: 158 ZHR (1994), 568-613.

[85] *Der Verbraucher – Das Phantom in der Opera des europäischen und deutschen Rechts?*, in: 52 JZ (1997), 167-178.

[86] Nos termos do art. 2º dessa lei pretérita, "para os efeitos da presente lei, considera-se consumidor todo aquele a quem sejam fornecidos bens ou serviços destinados ao seu uso privado por pessoa singular ou coletiva que exerça, com carácter profissional, uma atividade económica". Sobre esta noção anterior, vide ALMEIDA, C. Ferreira, *Os Direitos dos Consumidores*, 221 e ss., Almedina, Coimbra, 1982.

natureza "singular e coletiva" e passando a exigir-se que a atividade económica por este exercida "vise a obtenção de benefícios") e ao destino daquele objeto (falando-se agora de "uso não profissional" e não de uso privado).

III. À face do direito positivo português, pode assim afirmar-se que a noção jurídica de consumidor constitui uma *noção relacional complexa* assente no preenchimento cumulativo de quatro tipos de elementos distintivos fundamentais: um *elemento subjetivo ativo* (relativo ao sujeito ativo do ato de consumo: o consumidor), um *elemento subjetivo passivo* (relativo ao sujeito passivo ou contraparte do ato de consumo: o empresário ou profissional), um *elemento objetivo* (relativo ao objeto imediato do ato de consumo), e um elemento *teleológico* (relativo ao objeto mediato ou finalidade subjacente ao ato de consumo).[87]

2. Noções Setoriais

I. Trata-se da noção *geral* de consumidor, para a qual remetem expressamente ou implicitamente diversas leis especiais de consumo (v.g., art. 1º-B, a) da LVBC, art. 2º, nº 1 da LSP, art. 3º, nº 5 da LCE), à qual haverá assim que recorrer, em princípio, salvo disposição em contrário.[88]

II. Todavia, deve sublinhar-se que, paralelamente a tal conceito geral ("genus"), poderão existir determinadas noções *setoriais ou especiais* de consumidor ("species") que apenas são válidas e aplicáveis

[87] A qualificação jurídica de consumidor é matéria de direito, pelo que, se é às partes que cabe carrear para o processo factos demonstrativos do preenchimento dos elementos constitutivos do art. 2º, nº 1 da LDC, é ao tribunal que compete "ex officio", sem necessidade de alegação nesse sentido, apreciar esse preenchimento (cf. também o Acórdão do TJUE de 4-VI-2015 *("Froukje Faber")*, par. 37, in: ECLI:EU:C:2015:357).

[88] Neste sentido também, LIZ, J. Pegado, *Introdução ao Direito e à Política do Consumo*, 186, Ed. Notícias, Lisboa, 1999; OLIVEIRA, F. Baptista, *O Conceito de Consumidor – Perspectivas Nacional e Comunitária*, 62, Almedina, Coimbra, 2009; SIMÕES, F. Dias, *O Conceito de Consumidor no Direito Português*, 1, in: 118 JusN (2011), 1-19; na jurisprudência, salientando a aplicabilidade da noção legal para além da LDC, vide o Acórdão da RP de 11-IX-2008 (Fernando BAPTISTA), in: www.dgsi.pt.

para efeitos de determinado diploma legal em particular, delimitando assim o respetivo âmbito de aplicação: pense-se, por exemplo, nos consumidores de "crédito ao consumo" (art. 4º, nº 1, a) da LCC), nos consumidores "à distância" (art. 3º, c) do LCCD), nos consumidores vítimas de "práticas desleais" (art. 3º, a) da LPCD), nos consumidores "litigantes" nos conflitos de consumo (art. 3º, c) do LRALC), etc. Em sentido inverso, não se perca de vista que aquela noção geral já poderá ser relevante na aplicação de certas leis de consumo ou afins que, conquanto encontrando no consumidor o seu destinatário regulatório central (embora não exclusivo), optaram por terminologias diversas, como sucede com os "utentes" dos serviços públicos essenciais (art. 1º, nº 3 da LSPE), os "aderentes" dos contratos de adesão (art. 5º, nº 1 da LCCG), os "lesados" por produtos defeituosos (art. 7º da LRCP), os "destinatários" da publicidade (art. 5º, d) do CPub), os "adquirentes" de direitos de habitação periódica (Decreto-Lei nº 275/93, de 5 de agosto), os "clientes" das agências de viagens e turismo (Decreto-Lei nº 17/2018, de 8 de março), e assim por diante.

III. Estas noções setoriais podem mesmo encontrar-se em *normas europeias e internacionais*. Pense-se assim, por exemplo, no conceito de consumidor do art. 2º, 1) da Diretiva 2011/83/UE, de 25 de outubro, relativa aos direitos dos consumidores, que define aquele como "qualquer pessoa singular que, nos contratos abrangidos pela presente directiva, actue com fins que não se incluam no âmbito da sua actividade comercial, industrial, artesanal ou profissional". Ou ainda no conceito de consumidor adotado pelo art. 17º, nº 1 do Regulamento UE/1215/2012, de 12 de dezembro, relativo à competência judiciária, reconhecimento e execução de decisões em matéria civil e comercial.[89]

IV. Finalmente, não está excluído que a própria *jurisprudência* vá contribuindo para a progressiva densificação do(s) conceito(s) legal(ais) de consumidor, acolhido(s) nas diversas leis especiais de

[89] Aparício, A. Arroyo, *Noción de Consumidor para el Derecho Europeo (Noción del Reglamento 1215/2012 versus la de las Directivas de Protección de los Consumidores)*, in: 1 RED (2018), 1-38.

consumo ou até mesmo em meras leis comuns civis ou comerciais – e nem sempre num sentido clarificador. Um exemplo recente pode ser encontrado no Acórdão de Uniformização de Jurisprudência do STJ nº 4/2014, o qual veio erigir a qualidade de consumidor do promitente-comprador em elemento constitutivo essencial do direito de retenção do art. 755º, nº 1, f) do CCivil em caso de insolvência do promitente-vendedor nos contratos-promessa de compra e venda imobiliária[90]: ora é mister salientar que a nossa jurisprudência superior tem vindo a dar testemunho de uma indesejável indefinição no conceito de consumidor, relevante para estes efeitos, oscilando entre uma aceção restrita, em linha com a noção acolhida na LDC (pessoa singular que adquire o bem imóvel para uso pessoal ou não profissional, "maxime", para habitação)[91] e uma aceção ampla (que abrange ainda os próprios usos profissionais do bem, com exclusão apenas da revenda imobiliária, v.g., arrendamento, instalação de estabelecimento comercial, etc.).[92]

V. Desta perspetiva, e em suma, pode afirmar-se que não existirá verdadeiramente uma noção jurídica unitária e universal de consumidor, constituindo este antes um *conceito funcional*, ou de geometria variável, que reflete os particulares critérios de apreensão e relevância próprios dos setores ou diplomas legais concretos onde se suscita a sua aplicação.[93]

[90] AUJ do STJ nº 4/2014, de 20 de março (Távora Victor), in: DR, Iª série, nº 95, de 19 de janeiro. Sobre tal acórdão uniformizador, vide Oliveira, N. Pinto, *Efeitos da Declaração de Insolvência sobre os Contratos em Curso: Em Especial, sobre o Contrato-Promessa*, in: 2 AB (2014), 11-51; Vasconcelos, L. Pestana, *Direito de Retenção, Contrato Promessa e Insolvência*, in: 33 CDP (2011), 3-29.

[91] Neste sentido, entre outros, vide os Acórdãos do STJ de 14-X-2014 (João Camilo), de 25-XI-2014 (Fernando do Vale), de 17-XI-2015 (Fonseca Ramos) e de 24-V-2016 (Nuno Cameira), todos in: www.dgsi.pt.

[92] Neste sentido, entre outros, os Acórdãos do STJ de 29-V-2014 (João Bernardo) e de 3-X-2017 (Júlio Gomes), ambos in: www.dgsi.pt. Sobre tal questão, acertadamente, vide Epifânio, M. Rosário, *Anotação ao Acórdão do STJ de 3 de outubro de 2017*, in: 2 RDI (2018), 123-146.

[93] Sobre a inexistência de um conceito universal de consumidor, vide Carvalho, J. Morais, *Manual de Direito do Consumo*, 23, 5ª edição, Almedina, Coimbra, 2018; Liz, A. Pegado, *Introdução ao Direito e à Política do Consumo*, 210, Ed. Notícias, Lisboa, 1999. Noutros quadran-

3. Aferição, Alegação e Prova

I. Questões complementares, mas importantes, são ainda as de saber qual o *momento* relevante para efeitos do preenchimento dos elementos constitutivos da noção de consumidor e a quem cabe a *alegação e a prova* desses elementos no âmbito de um conflito ou litígio de consumo.

II. O momento relevante para a aferição da existência ou verificação dos elementos constitutivos da "facti-species" legal (geral ou setorial) de consumidor é, em regra, o *momento da prática* do ato de consumo ("maxime", a celebração do contrato entre consumidor e empresário), e não o da produção dos seus efeitos jurídicos ou práticos (v.g., fornecimento dos bens ou serviços em cumprimento do contrato, utilização dos mesmos). Alguns exemplos. Exigindo a lei que o bem adquirido se destine a um uso não profissional (elemento teleológico), o adquirente será considerado consumidor se demonstrar que o mesmo se destinava a um uso pessoal, familiar ou doméstico na data da aquisição, não perdendo essa qualidade ainda que posteriormente os tenha destinado a um uso diferente, incluindo um uso profissional (v.g., particular que adquiriu um imóvel para habitação própria mas, posteriormente, o afeta a atividade profissional que começou entretanto a exercer)[94]. Exigindo a lei que o serviço haja sido prestado por um empresário ou profissional (elemento subjetivo passivo), o adquirente não deixará de ser considerado consumidor e a relação negocial de consumo quando aqueles hajam posteriormente transmitido a sua posição juscontratual a terceiro (v.g., empresário

tes, Bourgoignie, Thierry, *Éléments pour une Théorie du Droit de la Consommation*, 19 e ss., Story Scientia, Bruxelles, 1988; Calais-Auloy, Jean/ Steinmetz, Frank, *Droit de la Consommation*, 3 e ss., 4ème édition, Dalloz, Paris, 1996; Chuliá, F. Vicent, *Compendio Critico de Derecho Mercantil*, tomo I, vol. 1º, 19, Bosch, Barcelona, 1991; Reich, Nobert/ Micklitz, Hans, *Consumer Legislation in the EC Countries. A Comparative Analysis*, 11, Van Nostrand Reinhold Co., New York, 1980.

[94] Cf. ainda *infra* § 8-1. No mesmo sentido, Carvalho, J. Morais, *Manual de Direito do Consumo*, 21, 5ª edição, Almedina, Coimbra, 2018; na jurisprudência, Acórdão da RL de 8-VI-2006 (Salazar Casanova), in: XXXI CJ (2006), III, 110-114.

credor transmite o crédito emergente de crédito ao consumo a uma empresa de cobrança de dívidas).[95]

III. Nos termos gerais, o ónus da alegação e da prova caberá ao autor, sem prejuízo de algumas adaptações no caso de este se tratar do próprio consumidor[96]. Quanto ao *ónus da alegação*, de modo a reforçar a sua tutela processual, o juiz poderá convidar o autor-consumidor ao aperfeiçoamento do articulado (art. 590º, nº 4 do CPC) sempre que, como será porventura frequente, aquele se tenha exclusivamente concentrado na alegação e demonstração dos factos constitutivos dos direitos lesados, omitindo a referência aos elementos constitutivos da sua própria condição. Quanto ao *ónus da prova*, não obstante seja ao autor-consumidor que compete em ação judicial destinada a fazer valer os seus direitos a prova da sua qualidade de consumidor (art. 342º, nº 1 do CCivil), não repugna, de acordo com um princípio geral de proximidade probatória, fazer recair sobre o réu-fornecedor do bem ou prestador do serviço o encargo de demonstrar que não reveste a natureza de empresário ou profissional.[97]

§5
Elemento Subjetivo Ativo

1. Consumidor

I. O ato de consumo consiste, antes do mais, numa relação jurídica protagonizada por uma pessoa a quem são fornecidos bens, presta-

[95] Acórdão do TJUE de 20-VII-2017 (*"Gelvora UAB v. Valstybinė"*), in: ECLI:EU:C:2017:573.

[96] Sobre a questão, vide ALMEIDA, C. Ferreira, *Direito do Consumo*, 35, Almedina, Coimbra, 2005; TEIXEIRA, M. Martins, *A Prova no Direito do Consumo: Uma Abordagem Tópica*, in: "I Congresso de Direito do Consumo", 139-158, Almedina, Coimbra, 2016; na jurisprudência, Acórdão do STJ de 24-III-2015 (G. Silva JESUS), in: XXII CJ/STJ (2015), I, 167-173. Noutros quadrantes, BÜLOW, Peter, *Beweislast für die Verbrauchereingenschaft nach § 13 BGB*, in: WM (2011), 1349-1351.

[97] Relevantes para estes efeitos são apenas as circunstâncias factuais ou objetivas, sendo irrelevante a representação subjetiva que as próprias partes possam ter relativamente à existência ou ausência da sua qualidade de consumidor e empresário: cf. ALEXANDER, Christian, *Verbraucherschutzrecht*, 31, Beck, München, 2015.

dos serviços ou transmitidos direitos para uso não profissional – o *consumidor* (art. 2º, nº 1 da LDC).

II. Num sentido lato ou económico, consumidor é todo aquele que adquire ou utiliza um determinado bem ou serviço, seja para seu uso pessoal ou privado, seja para uso profissional. Enquanto último elo do processo económico (produção, distribuição e consumo de bens e serviços), o ato de consumo constitui um ato económico nos quais os bens fornecidos ou os serviços prestados por um empresário ou profissional tanto podem ser destinados à satisfação das necessidades privadas dos seus clientes (v.g., uso pessoal, familiar, doméstico) – caso em que falamos de "consumo final" – como destinados à sua aquisição e utilização por outros empresários ou entidades com vista à satisfação das respetivas necessidades profissionais (v.g., matérias-primas, equipamento, revenda) – caso em que falamos de "consumo intermédio".

III. Ora o legislador português, tal como a generalidade dos demais legisladores estrangeiros, consagrou no art. 2º, nº 1, da LDC uma noção jurídica ou restrita de consumidor. Ao atender à finalidade ou destino dos bens, serviços ou direitos adquiridos – que deverão ser "destinados a uso não profissional (...)" –, o legislador veio apenas considerar relevante o *consumidor final* ("Endverbraucher", "ultimate consumer"): ou seja, aquele que adquire determinados bens ou serviços *para seu uso privado*, com vista à satisfação das suas necessidades pessoais, familiares ou domésticas ("private Verwendung", "private use"), excluindo assim, por conseguinte, aqueles que adquiriram ou utilizaram tais bens ou serviços para satisfação de necessidades empresariais ou profissionais ("gewerblicher oder beruflicher Zweck", "professional use")[98]. Esta noção jurídica ou estrita dos sujeitos ativos

[98] Sobre estas duas aceções de consumidor (lata ou económica e estrita ou jurídica), vide Almeida, C. Ferreira, *Os Direitos dos Consumidores,* 204 e ss., Almedina, Coimbra, 1982. No sentido da exclusão do chamado "consumo intermédio" ou profissional, vide Almeida, C. Ferreira, *Direito do Consumo,* 50 e s., Almedina, Coimbra, 2005; Leitão, L. Menezes, *O Direito do Consumo: Autonomização e Configuração Dogmática,* 23, in: I EIDC (2002), 11-30; Oliveira, F. Baptista, *O Conceito de Consumidor – Perspectivas Nacional e Comunitária,* 62, Almedina, Coimbra, 2009; Simões, F. Dias, *O Conceito de Consumidor no Direito Português,* 4, in: 118 JusN

dos atos de consumo, relevante para efeitos do conceito de consumidor, carece, todavia, de alguns esclarecimentos suplementares.

2. Pessoas Singulares

I. O consumidor será, em regra, uma *pessoa singular*. Com efeito, dada a finalidade típica subjacente ao ato de consumo (uso privado ou não profissional dos bens ou serviços), os consumidores serão, por excelência e via de regra, pessoas físicas ou indivíduos. Quando alguém compra alimentos no supermercado, adquire um computador numa loja de eletrónica, arrenda um apartamento para habitação, contrai um empréstimo no banco para aquisição de determinado bem, realiza um seguro de vida, hospeda-se com a família num hotel ou negoceia com uma agência turística as suas próximas viagens de férias, ninguém duvidará que os bens fornecidos, os serviços prestados ou os direitos transmitidos o foram para fins de natureza pessoal, familiar ou doméstica, como tal totalmente estranhos a qualquer atividade profissional.

II. A restrição do conceito de consumidor ao domínio das pessoas físicas é, de resto, um traço caraterístico do direito europeu do consumo (cujas Diretivas excluem expressamente a sua aplicação a pessoas coletivas)[99] e da generalidade das legislações estrangeiras, quer da "Civil Law" (v.g., § 13 do BGB alemão, art. 1º do "Code de

(2011), 1-19; na jurisprudência, entre outros, Acórdão do STJ de 24-V-2016 (Nuno Cameira), in: XXIV CJ/STJ (2016), II, 130-134, Acórdão da RL de 23-IX-2010 (M. Teresa Albuquerque), in: XXXV CJ (2010), IV, 87-93, e Acórdão da RG de 6-X-2016 (José Amaral), in: XLI CJ (2016), IV, 286-287.

[99] Cf. art. 2º, nº 1 da Diretiva 2011/48/UE ou Diretiva dos Direitos dos Consumidores, bem como art. 2º, b) da Diretiva 93/13/CE (cláusulas abusivas), art. 2º, e) da Diretiva 98/6/CE (indicações de preços), art. 2º, e) da Diretiva 200/31/CE (comércio eletrónico), art. 2º, d) da Diretiva 2002/65/CEE (serviços financeiros à distância), e art. 3º, a) da Diretiva 2008/48//CE (crédito ao consumo). Este entendimento encontra-se, de resto, confirmado pela jurisprudência comunitária: veja-se assim o Acórdão do TJUE de 22-XI-2001 (*"Cape SnC v. Idealservice Srl"*), in: ECLI:EU:C:2001:625. Cf. ainda Bernardeau, Ludovic, *La Notion de Consommateur en Droit Communautaire (À la Suite de l'Arrêt de la C.J.C.E. du 22 novembre 2001)*, in: 4 REDC (2001), 341-362; Vannerom, Johan, *Consumer Notion: Natural or Legal Persons and Mixed Contracts*, in: "Landmark Cases of EU Consumer Law", 57-72, Intersentia, Cambridge, 2013.

Consommation" francês, art. 3º, nº 1, a) do "Codice del Consumo" italiano), quer da "Common Law" (v.g., § 9-102 (26) do "Uniform Commercial Code" norte-americano, sec. 2 (3) do "Consumer Rights Act" inglês)[100]. De resto, é também isso que resulta de numerosas leis especiais de consumo, que circunscrevem o conceito de consumidor exclusivamente ao domínio das pessoas singulares ou físicas: assim sucede, por exemplo, com a LCC (art. 4º, nº 1, a)), a LCCD (art. 3º, c)), a LPCD (art. 3º, a)) ou a LRALC (art. 3º, c)).[101]

III. Esta situação-regra, todavia, comporta dois tipos de *exceções* – que justamente a confirmam. Por um lado, é o próprio legislador que por vezes atribui a qualidade de consumidor às pessoas coletivas: assim sucede, por exemplo, com os utentes dos serviços públicos essenciais, os quais podem revestir a natureza de pessoas singulares ou coletivas (art. 1º, nº 3 da LSPE). Por outro lado, a doutrina e a jurisprudência portuguesas vêm também admitindo a possibilidade de ser reconhecida tal qualidade, seja a *determinadas pessoas coletivas* – quando estas revistam a natureza de entes morais de fim ideal e altruístico (que prosseguem interesses não económicos em benefício da comunidade geral: v.g., associações de beneficência, associações humanitárias) e hajam adquirido bens ou serviços com vista a acorrer à satisfação de necessidades impostas pela prossecução do seu objeto legal ou estatutário próprio–[102], seja mesmo a certas *entidades sem personalidade jurídica* – que são equiparadas a consumidor, "maxime", um condomínio relativamente às áreas comuns do prédio, representado pela respetiva administração.[103]

[100] Sobre o conceito no direito norte-americano, vide Edwards, Caroline, *Article 2 of the Uniform Commercial Code and Consumer Protection*, in: 78 StJLR (2012), 663-734.

[101] Esse é, ainda, o conceito de consumidor adotado noutras leis civis e comerciais comuns: veja-se assim a noção prevista no art. 2.º, f) do RJSPME, aprovado pelo Decreto-Lei nº 91/2018, de 12 de Novembro.

[102] Sobre tal questão, vide *infra* § 8-2.

[103] Mariano, J. Cura, *Responsabilidade Contratual do Empreiteiro pelos Defeitos da Obra,* 238 e s., 3ª edição, Almedina, Coimbra, 2013; na jurisprudência, vide os Acórdãos do STJ de 29-X-2013 (João Camilo), in: XXI CJ/STJ (2013), III, 117-120, e de 31-V-2016 (M. Clara Sottomayor), in: www.dgsi.pt, bem assim como da RL de 19-VI-2014 (I. Almeida Costa), in: www.dgsi.pt.

3. Outros Terceiros

I. A lei não esclarece se consumidor será apenas o sujeito ativo da relação jurídica de consumo (ou seja, aquele a quem os bens são fornecidos ou os serviços são prestados) ou se tal qualidade também poderá ser atribuída a *terceiros* estranhos a tal relação.

II. Muito embora, via de regra, o perímetro subjetivo da lei abranja apenas o titular formal da relação jusconsumerista, não repugna considerar extensível a proteção legal a outros indivíduos pertencentes ao círculo do consumidor – podendo assim falar-se, ao lado do consumidor em sentido jurídico-formal, de consumidores *"materiais" ou de facto*: tal o caso daquelas pessoas que possuem ligações familiares ou pessoais de convivência com o consumidor e que tenham igualmente utilizado tais bens ou serviços com um fim particular ("maxime", os membros do agregado familiar do adquirente de bens de uso doméstico), ou a quem os mesmos se destinavam afinal em última instância (v.g., bens oferecidos como prendas)[104]. No sentido de tal interpretação extensiva do perímetro subjetivo do conceito jurídico-positivo português de consumidor, que introduz um desvio ao princípio geral da eficácia relativa dos contratos (art. 406º, nº 2 do CCivil), concorrem outros lugares paralelos da lei, designadamente, o art. 464º, nº 1 do CCom (que se refere ao "uso ou consumo do comprador ou da sua família" dos bens adquiridos) e o art. 2º, nº 1 do Decreto-Lei nº 522/99, de 10 de dezembro (que abrange no objeto das cooperativas de consumo o fornecimento de bens "aos seus membros e respetivo agregado familiar").

III. Já o mesmo não se pode dizer relativamente aos atos de consumo praticados por intermédio de *representantes* (legais, voluntários

[104] Neste sentido se orientam igualmente a doutrina, portuguesa e estrangeira, dominantes: Almeida, C. Ferreira, *Os Direitos dos Consumidores*, 216, Almedina, Coimbra, 1982; Oliveira, F. Baptista, *O Conceito de Consumidor – Perspectivas Nacional e Comunitária*, 86, Almedina, Coimbra, 2009; Simões, F. Dias, *O Conceito de Consumidor no Direito Português*, 6, in: 118 JusN (2011), 1-19; noutras paragens, Calais-Auloy, Jean/ Steinmetz, Frank, *Droit de la Consommation*, 5, 4ème édition, Dalloz, Paris, 1996. Em sentido oposto, Pereira, A. Dias, *A Protecção do Consumidor no Quadro da Directiva sobre o Comércio Electrónico*, 61, in: 2 EDC (2000), 43-140.

ou orgânicos). Em tais hipóteses, por mero efeito da imputação representativa, sujeito jurídico da relação de consumo será sempre o terceiro representado, devendo ser relativamente a este que são aferidos os pressupostos e os efeitos da figura de consumidor (por exemplo, no caso de um advogado celebrar a compra e venda de um imóvel para habitação em nome do seu cliente, este último será havido como consumidor caso preencha os requisitos do art. 2º, nº 1 do LDC, não obstante a natureza profissional do representante).[105]

§6 Elemento Subjetivo Passivo

1. Empresário

I. A noção jurídica de consumidor possui uma incontornável componente relacional, ao pressupor a existência de uma determinada contraparte dos atos ou relações de consumo: esta contraparte, nos dizeres da lei, deverá ser "uma pessoa que exerça com caráter profissional uma atividade económica que vise a obtenção de benefícios" (art. 2º, nº 1, "in fine", da LDC) – o *empresário* ou o *profissional.*

II. Ultrapassando o estreito perímetro dos comerciantes, o legislador português veio assim a alargar consideravelmente o âmbito subjetivo de aplicação do regime jurídico do consumo ao considerar como contraparte juridicamente relevante dos atos de consumo *quaisquer tipos de pessoas que desenvolvam profissionalmente uma atividade económica com vista à obtenção de vantagens patrimoniais*[106]. Via de regra, os atos de consumo terão assim o seu terreno de eleição nas relações

[105] Já não assim no caso do mandato sem representação (art. 1180º do CCivil, art. 266º do CCom): nesta hipótese, apenas existirá relação jurídica de consumo se relativamente ao próprio mandatário se encontrarem preenchidos os elementos da "facti-species" legal, sem prejuízo do poder que a lei reconhece ao mandante de exercer os direitos decorrentes desse estatuto de consumidor (art. 1181º, nº 2 do CCivil, art. 267º do CCom).

[106] Sobre a primazia da figura do empresário sobre a do comerciante, no domínio jusconsumerista, vide ALMEIDA, C. Ferreira, *Os Direitos dos Consumidores*, 221, Almedina, Coimbra, 1982; DAUNER-LIEB, Barbara/ DÖTSCH, Wolfgang, *Ein "Kaufmann" als "Verbraucher"?*, in: 31 DB (2003), 1666-1669.

jurídicas estabelecidas entre um consumidor e um *empresário*, qualquer que seja a sua *natureza jurídica* – abrangendo-se indistintamente as pessoas singulares ou coletivas, nacionais ou estrangeiras, de direito privado ou de direito público (cf. art. 2º, nº 2 da LDC) –[107], a natureza *da atividade económica* desenvolvida – incluindo atividades agrícolas, comerciais, industriais, financeiras, artesanais, de prestação de serviços, profissionais liberais –, a sua *dimensão* – incluindo micro, pequenas, médias e grandes empresas (embora se possam colocar problemas específicos no âmbito de grupos de empresas) – ou a *forma organizativa* revestida – incluindo empresários em nome individual, titulares de estabelecimentos individuais de responsabilidade limitada, sociedades civis, sociedades comerciais, cooperativas, agrupamentos complementares de empresas, agrupamentos europeus de interesse económico, empresas públicas, entidades públicas empresariais, empresas municipais, etc.

III. Decerto que podem existir, e existem, relações de consumo cuja contraparte é um *"profissional"* não titular de uma empresa, v.g., um pequeno artesão, um pequeno comerciante local ou um pequeno profissional liberal autónomo. Trata-se hoje, todavia, de situações cada vez mais raras e residuais, atenta a titularidade habitual de uma organização de fatores produtivos (ainda que rudimentar) por parte da generalidade dos fornecedores de bens e prestadores de serviços, fruto da crescente concorrência dos mercados e progressiva hegemonia do "homo oeconomicus". Pense-se assim, por exemplo, nos profissionais liberais, que hoje se encontram frequentemente organizados no âmbito de empresas multinacionais de prestação de serviços que dominam os respetivos mercados (v.g., sociedades de audi-

[107] O art. 2º, nº 2 da LDC inclui expressamente os atos de consumo praticados "por organismos da Administração Pública, por pessoas coletivas públicas, por empresas de capitais públicos ou detidos maioritariamente pelo Estado, pelas regiões autónomas ou pelas autarquias locais e por empresas concessionárias de serviços públicos". Trata-se de um desvio ou entorse ao princípio da natureza empresarial ou profissional do sujeito passivo do consumo, justificado pela intenção de reforço das garantias dos consumidores perante o Estado (Almeida, Teresa, *Lei de Defesa do Consumidor Anotada,* 12 e ss., Instituto do Consumidor, Lisboa, 2001).

toria e contabilidade, sociedades de advogados, clínicas médicas ou hospitais privados, etc.)[108]. Este protagonismo da empresa nas relações de consumo – que está em linha com a centralidade da empresa no Direito Comercial, havendo mesmo legislações que se referem expressamente às relações jurídicas de consumo como relações estabelecidas entre consumidores e empresários (por exemplo, § 1 da "Konsumentenschutzgesetz" austríaca, §§ 13 e 14 do BGB alemão, sec. 2(2) do "Consumer Rights Act" inglês) – explica que doravante nos referiremos genericamente ao empresário como sujeito passivo das relações jusconsumeristas, abrangendo simultaneamente os titulares de empresas e os demais profissionais.[109]

IV. São variadas as designações legais concretas dos sujeitos passivos das relações jusconsumeristas, sobretudo no âmbito das relações fundadas em contratos de consumo, onde habitualmente o legislador adotou terminologias que refletem o objeto contratual. Tal o caso do *"vendedor"* (nos contratos de venda de bens de consumo: cf.

[108] As quatro maiores sociedades de auditoria – as chamadas *"big four"* ("Ernst & Young", "PricewaterhouseCoopers", "Deloitte", "KPMG") – faturaram em 2016 mais de 130 biliões de dólares, empregando perto de 1 milhão de profissionais e colaboradores em todo o mundo (Peterson, Jim, *Count Down: The Past, Present and Uncertain Future of the Big Four Accounting Firms*, Emerald Publishing, New York, 2015): sobre a crescente empresarialização das profissões liberais, que veio colocar em causa a sua exclusão tradicional do âmbito do Direito Comercial, vide Antunes, J. Engrácia, *Direito Comercial*, em curso de publicação. Sublinhe-se ainda que, embora o legislador tenha remetido a disciplina jurídica da respetiva responsabilidade disciplinar para diplomas especiais (art. 23º da LDC), os profissionais liberais estão também abrangidos no perímetro da lei: nesse sentido também, para o caso dos serviços jurídicos, vide o Acórdão do TJUE de 15-I-2015 (*"Birutė Šiba contra Arūnas Devėnas"*), in: ECLI:EU:C:2015:14.

[109] Cf. já *supra* § 3-1. Sobre a empresa como epicentro regulatório passivo das leis de consumo, vide Almeida, C. Ferreira, *Os Direitos dos Consumidores*, 221 e s., Almedina, Coimbra, 1982; Simões, F. Dias, *O Conceito de Consumidor no Direito Português*, 3, in: 118 JusN (2011), 1-19; lá fora, Cranston, Ross, *Consumers and the Law*, 7, Weidenfeld & Nicholson, London, 1978; Krebs, Peter, *Verbraucher, Unternehmer oder Zivilperson*, in: DB (2002), 517-520. O próprio legislador português disso dá nota: é sintomático, por exemplo, que a LPCD utilize indistintamente os termos "empresa" e "profissional" (Leitão, L. Menezes, *A Revisão do Regime das Práticas Comerciais Desleais*, 75, in: AAVV, "I Congresso de Direito do Consumo", 73-94, Almedina, Coimbra, 2016; Simão, J. Carita, *A Repressão das Práticas Comerciais Desleais das Empresas face aos Consumidores*, 1015, in: 4 RDS (2012), 1009-1045).

art. 1º-B, c) da LVBC), do *"fornecedor de bens"* ou *"prestador de serviços"* (nos contratos celebrados fora do estabelecimento comercial e nos contratos à distância: cf. art. 3º, f) da LCCD), do *"prestador de serviço da sociedade de informação"* (nos contratos eletrónicos B2C: cf. art. 3º, nº 1 da LCE), do *"prestador do serviço"* (nos contratos de prestação dos serviços públicos essenciais: cf. art. 1º, nº 4 da LSPE), do *"credor"* (nos contratos de crédito ao consumo: cf. art. 4º, nº 1, b) da LCC), do *"operador"* ou *"organizador"* (nos contratos de viagem organizada: cf. art. 2º, nº 1, i) do Decreto-Lei nº 17/2018, de 8 de março), do *"empreendimento turístico"* (nos contratos turísticos: cf. art. 2º do RGET), e assim por diante.

2. Requisitos Adicionais

I. A lei faz ainda referência a duas exigências ulteriores – as quais, no essencial, corroboram e densificam a natureza tendencialmente empresarial do sujeito passivo das relações de consumo.

II. Por um lado, a atividade económica deve ter por finalidade a "*obtenção de benefícios*". Num sentido positivo, tal significa que a atividade deverá ser desenvolvida segundo um método económico dirigida a qualquer tipo de vantagem patrimonial, abrangendo assim as empresas de fim lucrativo (v.g., sociedades comerciais), mutualístico (v.g., cooperativas), de interesse público geral (v.g., entidades públicas empresariais) ou outras formas jurídico-empresariais desprovidas de um fim primário lucrativo (v.g., ACE, AEIE)[110]. Negativamente, serão irrelevantes as entidades ou organizações produtivas para autoconsumo, cuja atividade económica não se destina à oferta dos bens ou serviços produzidos em mercado (v.g., agricultura de autossubsistência, cooperativas de consumo). Sublinhe-se que a lei se pretende aqui reportar à finalidade geral ou matriz da atividade económica

[110] Considerando também que a atividade económica relevante não se circunscreve necessariamente à de fim lucrativo, Duarte, Paulo, *O Conceito Jurídico de Consumidor, Segundo o Art. 2º, nº 1 da Lei de Defesa do Consumidor*, 667, in: 75 BFDUC (1999), 649-703; Simões, F. Dias, *O Conceito de Consumidor no Direito Português*, 4, in: 118 JusN (2011), 1-19; aparentemente em sentido divergente, Liz, A. Pegado, *Introdução ao Direito e à Política do Consumo*, 190, Ed. Notícias, Lisboa, 1999.

desenvolvida pelo sujeito passivo da relação de consumo, e não a cada concreta relação de consumo individualmente considerada: como é evidente, não deixam de ser relevantes os atos gratuitos ou liberalidades que ocasionalmente os empresários praticam no exercício da respetiva atividade (v.g., brindes, campanhas promocionais a clientes, etc.).[111]

III. Por outro lado, a referida atividade económica deve ser exercida com "*caráter profissional*". No caso dos empresários singulares, tal significa que estes façam do fornecimento dos bens ou da prestação dos serviços objeto da relação de consumo a sua profissão, não se exigindo, todavia, que essa profissão seja a única ou sequer a principal, bastando que a mesma se possa considerar como uma das suas profissões, donde aquele retira rendimentos para acorrer às respetivas despesas (v.g., um arquiteto que simultaneamente vende casas, um advogado que explora um restaurante, etc.)[112]. Já no caso dos empresários coletivos, o requisito da profissionalidade estará sempre à partida preenchido, quer porque a profissão é um apanágio de indivíduos, quer em virtude de se tratar de entidades que, por definição, são constituídas exclusivamente para o exercício sistemático de atividades atinentes ao seu objeto legal ou estatutário próprio (art. 160º, nº 1 do CCivil)[113]. Cumpre salientar que o comércio eletrónico, e as

[111] Para questão paralela no direito societário, vide Antunes, J. Engrácia, *Direito das Sociedades,* 246 e ss., 8ª edição, Ed. de Autor, Porto, 2018.

[112] Esse será, de resto, o caso normal de um empresário, o qual, por definição, exerce de forma profissional a respetiva atividade económica. De fora, pois, ficarão apenas os casos relativamente marginais de indivíduos que desenvolvem atividades económicas esporádicas, sem caráter de regularidade ou profissionalidade (v.g., venda ocasional de objetos usados por particulares em plataformas de comércio eletrónico). Cf. Almeida, Teresa, *Lei de Defesa do Consumidor Anotada,* 9, Instituto do Consumidor, Lisboa, 2001; Simões, F. Dias, *O Conceito de Consumidor no Direito Português,* 4, in: 118 JusN (2011), 1-19; criticando tal requisito, Liz, A. Pegado, *Introdução ao Direito e à Política do Consumo,* 189, Ed. Notícias, Lisboa, 1999.

[113] Para problema paralelo dos sujeitos ativos do consumo, cf. ainda *infra* § 8-2. Repare-se que isso é verdade mesmo no caso de a atividade económica em causa não esgotar tal objeto, mas este último, legal ou estatutariamente, se estenda porventura ainda a outros tipos de atividades: qualquer outra interpretação, além de vedada expressamente pela lei para alguns dos mais relevantes sujeitos passivos ("maxime", as sociedades comerciais: cf. arts. 6º nº 4, 260º e 409º do CSC), envolveria uma insustentável incerteza jurídica.

novas formas de contratação a este associadas, vieram criar novas zonas cinzentas ou de fronteira no elemento da profissionalidade. Um bom exemplo é o das plataformas digitais e "emarket" places" (v.g., "Uber", "AirbnB", "OLX", "Booking", etc.), que permitem o relacionamento entre empresas e consumidores para os mais variados tipos de bens ou serviços: para além de tais plataformas implicarem amiúde a intervenção de outros terceiros para além dos sujeitos diretamente intervenientes na relação de consumo (tornando mais difícil a identificação da contraparte profissional), a proliferação do seu uso por particulares que recorrem a elas na posição de vendedores de diversos tipos de produtos e serviços, em primeira ou segunda mão (v.g., eletrodomésticos, alojamento local), pode colocar problemas de difícil resolução, os quais, no limite, apenas caso a caso poderão ser resolvidos.[114]

IV. Finalmente, muito embora a lei não o diga expressamente, a atividade económica deve ser exercida *em nome próprio*. Tal como já vimos a respeito do consumidor, também não serão considerados empresários ou profissionais para efeitos da LDC aqueles indivíduos que, desenvolvendo embora de forma profissional uma atividade económica, o fazem na qualidade de representante legal ou voluntário de outrem – caso em que os efeitos decorrentes desse exercício profissional imputar-se-ão à esfera jurídica dos representados (v.g., os trabalhadores dependentes do empresário, os gerentes da sociedade).[115]

[114] Assim, se não será seguramente de qualificar como profissional o particular que ocasionalmente se desfaz de alguns bens de que já não necessita recorrendo à sua venda em plataformas como a "OLX" ou "Custo Justo" (v.g., veículos usados, eletrodomésticos, mobiliário), já a solução poderá ser diferente no caso daquele particular que oferece, de forma regular e sistemática, serviços de alojamento local em plataformas como a "AirbnB". Cf. BALLELL, T. Heras, *El Régimen Jurídico de los Mercados Electrónicos Cerrados (E-Marketplaces)*, Marcial Pons, Madrid, 2006.

[115] Sobre o problema inverso da qualidade de consumidor dos trabalhadores, vide ANNUß, Georg, *Der Arbeitnehmer als solcher ist kein Verbraucher*, in: 55 NJW (2002) 2844-2847; MÜLLER, Sandra, *Der Arbeitnehmer als Verbraucher im Sinne des § 13 BGB*, Logos Verlag, Berlin, 2005.

3. Exclusões

I. Por conseguinte, está *excluído* do perímetro legal um conjunto bastante variado de situações, onde não se poderá falar de uma relação jurídica de consumo "stricto sensu", encontrando-nos antes, no comum dos casos, diante de meras relações jurídico-privadas sujeitas às disposições pertinentes da lei civil ou da lei comercial comuns ("maxime", arts. 874º e segs. do CCivil, art. 463º e segs. do CCom).

II. É o caso das relações *entre consumidores* – nas quais o sujeito passivo do ato de consumo é um indivíduo que não exerce qualquer atividade económica profissional (v.g., A, mero particular, vende o seu automóvel a B, também mero particular) ou uma pessoa coletiva com um objeto legal ou estatutário de natureza ideal ou não económica (v.g., uma associação desportiva vende um pavilhão ou recinto a uma câmara municipal) – e das relações entre *empresários ou profissionais* – nas quais os adquirentes dos bens ou serviços os destinam ao exercício da sua própria atividade empresarial ou profissional, seja a título principal (v.g., A, retalhista de informática, adquire um lote de computadores a B, fabricante) ou acessório (v.g., o mesmo A adquire equipamento de escritório ou recorre a serviços de limpeza para as suas instalações à empresa de mobiliário ou de limpeza C).

III. É ainda o caso das *relações de consumo invertidas* – nas quais um particular ou consumidor assume a posição de fornecedor do bem ou prestador do serviço a um empresário ou profissional (v.g., A, particular, vende o seu automóvel a um "stand" de automóveis B ou vende o seu andar a uma empresa imobiliária C) – e das relações jurídicas de *autoconsumo* – em que os papéis de produtor e consumidor se concentram na mesma pessoa ("prosumer") ou em que a atividade económica não visa a oferta dos bens ou serviços em mercado.[116]

[116] Sobre tais exclusões, em sentido essencialmente convergente, vide Almeida, C. Ferreira, *Os Direitos dos Consumidores*, 215, Almedina, Coimbra, 1982; Liz, J. Pegado, *Introdução ao Direito e à Política do Consumo*, 3 e s., Ed. Notícias Lisboa, 1999; Oliveira, F. Baptista, *O Conceito de Consumidor – Perspectivas Nacional e Comunitária*, 96, Almedina, Coimbra, 2009; Silva, J. Calvão, *Protecção do Consumidor*, 127, in: Campos, D. Leite (ed.), "Direito das Empresas", 113-152, INA, Lisboa, 1990; Simões, F. Dias, *O Conceito de Consumidor no Direito Português*,

IV. Por fim, confirmando a natureza do conceito de consumidor como conceito jurídico aberto e de geometria variável, profundamente influenciado pela própria evolução das realidades económicas, cumpre chamar a atenção para a proliferação de figuras híbridas de difícil qualificação (*"hybrid consumers"*): pense-se, por exemplo, no crescente número de cidadãos comuns que negoceia com caráter mais ou menos regular a venda de artigos em segunda mão em plataformas de comércio ou leilões eletrónicos (v.g., "eBay", "OLX")[117]. A este respeito, merece especial destaque o recente Acórdão do TJUE de 4 de outubro de 2018, segundo o qual uma pessoa singular que publica simultaneamente um determinado número de anúncios de venda de bens novos e usados num sítio da Internet não pode ser automaticamente qualificada como "profissional" para efeitos das leis do consumo, mas apenas se atuar no âmbito da sua atividade comercial, industrial, artesanal ou profissional.[118]

§7
Elemento Objetivo

1. Bens, Serviços, Direitos

I. Para além destas caraterísticas subjetivas, a noção de consumidor faz ainda apelo a elementos respeitantes ao objeto imediato ou material do próprio ato de consumo, relativos às relações entre consumidores e empresários nas quais "(...) sejam fornecidos bens, prestados serviços ou transmitidos quaisquer direitos (...)" (art. 2º, nº 1, da LDC). Como logo salta à vista desarmada, o legislador atribuiu rele-

5, in: 118 JusN (2011), 1-19. Noutros países, vide Rodríguez-Cano, A. Bercovitz, *Estudios Jurídicos sobre la Protección de los Consumidores*, 118, Tecnos, Madrid, 1987; em sentido oposto, todavia, Calais-Auloy, Jean/ Steinmetz, Frank, *Droit de la Consommation*, 6, 4ème édition, Dalloz, Paris, 1996.

[117] Riefa, Christine, *The Reform of Electronic Consumer Contracts in Europe: Towards an Effective Legal Framework?*, 17, in: 14 LexE (2009), 1-44. Nalguns países, a ordem jurídica evoluiu mesmo no sentido de se considerar estarmos então diante de uma espécie de "auto-empresário" em linha: cf. Nguyén, Pascal, *L'Auto-Entrepreneur*, Librarie Eyrolles, Paris, 2017.

[118] Acórdão do TJUE de 4-X-2018 (*"Komisia za zashtita na potrebitelite" v. Evelina Kamenova*), in: ECLI:EU:C:2018:808.

vância jurídica a um leque muito amplo e variado de objetos potenciais dos atos de consumo.

II. Desde logo, são relevantes todos os *bens* que hajam sido adquiridos ou utilizados com um fim não profissional. Devem-se assim considerar aqui abrangidas todas as coisas, sejam estas de natureza móvel (v.g., bens de equipamento, veículos) ou imóvel (v.g., habitações, terrenos), corpórea (v.g., computadores, eletrodomésticos) ou incorpórea (v.g., "software" informático, obras literárias ou artísticas, energias naturais), perecível (v.g., géneros alimentícios) ou duradoura (v.g., mobiliário), comercial ou financeira (v.g., aquisição de instrumentos financeiros por investidores não profissionais: cf. art. 321º, nº 3 do CVM, Decreto-Lei nº 95/2006, de 29 de maio), e em primeira ou em segunda mão (cf. também o art. 1º-B, b) da LVBC)[119]. De fora da noção ficam apenas os "bens públicos" puros, de natureza indivisível e inapropriável (v.g., justiça, defesa) ou os bens privados de consumo intermédio (v.g., bens de equipamento destinados a um uso profissional ou empresarial).

III. Depois, são também relevantes os *serviços*. Uma vez mais, devem considerar-se aqui abrangidos todos os tipos de prestações de trabalho manual ou intelectual destinados ao uso privado do respetivo consumidor, sejam aquelas de natureza civil (v.g., agricultura,

[119] No tocante aos produtos financeiros, sublinhe-se que os *investidores* (não profissionais) não são idênticos mas apenas equiparados aos consumidores (art. 321º, nº 3 do CVM), havendo assim uma convergência de fins (proteção dos contraentes débeis) mas não necessariamente de conceitos (tratando-se de "facti-species" legais distintas). Em conformidade, tal equiparação genérica dos investidores aos consumidores não é automática, devendo ser devidamente cotejada caso a caso, quer com a natureza jurídica e económica de cada investidor ("maxime", pessoa singular ou coletiva, objeto legal ou estatutário, natureza profissional ou ocasional da atividade de investimento), quer com os bens e serviços financeiros concretamente prestados, quer ainda com a eventual sobreposição ou duplicação das esferas de proteção das normas jusmobiliárias e jusconsumeristas. Sobre tal questão, vide Antunes, J. Engrácia, *Deveres e Responsabilidade do Intermediário Financeiro*, 51 e s., in: 56 CadMVM (2017), 31-52; Rodrigues, S. Nascimento, *A Proteção dos Investidores em Valores Mobiliários*, 29 e ss., Almedina, Coimbra, 2001; Riesenhuber, Karl, *Anleger und Verbraucher*, in: 26 ZBB (2014), 134-149.

artesanato), comercial (v.g., construção, transporte, limpeza, reparação), financeira (v.g., seguros, crédito, "leasing", intermediação financeira) ou mesmo técnica, intelectual ou artística (v.g., aconselhamento jurídico, cuidados médicos, decoração de interiores)[120]. Particularmente relevantes são os serviços prestados por profissionais liberais (v.g., advogados, médicos, engenheiros, arquitetos, contabilistas, etc.): muito embora o legislador tenha remetido a disciplina jurídica da responsabilidade disciplinar destes profissionais para diplomas especiais (art. 23º da LDC), deve considerar-se que os serviços por estes prestados estão também abrangidos no perímetro da lei.[121]

IV. Enfim, o legislador considerou ainda relevantes para estes efeitos os *direitos* que hajam sido transmitidos ao consumidor com vista à satisfação de necessidades privadas ou não profissionais. Ao referir-se a lei a "quaisquer direitos" (art. 2º, nº 1 da LDC), estarão aqui abrangidos, por exemplo, direitos reais de habitação periódica, direitos de arrendamento, direitos sobre instrumentos financeiros, cessões de créditos ou de posições contratuais, licenças de utilização, etc.[122]

[120] Especial relevo tem ganho a *empreitada de consumo*, contrato através do qual o consumidor encomenda obra de construção, reparação ou modificação de imóveis a empresários da construção: cf. MARIANO, J. Cura, *Responsabilidade Contratual do Empreiteiro pelos Defeitos da Obra*, 3ª edição, Almedina, Coimbra, 2013; MARTINEZ, P. Romano, *Empreitada de Bens de Consumo*, in: II EIDC (2005), 11-35; na jurisprudência, vide os Acórdãos do STJ de 1-X-2015 (Abrantes GERALDES) e de 14-X-2010 (Álvaro RODRIGUES), ambos in: www.dgsi.pt; o Acórdão da RL de 30-VI-2011 (M. João AREIAS), in: www.dgsi.pt; e os Acórdãos da RC de 21-IV-2015 (Barateiro MARTINS), in: www.dgsi.pt, e de 12-I-2016 (Jorge ARCANJO), in: XLI CJ (2016), I, 280-280.

[121] Nesse sentido também, para o caso dos serviços jurídicos, vide o Acórdão do TJUE de 15-I-2015 (*"Birutė Šiba contra Arūnas Devėnas"*), in: ECLI:EU:C:2015:14. Sobre a progressiva empresarialização das profissões liberais, vide já *supra* § 6-1 (III).

[122] LIZ, A. Pegado, *Introdução ao Direito e à Política do Consumo*, 199, Ed. Notícias, Lisboa, 1999. Isto não impede que, tal como já vimos suceder a respeito do elemento subjetivo, também o elemento objetivo possa ocasionalmente ser delimitado de forma diferente no quadro de certas leis especiais do consumo: assim, por exemplo, a LCC (art. 1º, nº 2) apenas se aplica a "contratos de crédito de consumo"; a LRALC (art. 2º, nº 1) apenas se aplica a "contratos de compra e venda e de prestação de serviços"; e a LVBC apenas se aplica expressamente

2. Natureza e Fontes Especiais

I. O círculo relevante dos objetos dos atos de consumo não se circunscreve aos bens, serviços e direitos existentes no tráfico jurídico privado entre presentes. Por um lado, são aqui relevantes determinados serviços *públicos* essenciais, tais como o fornecimento de água, energia elétrica, gás e outros serviços de interesse económico geral: veja-se assim a LSPE, relativa à proteção do utente de serviços públicos essenciais[123]. Por outro lado, são também relevantes os chamados serviços *à distância*, ou seja, o fornecimento de bens ou a prestação de serviços acordados sem a presença física e simultânea das partes, designadamente realizados por via eletrónica (cf. Decreto-Lei nº 58/2000, de 18 de abril, que veio transpor para o direito interno a diretiva comunitária relativa às regras disciplinadoras dos serviços da sociedade de informação)[124]. Em contrapartida, estão excluídos os chamados "bens públicos" (v.g., justiça, defesa, segurança pública), de natureza indivisível e insuscetíveis de apropriação individual.[125]

II. Retenha-se ainda, por outra banda, que a natureza e a fonte das relações de consumo juridicamente relevantes podem também ser variadas. Muito embora na maior parte dos casos os atos de consumo tenham a sua fonte em *contratos* celebrados entre o consumidor e o empresário ou profissional[126], nada impede que a relação jurídica de consumo revista outra natureza, como sucede, por exemplo, no caso de negócios jurídicos unilaterais, de responsabilidade do produtor por danos causados por produtos defeituosos (art. 12º, nº 2 da LDC,

a "contratos de compra e venda, de empreitada, de prestações de serviços e de locação" (art. 1º-A).

[123] Sobre estes contratos de consumo, vide *infra* § 27.

[124] Sobre estes contratos de consumo, vide *infra* § 25.

[125] Lavouras, Matilde/ Almeida, Teresa, *Bens Públicos Globais: A Problemática da sua Definição e Financiamento*, in: LII BCEUC (2009), 143-193.

[126] Sublinhe-se que a qualidade de consumidor é independente da celebração dos contratos de consumo, já que a proteção do consumidor tem também lugar, quer na fase pré-contratual (v.g., direitos de informação), quer nos casos em que o contrato não venha afinal a ser concluído ou seja inválido (v.g., direitos económicos, envio de bens não solicitados, etc.). Cf. Alexander, Christian, *Verbraucherschutzrecht*, 37, Beck, München, 2015.

art. 1º da LRCP), de responsabilidade das agências de publicidade por ilícitos publicitários (art. 30º, nº 1 do CPub), etc.[127]

§8
Elemento Teleológico

1. Uso Não Profissional

I. A delimitação do conceito jurídico de consumidor apenas fica completa quando se considere aquele que constitui, porventura, o seu traço distintivo e elemento-chave: o destino ou finalidade de "*uso não profissional*" dos bens, serviços ou direitos objeto do ato de consumo (art. 2º, nº 1 da LDC).

II. Este elemento teleológico ou finalístico da noção legal de consumidor reveste uma importância estratégica – havendo mesmo quem considere que ele "está na base do próprio direito do consumo"[128]. Como vimos oportunamente, a razão de ser e princípio energético deste setor normativo reside na constatação de que, nas modernas sociedades de consumo, os destinatários ordinários dos bens e serviços constituem a parte economicamente débil ou tecnicamente leiga ou profana das relações juseconómicas estabelecidas com os empresários e profissionais dotados de superior capacidade financeira e conhecimentos técnicos[129]. Desta perspetiva, compreende-se facilmente que o legislador tenha consagrado como *núcleo fundamental* daquele conceito – fazendo consequentemente beneficiar dos direitos e mecanismos especiais de proteção que foram consagrados com vista

[127] Criticando acertadamente a limitação do conceito de consumidor aos quadros do direito dos contratos e assinalando a existência de outras fontes possíveis das relações jurídicas de consumo, vide Almeida, C. Ferreira, *Negócio Jurídico de Consumo*, in: 347 BMJ (1985), 11-38; Almeida, C. Ferreira, *Os Direitos dos Consumidores*, 211 e ss., Almedina, Coimbra, 1982; Monte, M. Ferreira, *Da Protecção Penal do Consumidor*, 15 e ss., Almedina, Coimbra, 1996.

[128] Calais-Auloy, Jean/ Steinmetz, Frank, *Droit de la Consommation*, 6, 4ème édition, Dalloz, Paris, 1996.

[129] Sobre esta matriz "ideológica" do direito do consumo como direito de proteção ou de defesa do consumidor fraco, leigo, profano ou débil, bem como o fundamentalismo que lhe anda associado, vide já *supra* § 2-5.

ao restabelecimento do equilíbrio nessas relações (arts. 3º e segs. do LDC) – os particulares que adquirem determinados bens ou serviços com vista à satisfação das suas necessidades privadas, de natureza pessoal, familiar ou doméstica (uso não profissional), excluindo, por conseguinte, todas as demais pessoas singulares ou coletivas que o façam com vista à satisfação das suas necessidades empresariais ou profissionais (uso profissional).

III. Quanto ao uso "não profissional" ("private Verwendung", "private use"), ele *abrange qualquer destinação pessoal, familiar ou doméstica* dos bens, serviços ou direitos por parte do consumidor, incluindo, pois, a utilização pelo próprio ou por certos terceiros ("maxime", membros do agregado familiar), bem assim como a sua posterior transmissão gratuita (v.g., oferta de prenda a um amigo) ou até onerosa (v.g., aquisição de ações para revenda, aquisição de direito real de habitação periódica em empreendimento turístico que foi objeto de posterior venda)[130]. Em contrapartida, o "uso profissional" ("gewerblicher oder beruflicher Zweck", "professional use") abrange qualquer *destinação empresarial ou profissional* dos bens, serviços ou direitos adquiridos por parte do empresário ou profissional adquirente, sendo suficiente que aquela aquisição tenha sido realizada para satisfação das suas necessidades empresariais ou profissionais ou em conexão com o exercício da sua atividade empresarial ou profissional, independentemente do destino concreto que lhe foi dado – v.g., produção (matérias-primas), revenda (produtos acabados), utilização (equipamento, consumíveis) – ou até da natureza dos próprios bens ou serviços adquiridos – "maxime", se são próprios ou estranhos à

[130] Ou seja, não deixará de ser havido como consumidor aquele que, tendo-o adquirido para uso não profissional, destina posteriormente o objeto do consumo a uma nova relação de consumo (Almeida, Teresa, *Lei de Defesa do Consumidor Anotada,* 11, Instituto do Consumidor, Lisboa, 2001). O momento relevante para a aferição do destino do bem ou serviço é o momento da prática do ato de consumo ("maxime", a celebração do contrato entre consumidor e empresário), pelo que, desde que se prove que o mesmo a destinava a um uso não profissional na data da aquisição ou fornecimento, aquele não perderá essa qualidade ainda que posteriormente o consumidor os tenha destinado a um uso profissional (Acórdão da RL de 8-VI-2006 (Salazar Casanova), in: XXXI CJ (2006), III, 110-114). Cf. *supra* § 4-3.

sua específica atividade empresarial ou profissional (v.g., empresário alimentar que adquire frota de veículos de transporte).[131]

IV. É, todavia, extremamente controvertida na jurisprudência e na doutrina a questão da eventual extensão do perímetro subjetivo da lei a *outras categorias de sujeitos ou atos* que não correspondem a essa situação-regra: designadamente, se poderão também ser considerados como consumidores as pessoas coletivas que pratiquem atos de consumo (*consumidores coletivos*) ou os empresários que pratiquem atos de consumo alheios ou estranhos à sua atividade empresarial (*consumidores empresários*).

2. Consumidores Coletivos

I. Dada a locução genérica utilizada no art. 2º, nº 1 da LDC ("considera-se consumidor todo aquele (...)"), os tribunais e os autores portugueses encontram-se divididos sobre a questão de saber se, para além das pessoas singulares, as pessoas coletivas poderão também revestir tal qualidade e beneficiar da respetiva proteção legal.[132]

[131] Sobre a exclusão do chamado "consumo intermédio", vide já *supra* § 5-1.

[132] Num sentido negativo, ALMEIDA, C. Ferreira, *Direito do Consumo,* 39 e ss., Almedina, Coimbra, 2005; ALMEIDA, Teresa, *Lei de Defesa do Consumidor Anotada,* 11, Instituto do Consumidor, Lisboa, 2001; MARIANO, J. Cura, *Responsabilidade Contratual do Empreiteiro pelos Defeitos da Obra,* 266, 3ª edição, Almedina, Coimbra, 2013; SILVA, J. Calvão, *Venda de Bens de Consumo,* 56, 4ª edição, Almedina, Coimbra, 2010; na jurisprudência, vide os Acórdãos do STJ de 24-III-2015 (G. Silva JESUS), in: XXII CJ/STJ (2015), I, 167-173, de 14-X-2010 (Álvaro RODRIGUES), in: www.dgsi.pt, e de 20-X-2011 (Moreira ALVES), in: www.dgsi.pt; bem como os Acórdãos da RC de 12-I-2016 (Jorge ARCANJO), in: XLI CJ (2016), I, 280-280, e da RG de 6-X-2016 (José AMARAL), in: XLI CJ (2016), IV, 286-287. Num sentido afirmativo, embora com diferentes alcances, LIZ, J. Pegado, *Introdução ao Direito e à Política do Consumo,* 186 e ss., Ed. Notícias, Lisboa, 1999; CARVALHO, J. Morais, *Manual de Direito do Consumo,* 26, 5ª edição, Almedina, Coimbra, 2018; DUARTE, Paulo, *O Conceito Jurídico de Consumidor,* 661 e ss., in: 75 BFDUC (1999), 649-703; LAURENTINO, Sandrina, *Os Destinatários da Legislação do Consumidor,* 426 e s., in: 2 EDC (2000), 415-441; MONTE, M. Ferreira, *Da Protecção Penal do Consumidor,* 196 e ss., Almedina, Coimbra, 1996; na jurisprudência, os Acórdãos da RL de 27-IX-2001 (F. Isabel PEREIRA), in: XXVI CJ (2001), IV, 106-108 (limitando às pessoas coletivas não empresariais), da RP de 11-IX-2008 (F. Baptista OLIVEIRA), in: www.dgsi.pt (remetendo a solução para a equidade) e da RC de 10-XI-2009 (Carlos GIL), in: www.dgsi.pt (admitindo a qualidade de consumidor de certas pessoas coletivas, sem todavia precisar).

II. Em nosso entender, como já atrás frisámos, o conceito de consumidor deve ser reservado a pessoas singulares, estando, em via de princípio, excluída a existência de *consumidores coletivos*. Com efeito, constituindo as pessoas coletivas entidades ou organizações para a realização de um fim típico determinado e encontrando-se a respetiva capacidade jurídica limitada por esse fim (art. 160º do CCivil), todos os atos de consumo praticados por aquelas serão necessariamente destinados à prossecução deste mesmo fim: por outras palavras, os bens fornecidos ou serviços prestados serão sempre, por definição, destinados a um uso típico ou profissional, sob pena da nulidade dos próprios atos por incapacidade (arts. 160º, nº 1 e 294º do CCivil); por outra banda, a proteção do consumidor consubstancia-se frequentemente em direitos que, também por definição, são inseparáveis da personalidade singular, v.g., direito à saúde, à segurança física, à formação e educação para o consumo (art. 160º, nº 2 do CCivil); e ninguém poderá ignorar que as pessoas coletivas são por regra entidades dotadas de uma estrutura organizativa e patrimonial própria que jamais pode ser equiparada à situação do comum consumidor individual. Compreende-se bem que, sob pena de uma banalização da figura e até de uma violação do "lado escuro" do princípio da igualdade do art. 13º, nº 1 da CRP (segundo o qual se deve tratar desigualmente o que é desigual), jamais seria admissível reputar de consumidores entidades ou organizações que, tendo por objeto legal ou estatutário o exercício de uma atividade económico-empresarial ou profissional, adquirem bens ou serviços com vista à realização desse objeto: se uma empresa hoteleira ou turística adquire géneros alimentícios no mercado, consumidores finais serão sempre os respetivos hóspedes ou clientes, revestindo a empresa em causa a natureza de consumidor intermédio, que adquiriu os produtos com vista ao desenvolvimento da sua própria atividade profissional.[133]

III. Isto não significa, porém, que se deva considerar liminarmente excluída a possibilidade de existência de consumidores coletivos. Assim, desde logo, há que ter em conta certos *conceitos setoriais* de

[133] Sobre o consumidor como pessoa singular, vide *supra* § 5-1.

consumidor onde a lei expressamente previu tal possibilidade: veja-se assim, por exemplo, os utentes dos serviços públicos essenciais, que podem ser pessoas singulares ou coletivas (art. 1º, nº 3 da LSPE). Depois ainda, não parece repugnar que se reconheça a qualidade de consumidor a determinados *entes morais de fim ideal e altruístico*, que prosseguem interesses não económicos em benefício da comunidade geral (v.g., associações de beneficência, associações humanitárias), desde que hajam adquirido bens ou serviços com vista a acorrer à satisfação de necessidades impostas pela prossecução do seu objeto legal ou estatutário próprio (mormente, no interesse dos terceiros beneficiários). Em sentido contrário, já são de excluir todos os demais tipos de pessoas coletivas, designadamente, as pessoas coletivas de fim económico – seja este de natureza lucrativa, mutualística ou outra (v.g., sociedades comerciais, cooperativas, ACE, empresas públicas, etc.) – e as pessoas coletivas de fim ideal egoístico (v.g., associações desportivas, culturais, políticas) – que perseguem um fim interessado dos seus próprios membros ou associados.[134]

3. Consumidores Empresários

I. Outra situação duvidosa respeita aos casos em que o adquirente ou utilizador dos bens ou serviços constitui, ele próprio, alguém que exerce uma atividade económico-empresarial ou profissional – o *consumidor-empresário* ou profissional.

II. Se ninguém duvida que jamais poderá ser considerado como consumidor o empresário ou profissional que se propõe utilizar ou afetar esses bens ou serviços ao desenvolvimento da respetiva ativi-

[134] Sobre tal questão, com entendimentos muito diferenciados, além dos referidos atrás, vide Barbosa, A. Miranda, *Os Contratos de Adesão no Cerne da Proteção do Consumidor*, 398, in: 3 EDC (2001), 389-424; Cardoso, Elionora, *Lei de Defesa do Consumidor – Comentada e Anotada*, 25 e ss., Coimbra Editora/ Wolters Kluwer, Coimbra, 2012; Duarte, Paulo, *O Conceito Jurídico de Consumidor, Segundo o Art. 2º, nº 1 da Lei de Defesa do Consumidor*, 661 e ss., in: 75 BFDUC (1999), 649-703; Monte, M. Ferreira, *Da Protecção Penal do Consumidor*, 196 e ss., Almedina, Coimbra, 1996; Oliveira, F. Baptista, *O Conceito de Consumidor – Perspectivas Nacional e Comunitária*, 87 e ss., Almedina, Coimbra, 2009; Pinto, P. Mota, *Conformidade e Garantias na Venda de Bens de Consumo*, 214, in: 2 EDC (2000), 197-331; Simões, F. Dias, *O Conceito de Consumidor no Direito Português*, 4 e ss., in: 35 JusN (2012), 1-14.

dade (v.g., aquisições de matérias-primas por empresas transformadoras, de produtos acabados por empresas distribuidoras, de equipamento por profissionais liberais)[135], já não parece que deva ser recusada tal qualidade quando aqueles, atuando nas vestes de um comum consumidor ordinário, hajam adquirido os bens ou solicitado os serviços com fins puramente privados (pessoal, doméstico, familiar) e totalmente alheios àquela atividade (v.g., um comerciante que adquire uma viatura para seu uso próprio ou da sua família, um advogado que contrai um empréstimo para compra de habitação própria ou de uma viagem de férias). Com efeito, convém aqui recordar que o direito do consumo, mais do que propriamente um "direito de classe" ou respeitando a categorias de sujeitos tangentemente separados (cidadãos "versus" empresas), corresponde a uma categoria de atos delimitada em função da respetiva finalidade económica (aquisição de bens ou serviços para uso privado ou não profissional): por essa razão, como já salientava John Kennedy na sua mensagem ao congresso norte-americano de 1962, "todos somos consumidores".[136]

III. Entre estas duas situações prodrómicas, de solução mais simples, prefigura-se um vasto conjunto de atos de consumo praticados por empresários ou profissionais de resposta mais difícil, cuja solução apenas poderá ser encontrada *caso a caso*, atentas as circunstâncias concretas e concomitantes[137]. Designadamente, as situações em

[135] E isto independentemente da natureza ou dimensão do empresário. Em sentido oposto, equacionando a atribuição da qualidade de consumidor às pequenas empresas e às empresas emergentes ("startups"), vide Liz, A. Pegado, *Introdução ao Direito e à Política do Consumo*, 218, Ed. Notícias, Lisboa, 1999; Schünemann, Wolfgang/ Blomeyer, Michael, *Existenzgründer: Unternehmen oder Verbraucher?*, in: 65 JZ (2010), 1156-1160.

[136] Cf. Almeida, C. Ferreira, *Direito do Consumo*, 44 e ss., Almedina, Coimbra, 2005; Liz, A. Pegado, *Introdução ao Direito e à Política do Consumo*, 216 e ss., Ed. Notícias, Lisboa, 1999; Acórdão do STJ de 11-III-2003 (Afonso Correia), in: www.dgsi.pt. Noutras latitudes, Alexander, Christian, *Verbraucherschutzrecht*, 29, Beck, München, 2015; Calais-Auloy, Jean/ / Steinmetz, Frank, *Droit de la Consommation*, 5, 4ème édition, Dalloz, Paris, 1996.

[137] Entre tais circunstâncias concomitantes, reveste especial relevância a *faturação* das operações jurídico-económicas em questão: se o empresário celebrou o negócio em nome da empresa ou faturou debaixo do número fiscal desta, deve presumir-se que o ato foi praticado em vestes profissionais e não pessoais, cabendo ao empresário ilidir tal presunção.

que o empresário ou profissional adquiriu os bens ou serviços com uma *finalidade mista* ("dual use") de utilização na sua vida privada e profissional (v.g., um pequeno comerciante de mercearia que adquire um transitário de mercadorias utilizado simultaneamente nas suas entregas aos clientes e nas suas deslocações pessoais)[138]; adquiriu bens e serviços de *natureza mista*, os quais, independentemente da finalidade concreta subjacente à aquisição, são em abstrato suscetíveis de ser afetados a ambas as atividades (v.g., um advogado que adquire um computador pessoal, um mecânico que adquire um automóvel); ou adquiriu bens ou serviços de *natureza estranha* ao tipo específico de atividade empresarial ou profissional desenvolvida, atuando assim fora das suas competências profissionais próprias, destinados embora a satisfazer as necessidades desta mesma atividade (v.g., um comerciante que instala um sistema de alarme nos seus estabelecimentos, um agricultor que realiza um seguro para as suas colheitas, um arquiteto que adquire um sistema informático de desenho computorizado).[139]

[138] Gottschalk, Eckardt, *Verbraucherbegriff und Dual-use-Verträge*, in: 53 RIW (2006), 576-778; na jurisprudência, Acórdão do TJUE de 20-I-2015 ("*Grüber*"), in: ECLI:EU:C:2005:32.

[139] Sobre estas e outras hipóteses, que aqui não podem ser analisadas em detalhe, vide Almeida, C. Ferreira, *Os Direitos dos Consumidores*, 222, Almedina, Coimbra, 1982; Duarte, Paulo, *O Conceito Jurídico de Consumidor, Segundo o Art. 2º, nº 1 da Lei de Defesa do Consumidor*, 682 e s., in: 75 BFDUC (1999), 649-703; Liz, A. Pegado, *Introdução ao Direito e à Política do Consumo*, 217 e ss., Ed. Notícias, Lisboa, 1999; Oliveira, F. Baptista, *O Conceito de Consumidor – Perspectivas Nacional e Comunitária*, 87 e ss., Almedina, Coimbra, 2009; Simões, F. Dias, *O Conceito de Consumidor no Direito Português*, 1 e ss., in: 35 JusN (2012), 1-14; Monte, M. Ferreira, *Da Protecção Penal do Consumidor*, 193 e ss., Almedina, Coimbra, 1996; Pinto, P. Mota, *Conformidade e Garantias na Venda de Bens de Consumo*, 215 e s., in: 2 EDC (2000), 197-331; Silva, J. Calvão, *Compra e Venda de Coisas Defeituosas*, 125, Almedina, Coimbra, 2008; na jurisprudência, Acórdão da RL de 23-X-2010 (M. Teresa Albuquerque), in: XXXV CJ (2010), IV, 87-93. Noutros quadrantes, para questões paralelas, Dauner-Lieb, Barbara/ Dötsch, Wolfgang, *Ein "Kaufmann" als "Verbraucher"? – Zur Verbrauchereigenschaft des Personengesellschafters*, in: 31 DB (2003), 1666-1669; Calais-Auloy, Jean/ Steinmetz, Frank, *Droit de la Consommation*, 8 e ss., 4ème édition, Dalloz, Paris, 1996.

Capítulo III
A Proteção do Consumidor*

§9
Os Direitos dos Consumidores

1. O Elenco Legal

I. Correspondendo ao repto constitucional de proteção do consumidor lançado pelo art. 60º da CRP, a Lei de Defesa do Consumidor

* **Literatura Portuguesa:** Antunes, J. Engrácia, *Os Direitos dos Consumidores,* in: 63 CDP (2018), em curso de publicação; Almeida, C. Ferreira, *Os Direitos dos Consumidores,* Almedina, Coimbra, 1982; Albuquerque, F. Santos, *O Dever de Informar nas Relações de Consumo,* in: 2 RevTDC (2001), 83-100; Caldas, L. Miguel, *Direito à Informação no Âmbito do Direito do Consumo,* in: 21 Julg (2013), 203-225; Carvalho, J. Morais/ Pinto-Ferreira, J. Pedro/ Carvalho, J. Campos, *Manual de Resolução Alternativa de Litígios de Consumo,* Almedina, Coimbra, 2017; Frota, Mário, *Direito à Saúde e os Consumidores,* in: 3 TJ (1990), 61-77; Frota, Mário, *Os Serviços de Interesse Geral e o Princípio Fundamental da Protecção dos Interesses Económicos do Consumidor,* in: V MJur (2007), 39-63; Liz, J. Pegado, *Algumas Reflexões a Propósito do Direito dos Consumidores à Informação,* in: "Liber Amicorum Mário Frota", 335-353, Almedina, Coimbra, 2012; Monte, M. Ferreira, *Da Protecção Penal do Consumidor,* Almedina, Coimbra, 1996; Rebelo, F. Neves, *O Direito à Informação do Consumidor nos Contratos à Distância,* in: "Liber Amicorum Mário Frota", 103-153, Almedina, Coimbra, 2012. **Literatura Estrangeira:** Alpa, Guido/ Catricalà, António, *Diritto dei Consumatori,* Il Mulino, Torino, 2016; Barry, Denis/ Jenkins, Edward/ Sumnall, Charlene/ Douglas-Jones, Ben/ Lloyd, Daniel, *Blackstone's Guide to the Consumer Rights Act 2015,* Oxford University Press, Oxford, 2016; Byron, David, *The Rights of the Consumer,* Straightforward Publishing, London, 2015; Roux, Dominique/

(LDC) consagrou um acervo fundamental de direitos dos consumidores com vista a assegurar a respetiva proteção. O elenco legal destes direitos encontra-se previsto no seu art. 3º, os quais são depois disciplinados sucessivamente por várias normas do mesmo diploma: são eles o direito à *qualidade dos bens e serviços* (art. 4º), o direito à *proteção da saúde e da segurança física* (art. 5º), o direito à *formação e educação* para o consumo (art. 6º), o direito à *informação* em geral e em particular (arts. 7º e 8º), o direito à *proteção dos interesses económicos* (arts. 9º a 9º-D), o direito à *prevenção e reparação* de danos patrimoniais ou não patrimoniais que resultem da ofensa de direitos ou interesses individuais, coletivos ou difusos (arts. 11º a 13º), o direito à *proteção jurídica e a uma justiça acessível e pronta* (art. 14º) e o direito de *participação*, por via representativa, na definição legal ou administrativa dos seus direitos e interesses (art. 15º).

II. Sublinhe-se que a LDC não se limitou a uma mera inventariação abstrata dos direitos dos consumidores. Com efeito, apesar de se tratar no essencial de uma lei-quadro carecida de regulamentação posterior, o legislador avançou nela com diversas *concretizações* normativas de aplicação direta e imediata: pense-se, por exemplo, na integração contratual dos conteúdos publicitários (art. 7º, nº 4), na previsão de um prazo legal de 7 dias para o exercício do direito de retratação (art. 8º, nº 2), na regulação da transferência do risco (art. 9º-C), ou na isenção de custas judiciais no âmbito das ações inibitórias (art. 11º, nº 1). Antes de passarmos à análise mais detalhada de cada um dos referidos direitos fundamentais, convém determo-nos um pouco sobre o seu sentido, natureza e alcance gerais.

2. Sentido Matricial

I. Desde logo, antes que fornecer um repositório completo e exaustivo da disciplina jurídica de proteção do consumidor, a LDC constitui uma *lei-quadro* ou "lei de bases" onde se encontram vertidos os

/Nabec, Lydiane, *Protection des Consommateurs: Les Nouveaux Enjeux du Consumérisme*, Éditions EMS, Paris, 2016; García, L. María/ Arce, A. Léon, *Derechos de los Consumidores y Usuarios*, 2 volumes, 3ª edición, Tirant lo Blanch, Valencia, 2016.

grandes princípios ou vetores axiológicos gerais dessa proteção constitucional e internacionalmente aceites na matéria[140], carecida como tal de atuação e concretização através de legislação especial (cf. art. 1º, nº 2 da LDC): na realidade, sem prejuízo de algumas diferenças pontuais de nomenclatura, conteúdo e ordenação sistemática, o elenco da lei portuguesa seguiu relativamente de perto o núcleo fundamental dos direitos e princípios acolhidos no texto constitucional e nos textos internacionais relativos aos consumidores (mormente, a "Carta do Consumidor" do Conselho da Europa de 1973)[141]. Estaremos porventura perante uma lei-quadro "sui generis", que não se limita a estabelecer a moldura ou programa geral do regime jurídico de tutela do consumidor a que os poderes públicos deverão fornecer operatividade prática através de decretos-lei de desenvolvimento, mas que, nalguns pontos, já preenche concretizadoramente tal moldura, "maxime", ao consagrar e disciplinar diretamente determinados direitos subjetivos ou posições jurídico-processuais concretos (v.g., arts. 4º, nºs 2 a 4, 10º e 11º da LDC).[142]

II. "Matriz fundamental" (J. Calvão da Silva) ou "quadro normativo de referência" (A. Pinto Monteiro) da tutela do consumidor, vale isto por dizer que a compreensão global do conteúdo e alcance dos diversos direitos constantes do elenco legal só se torna verdadeiramente possível quando se tenham em consideração as abundantes

[140] Desde a "consumer bill of rights message" do Presidente John F. Kennedy proferida nos inícios dos anos sessenta, pode efetivamente afirmar-se que um feixe essencial de direitos, tais como o direito à proteção da saúde e segurança, à proteção dos interesses económicos, à proteção e reparação de danos, ou à formação, informação e consulta, passaram a constituir os eixos político-programáticos e jurídico-normativos fundamentais da tutela do consumidor que têm orientado a intervenção dos legisladores de muitos países na matéria.

[141] Sobre o conceito e sentido das chamadas "leis-quadro" ou "leis de base" (também designadas por "leis de princípios"), enquanto leis consagradoras dos vetores fundamentais de um regime jurídico, vide, por todos, Canotilho, J. Gomes, *Direito Constitucional e Teoria da Constituição*, 752 e ss., 7ª edição, Almedina, Coimbra, 2003.

[142] Qualificando também a LDC como uma lei-quadro, entre outros, vide Cardoso, Elionora, *Lei de Defesa do Consumidor: Comentada e Anotada*, 20, Coimbra Editora, Coimbra, 2012; Simões, F. Dias, *O Conceito de Consumidor no Direito Português*, 6, in: 118 JusN (2011), 1-19; na jurisprudência, Acórdão do STJ de 11-III-2003 (Afonso Correia), in: www.dgsi.pt.

normas legais e regulamentares que o legislador ordinário vem promulgando com vista à implementação daquele programa geral.

3. Natureza Heterogénea

I. Antes que consagrar um feixe homogéneo de direitos, o elenco previsto na LDC integra *direitos de natureza heterogénea*, destinados a tutelar simultaneamente diferentes categorias de interesses dos consumidores (individuais, homogéneos, coletivos, difusos) e conferindo-lhes assim também diferentes tipos de posições jurídico-ativas. No seio do referido elenco legal, vamos encontrar normas que consagram direitos subjetivos "públicos" e "privados".

II. Desde logo, uma grande maioria de normas do elenco legal preveem *direitos subjetivos "públicos"*, ou seja, direitos que, exprimindo interesses superiores reconhecidos pela ordem jurídica e não conferindo aos seus titulares quaisquer poderes concretos de efetivação imediatamente exercitáveis perante as contrapartes empresariais ou profissionais, constituem mera fonte de incumbências ou deveres gerais impostos às entidades públicas. Trata-se assim de normas que impõem às entidades públicas o dever de legislar no sentido da criação de condições económico-sociais adequadas à proteção e promoção dos interesses dos consumidores: para além do dever geral de proteção do consumidor imposto ao Estado (art. 1º, nº 1), vejam-se assim os art. 5º, nºs 2 e 3 (deveres de fiscalização e atuação dos serviços da administração pública em matéria de proteção da saúde e segurança), art. 6º (deveres de promoção da formação e educação dos consumidores), art. 7º, nºs 1 e 2 (dever de desenvolvimento de ações e medidas tendentes à informação dos consumidores), art. 9º, nºs 8 e 9 (dever de adoção de medidas destinadas a prevenir e assegurar a proteção dos interesses económicos dos consumidores), e art. 14º, nº 1, da LDC (dever de promoção e apoio à criação de centros de arbitragem de conflitos de consumo).[143]

[143] Tenha-se ainda presente uma série de diplomas legais inspirados por finalidade idêntica: por exemplo, a Portaria nº 1340/2008, de 26 de novembro (que criou o "Fundo para a Promoção dos Direitos dos Consumidores") e a Resolução do Conselho de Ministros nº 189/96,

III. Por outro lado, existem determinadas normas legais que investem diretamente os consumidores em verdadeiros e próprios *direitos subjetivos "privados"*, ou seja, direitos que, visando tutelar primariamente ou simultaneamente os respetivos interesses individuais, lhes conferem poderes destinados à realização imediata desses interesses nas suas relações de consumo e a que correspondem deveres, positivos e negativos, impostos às respetivas contrapartes empresariais ou profissionais. Sem prejuízo do diverso grau de concretização do conteúdo e meios dos poderes jurídico-subjetivos consagrados por estas normas (e sem prejuízo de muitas delas poderem constituir ainda fundamento de tutela de interesses coletivos e difusos), podemos aqui incluir aquelas que respeitam à qualidade dos bens e serviços fornecidos (art. 4º), à proteção da saúde e segurança física (art. 5º, nº 1), à informação em particular (arts. 7º, nºs 3 a 7, e 8º), à proteção dos interesses económicos nas relações de consumo, "maxime", nos contratos de consumo (arts. 9º, nºs 1 a 7, 9º-A, 9º-B e 9º-C), à prevenção e reparação de danos patrimoniais e não patrimoniais (arts. 10º, 11º, 12º, e 13º, a)), e à proteção jurídica e ao acesso à justiça (art. 14º, nºs 2 a 4).

IV. Num patamar intermédio entre aqueles dois tipos de normas, poder-se-ia ainda referir um outro grupo de normas que consagram *direitos "coletivos"*, ou seja, direitos que, visando tutelar interesses homogéneos, coletivos ou difusos dos consumidores, são exercitáveis por associações privadas de promoção e tutela dos interesses dos consumidores em representação do conjunto de associados ou dos associados individuais afetados pela sua violação: abrangem-se aqui genericamente aquelas que reconhecem numerosos direitos às associações de consumidores (arts. 18º e 19º), de entre as quais se destacam as que lhes atribuem legitimidade processual nas ações judiciais destinadas à prevenção e reparação de danos resultantes da lesão dos interesses dos consumidores (art. 13º, b)) e outros meios processuais de intervenção (art. 18º, l) e m)).[144]

de 28 de novembro (que determinou aos serviços e organismos a adoção de medidas tendentes ao cumprimento da LDC).

[144] Sublinhe-se, aliás, que a lei alargou consideravelmente o leque de organismos com legitimidade processual em matéria da tutela judicial dos interesses dos consumidores, dotando

4. Caráter Injuntivo

I. Por último, sublinhe-se o *caráter injuntivo* dos direitos dos consumidores consagrados pelo legislador ordinário: nos termos do art. 16º, nº 1, da LDC, "sem prejuízo do regime das cláusulas contratuais gerais, qualquer convenção ou disposição contratual que exclua ou restrinja os direitos atribuídos pela presente lei é nula".[145]

II. Trata-se de uma disposição congruente com o sentido geral subjacente ao regime legal, que leva mesmo às últimas consequências a presunção absoluta da situação de inferioridade dos consumidores que lhe está subjacente (cf. ainda arts. 800º, nº 2 e 809º do CCivil). Com efeito, a proteção conferida ao consumidor não se confina apenas à cominação da nulidade dos negócios jurídicos de consumo e das cláusulas negociais que violem os respetivos direitos, mas, ao invés do regime jusprivatístico comum (que permite a sua invocação por qualquer interessado ou o seu conhecimento oficioso pelo tribunal: cf. art. 289º do CCivil), circunscreve a respetiva invocabilidade ao próprio titular dos interesses e direitos violados (art. 16º, nº 2 da LDC), admitindo ainda a possibilidade de manutenção do contrato por sua opção (art. 16º, nº 3 da LDC) e o recurso ao instituto geral da redução (art. 292º do CCivil, art. 14º da LCCG).[146]

5. Abuso do Direito

I. Corolário e contrapeso da ampla proteção jurídica que a lei concede hoje aos consumidores, consubstanciada num rol crescente e aparentemente imparável de direitos da mais variada natureza, é o relevo do instituto geral do *abuso do direito* (art. 334º do CCivil) no domínio dos negócios do consumo.[147]

de prerrogativas congéneres o Ministério Público (arts. 13º, c), 20º) e a Direção-Geral do Consumidor (arts. 13º, c), 21º, c)). Cf. ainda *infra* § 15-2.

[145] Essa imperatividade é frequentemente corroborada nas leis especiais do consumo: vide assim, por exemplo, o art. 35º do Decreto-Lei nº 74-A/2017, de 23 de junho.

[146] Para ilustrações concretas desta invalidade atípica, vide *infra* §§ 18-1, 19-2, e 28-3. Cf. ainda Belmonte, C. Petrini, *A Redução do Negócio Jurídico e a Protecção dos Consumidores – Uma Perspectiva Luso-Brasileira*, Coimbra Editora, Coimbra, 2003.

[147] Florença, Â. Marques, *O Abuso do Direito no Direito do Consumo*, Diss., Universidade Nova de Lisboa, 2015. No caso específico das vendas de bens de consumo, vide Alves, M. Santos,

II. Com efeito, como já foi posto em relevo, o direito do consumo padece de mácula original fundamentalista – a fórmula mântrica ou vaca sagrada do consumidor "débil", uma espécie de versão contemporânea da epopeia bíblica de David e Golias[148]. Sucede, porém, que as fronteiras entre o consumidor débil e o consumidor sonso ou finório nas atuais sociedades de consumo são cada vez mais ténues e difíceis de traçar com rigor, não sendo infrequentes as situações em que o exercício de tais direitos excede manifestamente os limites impostos pela boa-fé e pela finalidade económico-social subjacente, expondo assim os empresários ou profissionais a sacrifícios desproporcionados e injustificados.

III. Isso mesmo foi expressamente reconhecido pelo legislador ao referir que o consumidor é livre de exercer quaisquer dos seus direitos "salvo se tal se manifestar impossível ou constituir abuso de direito" (art. 4º, nº 5 da LVBC). Ora, apesar de tal disposição se encontrar apenas prevista a respeito das vendas de bens de consumo e direitos conexos, não vemos como evitar considerar a figura do abuso do direito como limite geral aplicável ao exercício de todos os demais direitos e prerrogativas consagrados a favor daquele. Tal é confirmado pela crescente importância que lhe vem sendo atribuída pela nossa jurisprudência: pense-se, apenas a título de exemplo, no exercício dos diversos direitos legais concedidos ao consumidor pelo elenco do art. 4º da LVBC (o qual, independentemente de se considerar existir ou não uma hierarquia aqueles, não constitui um mero cardápio cuja escolha releva do puro arbítrio ou capricho do consumidor)[149] ou dos direitos atribuídos pelos arts. 12º e 13º da LCC (que, estabelecendo em favor dos consumidores de crédito o direito de invocar a nulidade contratual, já não lhes permite, após terem comprovadamente criado

Os Direitos dos Consumidores em Caso de Desconformidade da Coisa Comprada e Sua Articulação com o Abuso do Direito, 61 e ss., Diss., Universidade Nova de Lisboa, 2011.

[148] Cf. *supra* § 2-5.

[149] Acórdãos do STJ de 9-XI-2010 (Urbano Dias), in: www.dgsi.pt; Acórdãos da RL de 19-IV--2014 (A. Azeredo Coelho), in: www.dgsi.pt, e de 13-I-2005 (M. Aguiar Pereira), in: XXX CJ (2005), I, 69-72; e Acórdão da RP de 21-I-2014 (M. João Areias), in: XXXIX CJ (2014), I, 315-316. Sobre tais direitos, vide *infra* § 23-4.

na contraparte contratual uma legítima expectativa no seu não exercício, e com o mero propósito de se eximirem aos rigores contratuais, vir invocá-la mais tarde em manifesto "venire contra factum proprium").[150]

6. Meios de Tutela. Ordem de Sequência

I. Dada a vastidão do estudo implicado pela análise de cada um dos referidos direitos (atento o largo caudal de intervenções legislativas e regulamentares existentes destinadas à respetiva atuação e concretização), os principais mecanismos de tutela do consumidor serão em seguida agrupados em duas categorias fundamentais: podemos assim falar em *meios substantivos* de tutela e *meios processuais* de tutela.

II. Um primeiro setor de disposições protetivas dos consumidores tem que ver com aquelas normas que preveem direitos consagradores ou atributivos de mecanismos de tutela de natureza substantiva: entre estes, podemos referir o direito à *qualidade dos bens e serviços*, o direito à *proteção da saúde e segurança*, o direito à *proteção dos interesses económicos*, e o direito à *informação*.

III. Tais direitos substantivos de pouco serviriam, todavia, caso o legislador não houvesse simultaneamente cuidado de estabelecer adequados mecanismos processuais, de natureza judicial e extrajudicial, precipuamente destinados a conferir-lhes reais possibilidades de aplicação prática[151]: neste segundo estrato de disposições pro-

[150] Sobre a questão, CARVALHO, J. Morais/ TEIXEIRA, Micael, *Crédito ao Consumo – Ónus da Prova da Entrega de Exemplar do Contrato e Abuso do Direito de Invocar a Nulidade*, in: 42 CDP (2013), 36-52; na jurisprudência, em sentidos por vezes divergentes, vide o Acórdão do STJ de 7-I-2010 (M. Pizarro BELEZA), os Acórdãos da RL de 28-VI-2007 (Ferreira LOPES) e de 9-V-2006 (R. Ribeiro COELHO), os Acórdãos da RP de 14-XI-2011 (A. Paula AMORIM) e de 20-IV-2010 (Sílvia PIRES), os Acórdãos da RC de 21-X-2014 (Luna de CARVALHO) e de 16-VII-2014 (Emídio SANTOS), e o Acórdão da RG de 11-X-2012 (António SOBRINHO), todos in www.dgsi.pt.

[151] Cf. também ESTEVEZ, J. Acosta, *Tutela Procesal de los Consumidores,* Bosch, Barcelona, 1995; KOCH, Harald, *Verbraucherprozessrecht,* Müller, Heidelberg, 1990; WRBKA, Stefan, *European Consumer Access To Justice Revisited,* Cambridge University Press, Cambrigde, 2014.

tetivas, avultam primacialmente o direito à *prevenção e à reparação de danos* e o direito à *proteção jurídica e ao acesso à justiça*.

§10
Direito à Qualidade dos Bens e Serviços

1. Noção

I. O art. 4º, nº 1 da LDC prevê um mecanismo geral de tutela dos consumidores relativamente à qualidade dos bens e serviços destinados ao consumo, estabelecendo que estes *"devem ser aptos a satisfazer os fins a que se destinam e produzir os efeitos que se lhes atribuem, segundo as normas legalmente estabelecidas, ou, na falta delas, de modo adequado às legítimas expectativas do consumidor"*.[152]

2. Concretizações

I. Semelhante tutela foi formulada de forma genérica, dependendo assim a respetiva concretização e preenchimento do cotejo das *diversas disposições legais e regulamentares,* de caráter geral ou específico, que disciplinam a qualidade dos bens e serviços. Entre estas, citem-se, por exemplo, as relativas à autorização, fiscalização e atribuição do uso da marca nacional de conformidade (Decreto-Lei nº 184/93, de 19 de maio), à comercialização de géneros alimentícios (Decreto-Lei nº 291/2001, de 20 de novembro) ou à qualidade dos serviços públicos essenciais (art. 7º da LSPE).

II. Destaque especial merecem as normas relativas ao *"Sistema Português da Qualidade"* (SPQ), conjunto integrado de entidades interrelacionadas que congrega esforços para a dinamização da qualidade em Portugal e assegura a coordenação de três subsistemas – normalização, qualificação e metrologia – com vista ao desenvolvimento

[152] Sobre este direito, vide ALMEIDA, C. Ferreira, *Qualidade do Objecto Contratual*, in: 7 EDC (2005), 17-47; CARDOSO, Elionora, *O Direito à Qualidade dos Bens e Serviços e à Efetiva Reparação de Danos: Uma Utopia?*, in: 1153 JusN (2011), 1-8; na jurisprudência, Acórdão do STJ de 3-IV--2008 (Serra BAPTISTA) e Acórdão da RL de 21-IX-2010 (L. Correia de MENDONÇA), ambos in: www.dgsi.pt.

sustentado do país e ao aumento da qualidade de vida da sociedade em geral, proporcionando também por essa via aos agentes económicos um modo crível de demonstração da qualidade dos respetivos produtos e serviços (art. 4º do Decreto-Lei nº 71/2012, de 21 de março).[153]

3. Adequação Funcional às Legítimas Expetativas do Consumidor

I. Mas não só. À semelhança do que sucede noutros ordenamentos estrangeiros para questão congénere – onde igualmente se considera que os produtos ou serviços deverão ser conformes às expectativas dos consumidores ("conformité à l'atteinte légitime des consommateurs"), corresponder às condições gerais de mercado ("allgemeinen Verkehrsauffassung"), ou ser apropriados às finalidades da respetiva aquisição ("merchantable quality")[154] –, o legislador português estabeleceu ainda um mecanismo residual, ou de "ultima ratio", de proteção dos consumidores que lhes assegura, na ausência de quaisquer normas legais ou regulamentares disciplinadoras da qualidade dos produtos e serviços, que os bens de consumo deverão ser dotados de uma *aptidão ou adequação funcional conformes às "legítimas expectativas do consumidor"* (parte final do nº 1 do art. 4º LDC).[155]

[153] Muito embora as chamadas *normas de qualidade* (normas emanadas dos respetivos subsistemas de normalização, qualificação e metrologia) constituam instrumentos básicos da qualidade dos produtos e serviços, sublinhe-se que elas constituem, na sua maior parte e em princípio, normas técnicas juridicamente facultativas: vale isto por dizer que, salvo quando tenham sido expressamente declaradas como obrigatórias nos instrumentos regulamentares que as homologaram, elas não são vinculativas para as empresas produtoras ou distribuidoras, muito embora sejam geralmente por estas respeitadas com vista ao aproveitamento da presunção de conformidade ou qualidade dos respetivos produtos que dessa mesma observância pode resultar (cf. desenvolvidamente Almeida, C. Ferreira, *Os Direitos dos Consumidores*, 110 e s., Almedina, Coimbra, 1982; Silva, J. Calvão, *Responsabilidade Civil do Produtor*, 81 e ss., Almedina, Coimbra, 1990).

[154] Cf. Alexander, Christian, *Verbraucherschutzrecht*, 186, Beck, München, 2015; Calais-Auloy, Jean/ Steinmetz, Frank, *Droit de la Consommation*, 187 e ss., 4ème édition, Dalloz, Paris, 1996; Scott, Collin/ Black, Julia, *Cranston's Consumer and the Law*, 158 e ss., 3rd edition, Butterworths, London, 2000.

[155] Este princípio geral de tutela aproxima-se assim do conceito de conformidade com o contrato, enquanto elemento distintivo do cumprimento dos contratos de consumo: cf. *infra* § 20-1.

II. Deste modo, a qualidade e a adequação funcional dos bens e serviços – determinadas em função de fatores vários, v.g., natureza e caraterísticas do produto ou serviço (composição físico-química, embalagem, processo de fabrico, durabilidade), destino ou finalidade, "estado da arte" no segmento de mercado respetivo, informações técnicas fornecidas, etc. – deverão ser sempre apreciadas e aferidas da perspetiva do próprio consumidor, que não da empresa fabricante, distribuidora ou prestadora daqueles.[156]

III. Em qualquer caso, e em princípio, tal juízo de aferição de qualidade deverá ser feito por referência às expectativas do *consumidor-médio*, tomando como padrão o grau de qualidade com que, em abstrato, o conjunto dos consumidores ordinários ou comuns poderia razoavelmente contar, consideradas as condições económicas e técnicas do segmento do mercado dos produtos ou serviços em questão.[157]

§11
Direito à Proteção da Saúde e Segurança Física

1. Noção

I. O art. 5º, nº 1 da LDC prevê que *"é proibido o fornecimento de bens ou a prestação de serviços que, em condições de uso normal ou previsível, incluindo a duração, impliquem riscos incompatíveis com a sua utilização não aceitáveis de acordo com um elevado nível de proteção da saúde e segurança física das pessoas"*.[158]

[156] Como notam Jean Calais-Auloy e Frank Steinmetz, "não é aos profissionais que cabe determinar aquilo que é bom ou mau para os respetivos clientes" (*Droit de la Consommation*, 187, 4ème édition, Dalloz, Paris, 1996).

[157] Rodrigues, H. Rigor, *O Conceito Consumidor Médio no Panorama Comunitário: Subsídios para a sua Compreensão*, in: 58 RPDC (2009), 15-42. Sobre as dificuldades ínsitas a tal conceito, vide *supra* § 2-6 (V).

[158] Sobre este direito, vide Estorninho, M. João, *Segurança Alimentar e Proteção do Consumidor de Organismos Geneticamente Modificados*, Almedina, Coimbra, 2008; Frota, Mário, *Saúde e Segurança Direitos Universais do Cidadão-Consumidor*, in: 77 RPDC (2014), 63-74; Tadeu, S. Alves/ Oliveira, Adriana, *Segurança Alimentar: Direito Fundamental e o Dever de Informar ao Consumidor – Uma Perspectiva Comparada*, in: 71 RPDC (2012), 159-220; na jurisprudência,

II. Ao contrário do que acontecia na anterior LDC (art. 4º da Lei nº 29/81, de 22 de agosto), o legislador atual veio assim autonomizar os direitos à qualidade e à segurança dos bens e serviços. Trata-se de uma inovação acertada: sem dúvida que os produtos que impliquem riscos para a saúde ou integridade física dos consumidores serão, por definição, produtos que jamais poderão ser aptos a satisfazer os fins a que se destinam e corresponder às legítimas expectativas dos seus usuários; mas também é certo que este direito à qualidade poderá ser insuficiente para prevenir e reparar os danos originados por produtos que, mais do que simplesmente afetar os interesses patrimoniais dos consumidores, coloquem em cheque interesses superiores de natureza pessoal, como são os relativos à sua saúde e integridade física.

2. Obrigação Geral de Segurança

I. Este mecanismo de tutela substantiva do consumidor consubstancia-se assim numa *obrigação geral de segurança* dos bens produzidos ou comercializados e dos serviços prestados a cargo dos empresários e demais profissionais, vedando a colocação no mercado de todos aqueles que possam atentar contra a saúde e/ou segurança física dos consumidores quando utilizados por estes em condições normais ou razoavelmente previsíveis por aqueles empresários ou profissionais.[159]

II. Os danos causados à saúde e segurança física dos consumidores tanto poderão resultar da *inadequação* como do uso inadequado dos produtos ou serviços. Ora, ao referir como padrão de aferição do risco a sua utilização em "condições normais ou previsíveis", quis o legislador abranger a primeira situação, deixando assim de fora do alcance protetivo do preceito as situações nas quais os danos sofridos pelo consumidor resultaram de uma utilização manifestamente desa-

Acórdão da RL de 11-IV-2013 (A. Luísa Geraldes), in: XXXVIII CJ (2013), II, 121-126. Noutros quadrantes, Rexach, A. Menéndez, *Estudios Jurídicos sobre Seguridad Alimentaria,* Marcial Pons, Barcelona, 2015; Weatherill, Stephen (ed.), *Federalism and Responsibility: A Study on Product Safety Law and Practice in the European Community*, Graham & Trotmann, London, 1994.

[159] Sobre a noção, origens e caraterísticas gerais desta obrigação, Barbosa, A. Miranda, *A Obrigação Geral de Segurança e a Responsabilidade Civil,* 274 e ss., in: 14 EDC (2018), 274-332.

dequada à natureza, caraterísticas ou destino dos bens de consumo (v.g., utilização de um micro-ondas para secar um animal doméstico) ou desrespeitadora das instruções técnicas de utilização fornecidas pela entidade fabricante, distribuidora ou prestadora (v.g., utilização de determinados eletrodomésticos de elevada voltagem com as mãos molhadas).[160]

3. Concretizações

I. Esta obrigação genérica de segurança foi *concretizada e complementada*, quer por outros diplomas precipuamente endereçados à segurança geral dos produtos e serviços – é o caso da "Lei da Segurança dos Produtos" (LSP), aprovada pelo Decreto-Lei nº 69/2005, de 17 de março –, quer por regulamentação especial relativa às condições de produção e comercialização de determinados tipos de produtos ou de prestação de determinados serviços particularmente propensos a originar riscos imediatos para a saúde e integridade física dos consumidores (por exemplo, produtos alimentares, produtos medicamentosos e farmacêuticos, produtos cosméticos, produtos de limpeza e detergentes, eletrodomésticos, brinquedos, ascensores, etc.).

II. Entre a abundantíssima regulamentação avulsa existente, que aqui seria ocioso referir exaustivamente, vejam-se os Decreto-Lei nº 291/2001, de 20 de novembro (comercialização de géneros alimentícios), Lei nº 13/2006, de 17 de abril (transporte coletivo de crianças), Decreto-Lei nº 49/2007, de 28 de fevereiro (detergentes), Decreto-Lei nº 172/2007, de 6 de maio (isqueiros), Decreto-Lei nº 6/2008, de 10 de janeiro (produtos elétricos e eletrónicos), Decreto-Lei nº 103/2008, de 24 de junho (colocação no mercado de máquinas e acessórios), Decreto-Lei nº 189/2008, de 24 de setembro (produtos cosméticos), Decreto-Lei nº 34/2010, de 15 de abril

[160] No mesmo sentido, a noção de produto seguro, consagrada na LSP, que o define como "qualquer bem que, em condições de utilização normais ou razoavelmente previsíveis, incluindo a duração, se aplicável, a instalação ou entrada em serviço e a necessidade de conservação, não apresente quaisquer riscos ou apresente apenas riscos reduzidos compatíveis com a sua utilização e considerados conciliáveis com um elevado nível de proteção da saúde e segurança dos consumidores (...)" (art. 3º, b)).

(artigos de pirotecnia), Decreto-Lei nº 23/2011, de 11 de fevereiro (marcação CE), Decreto-Lei nº 43/2011, de 24 de março (segurança dos brinquedos), Decreto-Lei nº 25/2011, de 14 de fevereiro (aparelhos de gás), e Decreto-Lei nº 58/2017, de 9 de junho (ascensores). Entre esta miríade normativa, merecem destaque especial as regras em matéria do fabrico, importação, exportação ou comercialização de *"imitações perigosas"* (Decreto-Lei nº 150/90, de 10 de maio).[161]

4. Consequências Jurídicas

I. A tutela preventiva oferecida ao consumidor por tais disposições, de fonte legal e regulamentar, não é de modo algum despida de consequências jurídicas. Tais consequências ou efeitos podem ser de três tipos fundamentais: efeitos de *natureza administrativa* – "maxime", deveres de notificação e avisos públicos, de destruição, retirada ou recolha do mercado dos bens perigosos ou de interdição da prestação de serviços perigosos pelas autoridades públicas competentes (art. 5º, nºs 2 e 3 da LDC, arts. 17º e segs. da LSP) –, efeitos de *natureza contraordenacional* – "maxime", as coimas aplicáveis na sequência da violação das normas e regulamentos citados (v.g., arts. 26º a 28º da LSP) –, e efeitos de *natureza civil* – "maxime", a responsabilidade civil pelos danos provocados por produtos defeituosos (LRCP, aprovada pelo Decreto-Lei nº 383/89, de 6 de novembro).[162]

II. Além disso, sublinhe-se a existência de diversos agentes da administração estadual, direta ou indireta, com competências neste domínio. Tal é o caso da *Direção-Geral do Consumidor* (DGC), serviço central da administração direta do Estado, a quem cabe controlar o cumprimento da obrigação geral de segurança e decidir sobre a perigosidade dos produtos e serviços que não possuam legislação es-

[161] Para uma panóplia desta regulamentação, embora algo desatualizados, vide FERREIRA, Ataíde/ LIZ, J. Pegado, *Direitos dos Consumidores: Colectânea de Legislação*, 2 vols., Deco, Lisboa, 1995/1998; FROTA, Mário, *Dos Contratos de Consumo Em Especial – Colectânea de Legislação*, 2ª edição, Coimbra Editora, Coimbra, 2000.

[162] Sobre a questão de saber se e em que medida a violação desta obrigação pode ser fonte de responsabilidade civil extracontratual, BARBOSA, A. Miranda, *A Obrigação Geral de Segurança e a Responsabilidade Civil*, 302 e ss., in: 14 EDC (2018), 274-332.

pecífica (Decreto-Lei nº 38/2012, de 10 de abril); a *Comissão de Segurança de Serviços e Bens de Consumo* (CSSBC), órgão na dependência do membro do Governo responsável pela área da defesa dos consumidores, entretanto extinto (arts. 9º e segs. da LSP); *o Instituto Português da Qualidade* (IPQ), instituto público que tem por missão a promoção da qualidade de produtos e serviços com vista ao aumento da qualidade de vida dos cidadãos e da competitividade das atividades económicas (Decreto-Lei nº 71/2012, de 21 de março); e, por último mas não menos importante, a *Autoridade de Segurança Alimentar e Económica* (ASAE), pessoa coletiva pública responsável pela disciplina do exercício das atividades económicas nos setores alimentar e não alimentar, mediante a fiscalização e prevenção do cumprimento da legislação reguladora das mesmas (Decreto-Lei nº 194/2012, de 23 de agosto).[163]

§12
Direito à Informação

1. Noção

I. Para além dos direitos gerais à formação e informação existentes em face dos poderes públicos (arts. 6º e 7º da LDC), o consumidor é ainda titular de um direito subjetivo à informação, exercitável no confronto das empresas ou profissionais fornecedores dos bens ou prestadores dos serviços: nos termos do art. 8º, nº 1, da lei em apreço, estes últimos estão obrigados a *"tanto na fase de negociações como na fase de celebração de um contrato, informar o consumidor de forma clara, objetiva e adequada, a não ser que essa informação resulte de forma clara e evidente do contexto"*.[164]

[163] Saliente-se ainda a existência, ao nível comunitário, do sistema *"Rapex (Rapid Alert System)"*, base de dados disponibilizada pela Comissão Europeia com vista a proporcionar informações acerca de produtos perigosos, que apresentem um risco grave para a saúde e segurança dos consumidores, e das medidas tomadas a fim de evitar ou restringir a colocação desses produtos no mercado (Weatherill, Stephen, *EU Consumer Law and Policy*, 271 e ss., 2nd edition, Elgar European Law, Cheltenham, 2014).

[164] Sobre este relevante direito, vide Albuquerque, F. Santos, *O Dever de Informar nas Relações de Consumo*, in: 2 RevTDC (2001), 83-100; Caldas, L. Miguel, *Direito à Informação no*

II. Encontramo-nos perante um mecanismo de tutela do consumidor que assume uma feição essencialmente *instrumental* relativamente ao exercício dos restantes direitos deste. Na realidade, o consumidor bem informado estará em condições de, ao mesmo tempo que beneficia das vantagens próprias de uma economia de mercado competitiva, realizar uma escolha consciente e criteriosa dos bens ou serviços de consumo que melhor satisfazem as suas necessidades e interesses (evitando que estes lhe sejam artificialmente impostos pelas pressões da própria oferta empresarial) e exercer de modo mais eficaz os seus direitos substantivos de tutela pessoal (saúde e segurança física) e patrimonial (qualidade dos produtos, proteção dos interesses económicos).

2. Obrigação Geral de Informação

I. A este direito à informação corresponde uma *obrigação geral de informação* por parte das empresas/ profissionais fornecedores dos bens ou prestadores dos serviços, cujo âmbito subjetivo, objetivo e funcional foi desenhado pelo legislador de forma inequivocamente ampla.

II. Desde logo, no que concerne ao seu âmbito *subjetivo*, o dever de informação é extensível a todos os sujeitos intervenientes no circuito económico "produção-consumo", abrangendo assim produtores, fabricantes, importadores, distribuidores, embaladores e armaze-

Âmbito do Direito do Consumo, in: 21 Julg (2013), 203-225; Costa, P. Nogueira, *O Direito do Consumidor à Informação na Teoria Geral do Negócio Jurídico*, in: VII GalRDE (2002), 123-137; Liz, J. Pegado, *Algumas Reflexões a Propósito do Direito dos Consumidores à Informação*, in: "Liber Amicorum Mário Frota", 335-353, Almedina, Coimbra, 2012; Lôbo, P. Netto, *A Informação como Direito Fundamental do Consumidor*, in: 3 EDC (2001), 23-45; Rebelo, F. Neves, *O Direito à Informação do Consumidor nos Contratos à Distância*, in: "Liber Amicorum *Mário Frota*", 103-153, Almedina, Coimbra, 2012. Na jurisprudência, vide os Acórdãos do STJ de 27-V--2004 (Quirino Soares), in: XII CJ/STJ (2004), II, 74-75 e de 26-X-2010 (Urbano Dias), in: www.dgsi.pt; e os Acórdãos da RL de 11-IV-2013 (A. Luísa Geraldes), in: XXXVIII CJ (2013), II, 121-126 e de 11-XI-2010 (Carlos Marinho), in: www.dgsi.pt. Noutros quadrantes, Gasmurri, I. Maza, *Il Sumministro de Información como Técnica de Protección de los Consumidores*, in: 2 RDer (2010), 21-52; Schaub, Martien, *How to Make the Best of Mandatory Information Requirements in Consumer Law*, in: 25 ERPL (2017), 25-44; Von Hippel, Eike, *Verbraucherschutz durch Information? Möglichkeiten und Grenzen*, in: 19 ZfRV (1978), 110-115.

nistas (art. 8º, nº 2 da LDC): tal significa que todos os protagonistas jusempresariais do circuito económico são simultaneamente sujeitos passivos da obrigação informativa perante o consumidor final.[165]

III. Depois ainda, no que concerne ao âmbito *objetivo*, a obrigação informativa incide sobre um conjunto muito vasto e meramente exemplificativo de matérias, incluindo as caraterísticas principais dos bens ou serviços, a identidade do fornecedor dos bens ou prestador dos serviços, o preço total dos bens ou serviços (incluindo os montantes das taxas e impostos, os encargos suplementares de transporte e as despesas de entrega e postais, quando for o caso), o modo de cálculo do preço (nos casos em que, devido à natureza do bem ou serviço, aquele não possa ser calculado antes da celebração do contrato), as modalidades de pagamento, de entrega ou de execução e o prazo da entrega do bem ou da prestação do serviço, o sistema de tratamento de reclamações dos consumidores, a informação sobre os centros de arbitragem de conflitos de consumo de que o profissional seja aderente, o período de vigência do contrato ou as condições para a sua denúncia ou não renovação (se o contrato for de duração indeterminada ou renovação automática), bem como as respetivas consequências, a existência e o prazo de garantia de conformidade dos bens (e, se for o caso, os serviços pós-venda e as garantias comerciais), a funcionalidade dos conteúdos digitais, e as consequências do não pagamento do preço do bem ou serviço (art. 8º, nº 1 da LDC)[166].

[165] De resto, é a mesma visão unitária e integrada dos participantes na cadeia contratual que precede a celebração dos contratos entre vendedores finais e consumidores que preside já ao regime de responsabilidade objetiva em matéria de cumprimento defeituoso: sobre o ponto, vide ANTUNES, J. Engrácia, *Direito dos Contratos Comerciais,* 274 e ss., reimpressão, Almedina, Coimbra, 2017.

[166] Particularmente relevante é a informação sobre o *preço* dos produtos e serviços, o qual representa, além de condição de transparência e livre concorrência na economia de mercado, um pressuposto fundamental do poder de autodeterminação dos consumidores – o que explica decerto a atenção que o legislador lhe vem dando em regulamentação especial. O diploma base é o Decreto-Lei nº 138/90, de 26 de abril (indicação obrigatória do preço dos bens nas vendas a retalho), seguido de uma caterva legal e regulamentar sobre os mais variados produtos e serviços, v.g., Decreto-Lei nº 176/96, de 16 de setembro (preço fixo do livro), Portaria nº 99/91, de 2 de fevereiro (preços de serviços de reparação automó-

Aspetos complementares, mas nem por isso menos relevantes, do objeto informativo são as exigências relativas à sua forma – devendo a informação ser prestada de forma clara, objetiva e adequada, qualquer que seja o meio utilizado, v.g., publicidade, promoção de vendas, embalagem, rotulagem, contratação direta (art. 8º, nº 1 da LDC), e sempre em língua portuguesa qualquer que seja a natureza ou proveniência do bem ou serviço (art. 7º, nº 3 da LDC, Decreto-Lei nº 238/86, de 19 de agosto) – e ao seu alcance – abrangendo indistintamente as fases de negociação e de celebração das relações jurídicas de consumo (art. 8º, nº 1 da LDC), com especial destaque para a informação pré-contratual geral sobre os riscos para a saúde e segurança dos consumidores que possam resultar da normal utilização de bens ou serviços perigosos (art. 8º, nº 3 da LDC).

IV. Finalmente, quanto ao seu âmbito *funcional*, o dever de informação prevalece de modo absoluto sobre os interesses e direitos próprios dos sujeitos passivos das relações de consumo: assim, nos termos do art. 8º, nº 6 da LDC, aquele dever não pode ser denegado ou condicionado pela invocação de segredo de fabrico não legalmente tutelado, nem prejudicar o regime jurídico das cláusulas contratuais gerais ou outra legislação mais favorável para o consumidor. Embora tal não seja expressamente referido pela sua letra, do espírito da lei parece assim também decorrer a exclusão da aplicabilidade aos negócios jurídicos de consumo dos princípios juscivilísticos tradicionais decorrentes do aforismo *caveat emptor*, designadamente o chamado "dolus bonus" (art. 253º, nº 2 do CCivil) e a exigência de culpa na responsabilidade por informações (art. 485º, nº 2 do CCivil).[167]

vel), Portaria nº 128/94, de 1 de março (preços de táxis), Portaria nº 297/98, de 13 de maio (preços de serviços médicos), Portaria nº 240/2000, de 3 de maio (honorários de advogados), Decreto-Lei nº 170/2005, de 10 de outubro (preços de gasolina), Decreto-Lei nº 65/2007, de 14 de março (preços de medicamentos sujeitos a receita médica), Decreto-Lei nº 70/2007, de 26 de março (práticas comerciais com redução de preço) e Decreto-Lei nº 107/2017, de 30 de agosto (comissões bancárias). Cf. NEVES, Primo/ CASTRO, Ana, *Regimes de Preços em Portugal*, Cadernos DGCP, nº 14, Lisboa, 1991.

[167] Sobre o declínio do princípio «caveat emptor», e sua progressiva substituição pela máxima «caveat venditor» no domínio da contratação comercial, vide ANTUNES, J. Engrácia, *Direito dos Contratos Comerciais*, 93 e ss., reimpressão, Almedina, Coimbra, 2017.

3. Concretizações

I. Uma vez mais, o legislador previu abundante regulamentação avulsa e especial que concretiza e complementa esta obrigação de informação dos empresários e profissionais, através do estabelecimento de *requisitos especiais de informação, rotulagem, embalagem e etiquetagem para determinados bens ou serviços de consumo.*

II. Assim, a título de exemplo, vejam-se os Decreto-Lei nº 48/96, de 15 de maio (horários dos estabelecimentos comerciais), Decreto-Lei nº 560/99, de 18 de dezembro (rotulagem de géneros alimentícios), Decreto-Lei nº 304/2001, de 26 de novembro (informação ao consumidor sobre economia de combustível automóvel), o art. 39º da Lei nº 5/2004, de 10 de fevereiro (faturação detalhada), Decreto-Lei nº 167/2004, de 7 de julho (rotulagem de géneros alimentícios), os arts. 11º e segs. da Lei nº 37/2007, de 14 de agosto (publicidade ao tabaco), Decreto-Lei nº 331/2007, de 9 de outubro (promoção e comercialização de bens integrados num conjunto), Decretos-Lei nº 176/2006, de 30 de agosto, e nº 5/2017, de 6 de janeiro (publicidade dos medicamentos para uso humano), Lei nº 75/2009, de 12 de agosto (informação na rotulagem de alimentos embalados destinados ao consumo humano), Decreto-Lei nº 134/2009, de 2 de junho (prestação de serviços de "call center"), Decreto-Lei nº 63/2011, de 9 de maio (etiquetagem e outras indicações sobre o consumo de energia), e Decreto-Lei nº 26/2016, de 9 de junho (informação aos consumidores de géneros alimentícios).[168]

III. Especialmente relevante é o Decreto-Lei nº 102/2017, de 23 de agosto, que veio simplificar e harmonizar as *obrigações de informação ao consumidor que devem estar afixadas nos estabelecimentos comerciais de venda de bens e/ou prestação de serviços.*

[168] Particularmente importantes aqui são as regras relativas à *publicidade*, dadas as interpenetrações recíprocas existentes entre as disciplinas jurídicas da publicidade e do consumo (art. 12º do CPub e art. 7º, nºs 4 e 5 da LDC). Sobre as relações entre o Direito do Consumo e o Direito da Publicidade, vide ANTUNES, J. Engrácia, *O Direito da Publicidade,* 780, in: XCIII BFDUC (2017), 771-848.

4. Consequências Jurídicas

I. A inobservância deste dever de informação acarreta importantes consequências jurídicas para os empresários ou profissionais inadimplentes. Para além das sanções de natureza administrativa e contraordenacional eventualmente previstas em diplomas especiais, o legislador atribuiu ao consumidor um *direito de retratação* do contrato celebrado (art. 8º, nº 4 da LDC) e um *direito de indemnização* pelos danos sofridos (art. 8º, nº 5 da LDC).[169]

II. Merece destaque a circunstância de o regime consagrado a respeito de ambos estes direitos ser manifestamente mais favorável ao consumidor do que aquele que está previsto na lei civil comum. Assim, se nos termos gerais do art. 230º, nº 2 do CCivil, a retratação só é admitida até à receção ou conhecimento da proposta negocial, aqui estende-se tal direito por um prazo de sete dias úteis contados a partir da data da receção dos bens ou da celebração do contrato de prestação de serviços (art. 8º, nº 4 da LDC)[170]. Do mesmo modo, ao arrepio da regra geral segundo a qual os simples conselhos, recomendações ou informações não responsabilizam quem os dá, ainda que haja negligência da sua parte (art. 485º, nº 1 do CCivil), a falta ou incorreção da informação ao consumidor é suscetível de originar para o empresário ou profissional àquela obrigados a inerente responsabilidade civil pelos danos causados (art. 8º, nº 5 da LDC, arts. 483º e 485º, nº 2, 798º e segs. do CCivil).

[169] Sublinhe-se ainda a previsão de uma regra especial para o caso de incumprimento do dever de informação sobre as consequências do não pagamento do preço do bem ou serviço: a responsabilidade do fornecedor de bens ou prestador de serviços pelo pagamento das custas processuais devidas pela cobrança do crédito (art. 8º, nº 7 da LDC).

[170] Este direito de retratação não se confunde com o direito à desistência, ou de livre resolução, do contrato celebrado (art. 9º, nº 7 da LDC): sobre este último, vide *infra* § 21-1.

§13
Direito à Proteção dos Interesses Económicos

1. Noção

I. Nos termos do art. 9º, nº 1 da LDC, *"o consumidor tem direito à proteção dos seus interesses económicos, impondo-se nas relações jurídicas de consumo a igualdade material dos intervenientes, a lealdade e a boa-fé, nos preliminares, na formação e ainda na vigência dos contratos"*.[171]

II. Trata-se porventura do direito substantivo de tutela do consumidor mais relevante: constituindo o desprezo pelos interesses económicos dos consumidores "a parte mais visível da sua desproteção" (C. Ferreira de ALMEIDA)[172], este direito reveste uma importância estratégica no acervo das medidas destinadas à defesa do consumidor ordinário, em torno do qual gravitam numerosas normas e regras dispersas que têm em vista proteger este contra práticas negociais e comerciais desleais e abusivas empreendidas pelas empresas e profissionais no mercado. Representando a contratação a fonte típica das relações jurídicas de consumo, tal direito tem compreensivelmente o seu terreno de eleição no domínio dos contratos, subordinando a disciplina jurídica específica respeitante à respetiva formação, conteúdo, execução e efeitos aos *princípios gerais de lealdade, de boa-fé e de igualdade material dos contraentes*[173]. Este direito fundamental foi densificado pelo legislador através de dois tipos essenciais de mecanismos.

[171] Sobre este direito, vide FROTA, Mário, *Os Serviços de Interesse Geral e o Princípio Fundamental da Protecção dos Interesses Económicos do Consumidor*, in: V MJur (2007), 39-63; na jurisprudência, vide os Acórdãos do STJ de 7-X-2010 (Serra BAPTISTA), in: XVIII CJ/STJ (2010), III, 113-117, e da RL de 15-XI-2007 (I. Sacarrão MARTINS), in: XXXII CJ (2007), V, 90-92. Noutros quadrantes, vide TERUELO, J. Fernández, *La Protección Penal de los Interesses Económicos de los Consumidores y Usuários*, in: AAVV, "Derecho de los Consumidores y Usuarios", vol. I, 1773-1834, 3ª edición, Tirant lo Blanch, Valencia, 2016.

[172] *Os Direitos dos Consumidores*, 71, Almedina, Coimbra, 1982.

[173] Sobre a materialização do princípio da liberdade contratual, RIBEIRO, J. Sousa, *O Problema do Contrato – As Cláusulas Contratuais Gerais e o Princípio da Liberdade Contratual*, 99 e ss., Almedina, Coimbra, 1999 (para quem, aliás, a referência contida na lei à igualdade material dos contraentes "soa como ridiculamente proclamatória": *op.cit.*, 107).

2. Mecanismos Juspúblicos

I. Por um lado, *mecanismos de natureza juspública*, sob a forma de incumbências ou deveres gerais impostos aos poderes públicos. Assim, incumbe ao Governo adotar medidas adequadas a assegurar o equilíbrio das relações jurídicas que tenham por objeto bens e serviços essenciais (v.g., água, energia elétrica, gás, telecomunicações, transportes públicos) e a prevenir a lesão dos interesses dos consumidores no domínio dos métodos de venda que prejudiquem uma avaliação objetiva e consciente das cláusulas apostas em contratos singulares e a formação livre, esclarecida e ponderada da decisão de a estes se vincularem (art. 9º, nºs 8 e 9 da LDC).

3. Mecanismos Jusprivados

I. Por outro lado, e mais importante, através de um conjunto de *mecanismos de natureza jusprivada*, exercitáveis no momento do nascimento, vida e morte da relação jurídica de consumo.

II. Desde logo, no que concerne à formação contratual, o legislador proibiu determinadas práticas e métodos desleais, designadamente as *vendas forçadas ou não solicitadas* – isentando o consumidor de quaisquer obrigações de pagamento, encargos de devolução ou compensação, ou de qualquer responsabilidade pelo risco de perecimento ou deterioração dos mesmos (art. 9º, nº 4 da LDC) –[174] e as *vendas ligadas* – vedando ao fornecedor dos produtos ou prestador dos serviços fazer depender o fornecimento do bem ou a prestação do serviço da aquisição ou da prestação de um outro ou outros (art. 9º, nº 6 da LDC).[175]

[174] Designam-se *vendas forçadas* ("inertia selling", "unbestellte Waren oder Dienstleistungen", "fournitures non demandées", "vendite coate") os contratos celebrados na sequência do envio de propostas de venda ou de remessa de produtos com a cominação de uma presunção de aceitação dos mesmos em caso de falta de resposta ou de não devolução por parte do consumidor. Sobre a figura, vide os Acórdãos da RL de 15-XI-2007 (I. Sacarrão MARTINS) e da RC de 13-I-2004 (Jorge ARCANJO), ambos in: wwdgs.pt. Noutros quadrantes, VANDEVELD-ZENGER, Jacqueline, *Les Envois de Marchandises non Commandées: Étude de Droit Comparé*, Librairire Droz, Genève, 1986.

[175] Designam-se *vendas ligadas*, também por vezes designadas vendas associadas ("tying sale", "Kopplungsangebote"), os contratos que fazem depender a compra e venda do bem ou

III. Depois, no que toca ao conteúdo contratual, o legislador recorreu à disciplina jurídica das *cláusulas contratuais gerais* (art. 9º, nºs 2 e 3 da LDC). Muito embora o fenómeno dos chamados "contratos de adesão" não se circunscreva exclusivamente ao domínio dos negócios jurídicos de consumo, a verdade é que encontra nestes um dos seus atuais terrenos de eleição: ora, para além das normas gerais previstas na LCCG (incluindo as relativas às condições e efeitos da sua inclusão em contratos singulares: cf. arts. 4º a 9º), o legislador impôs ainda ao empresário ou profissional, nos contratos singulares celebrados com o consumidor, um dever de redação clara, precisa e em caracteres facilmente legíveis das cláusulas contratuais gerais (art. 9º, nº 2, a) da LDC) e uma proibição de inclusão de cláusulas que originem um significativo desequilíbrio em detrimento deste (art. 9º, nº 2, b) da LDC).[176]

IV. Finalmente, no que concerne às fases de execução contratual e pós-contratual, o legislador veio consagrar expressamente em favor do consumidor um *direito de desistência* ou "livre resolução" – nos contratos de consumo celebrados fora do estabelecimento do empresário/profissional fornecedor ou prestador por iniciativa destes (art. 9º, nº 7 da LDC) –[177] e um *direito de assistência pós-venda* pelo período de duração média normal dos produtos fornecidos (art. 9º, nº 5 da LDC) – o qual é reforçado ainda por outras normas legais específicas (v.g., arts. 7º, nº 1, b) e 8º, j) da LPCD, art. 1º-B, e) da LVBC), além de ser independente das garantias legais ou comerciais porventura existentes.

serviço da aquisição ou contratação, por parte do comprador, de outro ou outros bens e serviços junto do vendedor. Prática comercial corrente, ela pode assumir uma modalidade obrigatória, quando os dois contratos se encontram forçosamente associados ("tying"), mas também meramente facultativa ("bundling"), quando a celebração do primeiro é autónoma e não fica dependente da do outro ou outros.

[176] Fidalgo, M. Carballo, *La Protección del Consumidor Frente a la Cláusulas no Negociadas Individualmente,* Bosch, Barcelona, 2013. Sobre a LCCG enquanto limite do conteúdo dos contratos de consumo, vide *infra* § 19-1.

[177] Sobre este direito, vide *infra* § 21-1.

§14
Direito à Prevenção e à Reparação de Danos

1. Noção

I. Como já foi posto em relevo, os direitos substantivos atrás passados em revista de bem pouco serviriam caso o legislador não houvesse simultaneamente cuidado de estabelecer adequados mecanismos processuais precipuamente destinados a conferir-lhes reais possibilidades de aplicação prática: a substância da proteção do consumidor foi assim assegurada, desde logo, através de um direito fundamental à *prevenção e à reparação de danos*.

II. No essencial, tal direito traduz-se num conjunto de disposições destinadas a assegurar ao consumidor uma proteção "ex ante" – *prevenindo* as potenciais lesões ou violações dos respetivos interesses juridicamente protegidos – e uma proteção "ex post" – *reparando* os prejuízos decorrentes de lesões já consumadas.

2. Mecanismos Preventivos. A Ação Inibitória

I. Exemplo típico da primeira situação é a chamada *ação inibitória*, prevista e regulada nos arts. 10º e 11º da LDC, bem assim como na Lei nº 25/2004, de 8 de julho (que transpôs a Diretiva 98/27/CE, de 19 de maio, relativa às ações inibitórias em matéria de proteção dos interesses dos consumidores).[178]

II. Encontramo-nos aqui perante uma ação declarativa de condenação (art. 10º, nº 3, b) do CPC) de que o consumidor poderá lançar mão com vista a prevenir, corrigir ou fazer cessar práticas lesivas de cariz nacional (art. 10º, nº 1 da LDC) ou intracomunitário (art.

[178] Sobre as ações inibitórias, também previstas em leis especiais do consumo (por exemplo, art. 25º da LCCG), vide BAPTISTA, Fátima, *A Ação Inibitória Nacional e Europeia*, in: "Direito do Consumo", 167-180, CEJ, Lisboa, 2014; MORA, A. Urruela, *A Ação Inibitória e a Tutela do Direito à Saúde nas Relações de Consumo*, in: 3 LexM (2006), 45-72; PAZ, Margarida, *Ações Inibitórias e Ações Coletivas*, in: V EIDC (2017), 409-446; na jurisprudência, vide os Acórdãos do STJ de 9-IX-2014 (Gabriel CATARINO), de 6-X-2016 (Távora HENRIQUE) e de 14-XII-2016 (Fonseca RAMOS), todos in: www.dgsi.pt.

3º da Lei nº 25/2004, de 8 de julho): por tal entende-se aqui quaisquer práticas contrárias aos direitos dos consumidores consagrados na LDC e nas demais leis especiais que transpuseram determinadas diretivas comunitárias em sede de consumo e publicidade, "maxime", LCC, LCE, LCCG, LCCD, e LVBC (art. 2º, nº 2 da Lei nº 25/2004, de 8 de julho).

III. Tal ação segue a forma de processo sumário (art. 11º, nº 1 da LDC, arts. 855º e segs. do CPC), pode ser reforçada através de sanção pecuniária compulsória (art. 10º, nº 2 da LDC, art. 829º-A do CCivil), sendo, todavia, muito duvidosa a isenção de custas judiciais (art. 11º, nº 1 da LDC, art. 25º da Lei nº 34/2008, de 26 de fevereiro, art. 4º, nº 1, b) do RCP). Aspeto relevante é o da publicidade "negativa" decorrente da publicação da decisão judicial condenatória, a expensas do infrator (art. 11º, nº 3 da LDC).[179]

IV. Finalmente, sublinhe-se que, no caso de a prática lesiva dos direitos dos consumidores resultar do uso de cláusulas contratuais gerais proibidas, o legislador consagrou ainda a admissibilidade de outros mecanismos processuais, designadamente o recurso a procedimento cautelar não especificado e a invocação da declaração incidental de nulidade contida na decisão inibitória (art. 11º, nº 4 da LDC, arts. 31º e 32º da LCCG).[180]

[179] Sobre tal publicidade, Paz, Margarida, *A Publicitação das Sentenças Inibitórias de Cláusulas Contratuais Gerais Nulas como Corolário do Princípio da Proteção do Consumidor*, in: 1 RevCEJ (2013), 33-59; na jurisprudência, vide o Acórdão da RL de 18-X-2012 (Jorge Leal), in: www.dgsi.pt.

[180] O que se compreende: por um lado, apesar da preocupação de celeridade revelada pelo legislador ao estabelecer a forma processual sumária para a ação inibitória, a proteção efetiva do consumidor-aderente nem sempre será compaginável com a respetiva demora, justificando assim a possibilidade de recurso a meios processuais de tutela provisória (art. 31º da LCCG); por outro, malgrado a força própria da decisão inibitória transitada em julgado, é importante assegurar ainda aos consumidores-aderentes que ela não possa ser torneada indiretamente pela empresa ou profissional infrator através da utilização de outras cláusulas gerais equivalentes (art. 32º da LCCG). Cf. ainda Freitas, J. Lebre, *Os Meios Processuais à Disposição dos Pleiteantes em Sede de Condições Gerais dos Contratos*, in: 426 BMJ (1993), 5-14.

3. Mecanismos Reparadores

I. Mas pode suceder que seja já tarde para suster a lesão daqueles direitos e evitar a produção de danos concretos ao consumidor. Ora, a tutela do consumidor nos negócios jurídicos de consumo é assegurada de uma forma distinta, e particularmente reforçada, em relação àquela que resulta do modelo civil clássico do incumprimento e cumprimento defeituoso – e isto, a vários títulos.

II. Desde logo, nas vendas de bens de consumo, a lei reconhece ao consumidor um acervo de *direitos especiais* tendentes à respetiva reintegração em face do fornecedor das coisas defeituosas, sem prejuízo de aquele se poder ainda prevalecer dos demais direitos gerais previstos no CCivil que não contrariem aqueles: aí se incluem os direitos à reparação do bem, à substituição do bem, à redução de preço e à resolução do contrato (art. 4º da LVBC).[181]

III. Por outro lado, estendendo a proteção muito para além do fornecedor do bem ou prestador do serviço defeituosos, a lei consagrou ainda em favor do consumidor uma responsabilização dos diversos *intervenientes no circuito económico*, mediante a responsabilidade civil dos produtores (sejam estes o produtor real, aparente ou presumido: cf. art. 12º, nº 2 da LDC, art. 1º da LRCP, art. 6º da LVBC), dos financiadores (art. 18º da LCC) e dos participantes na cadeia contratual (arts. 7º e 8º da LVBC).[182]

IV. Finalmente, o legislador reconheceu expressamente aos consumidores um *direito de indemnização* pelos danos patrimoniais e não patrimoniais causados pelos bens e serviços defeituosos, exercitável perante o fornecedor ou prestador e perante o próprio produtor (art. 12º da LDC). Tal direito indemnizatório fornece assim uma proteção de "ultima ratio" ao consumidor, sempre que o exercício dos direitos anteriores não o tenha deixado numa situação indemne ou após

[181] Sobre tais direitos, vide *infra* § 23-4.

[182] Sobre estes diferentes regimes de responsabilidade, vide desenvolvidamente Antunes, J. Engrácia, *Direito dos Contratos Comerciais,* 274 e ss., reimpressão, Almedina, Coimbra, 2017.

a verificação do incumprimento definitivo[183]: nos termos gerais, o seu exercício depende da prova dos pressupostos gerais da responsabilidade civil – devendo ter-se presente que, tratando-se de responsabilidade contratual, a culpa se presume (cabendo ao fornecedor ou prestador a prova de que desconhecia sem negligência a desconformidade ou defeito, nos termos gerais do art. 799º do CCivil), e, tratando-se de responsabilidade do produtor, se dispensa a culpa (art. 12º, nº 2 da LDC, art. 1º da LRCP) –[184] e são abrangidos todos os danos merecedores de tutela do direito – incluindo tanto os danos patrimoniais ("maxime", danos emergentes, privação de uso) como os danos não patrimoniais (v.g., integridade física, saúde, beleza, ou outros valores cuja ofensa não é pecuniariamente avaliável)[185], embora seja mister frisar que não estão abrangidos os "punitive damages", nem existe entre nós uma tradição jurisprudencial de ressarcibilidade dos danos não patrimoniais semelhante à de outros países.[186]

[183] Num sentido semelhante, no caso da empreitada de consumo, MARIANO, J. Cura, *Responsabilidade Contratual do Empreiteiro pelos Defeitos da Obra,* 162, 3ª edição, Almedina, Coimbra, 2013; Acórdão da RL de 19-IV-2014 (A. Azeredo COELHO), in: www.dgsi.pt.

[184] Acórdão da RL de 11-IV-2013 (A. Luísa GERALDES), in: XXXVIII CJ (2013), II, 121-126. Nos termos gerais das regras dos arts. 342º e segs. do CCivil, é ao autor lesado que compete – para além da prova da qualidade de consumidor (cf. *supra* § 4-3) – o ónus da alegação e demonstração dos defeitos ou desconformidade dos bens ou serviços no momento da respetiva entrega: sem prejuízo das presunções legais previstas em seu favor ("maxime", arts. 2º e 3º da LVBC), tal não dispensa o consumidor lesado de alegar e provar minimamente os factos concretos que consubstanciam o preenchimento dos requisitos de aplicação dessas presunções (cf. Acórdãos do STJ de 20-III-2014 (Moreira ALVES), in: XXII CJ/STJ (2014), I, 169-172, e da RC de 20-X-2015 (Jorge ARCANJO), in: XL CJ (2015), V, 315-315).

[185] Acórdãos da RL de 24-IV-2014 (António VALENTE), in: XXXIX CJ (2014), II, 125-127, e de 6-XII-2011 (Cristina COELHO), in: XXXVI CJ (2011), V, 110-114.

[186] Sobre este direito indemnizatório, vide BRAGA, Armando, *A Venda de Coisas Defeituosas no Código Civil,* 71, Almedina, Coimbra, 2005; SILVA, J. Calvão, *Venda de Bens de Consumo,* 113 e s., 4ª edição, Almedina, Coimbra, 2010; na jurisprudência, entre outros, vide os Acórdãos do STJ de 24-I-2008 (Pereira da SILVA) e de 3-X-2013 (Lopes do REGO), in: www.dgsi.pt, bem como o Acórdão da RP de 4-XI-2013 (Soares de OLIVEIRA), in: XXXVIII CJ (2013), V, 169-172.

§15
Direito à Proteção Jurídica e ao Acesso à Justiça

1. Noção

I. Titular formal dos direitos substantivos e adjetivos enunciados, o consumidor defronta-se com numerosos obstáculos à sua efetiva implementação no caso dos conflitos ou litígios de consumo: dotado de parcos recursos económicos, ignorante dos seus direitos, confrangido pela solenidade, custos, e morosidade dos tribunais, e intimidado pelo poderio financeiro e técnico das suas contrapartes empresariais, não admira assim que aquele renuncie frequentemente a exercê-los.

II. De resto, esta situação de desproteção não é específica das relações de consumo em que o consumidor surge nas vestes de credor ou lesado perante o empresário ou profissional (assumindo assim jurídico-processualmente o papel de autor). Com efeito, não raro, porventura até na maioria dos casos, aquele aparece como *réu* em processos judiciais movidos pelos próprios fornecedores de bens e prestadores de serviços (designadamente, com vista a exigir o pagamento do preço em falta), casos em que se também verifica a referida desigualdade no contexto da relação litigiosa (um bom exemplo disto mesmo encontramo-lo nas consabidas situações de sobre-endividamento dos consumidores).[187]

III. Inscrevendo-se nas preocupações gerais do denominado movimento de "acesso ao direito e à justiça" que perpassa nas ordens jurídicas modernas, o legislador português veio procurar garantir o exercício efetivo daqueles direitos e reequilibrar as relações de força nos conflitos de consumo através de dois tipos de remédios fundamentais: *meios judiciais* e *meios extrajudiciais*.[188]

[187] Sobre o sobre-endividamento, vide *infra* § 21-2.

[188] Sobre o acesso à justiça no direito do consumo, vide AMARAL, D. Freitas, *Acesso à Justiça em Matéria de Ambiente e de Consumo*, in: "Textos: Ambiente e Consumo", vol. 1, 159-163, CEJ, Lisboa, 1996; LAFOND, Pierre-Claude (dir.), *L'Accès des Consommateurs à la Justice*, Éd. Yvon Blais, Cowansville, 2010.

2. Mecanismos Judiciais

I. O primeiro tipo de remédios – procurando ultrapassar os limites de um direito processual civil também ele profundamente impregnado pelos postulados clássicos da autonomia da vontade e da igualdade (bem patentes em matérias tais como a iniciativa e legitimidade processual, as regras probatórias, as custas judiciais, etc.) – surgiu logo no domínio das próprias *formas judiciais* de resolução de conflitos.[189]

II. Assim, e desde logo, importa sublinhar o modo particularmente amplo como o legislador veio regular a *legitimidade processual ativa* para a propositura das ações judiciais de consumo, as quais podem ser intentadas por diversas pessoas e entidades que não apenas o consumidor diretamente afetado ou lesado.

III. Por um lado, sempre que estejam em causa interesses difusos, interesses coletivos ou interesses individuais homogéneos dos consumidores, é reconhecida tal legitimidade processual a determinadas entidades públicas[190]: tal o caso do *Ministério Público* (arts. 13º, c) e 20º da LDC) – a quem incumbe a defesa dos consumidores no exercício das respetivas competências, intervindo em ações administrativas e cíveis tendentes à tutela de interesses individuais homogéneos, bem como de interesses coletivos ou difusos dos consumidores[191] – e da *Direção-Geral do Consumidor* (DGC) (arts. 13º, c) e 21º, nº 2, c)

[189] Sobre o ponto, vide entre nós FROTA, Mário, *A Tutela Jurisdicional dos Direitos dos Consumidores*, in: 8 RPDC (1996), 51-54; LIZ, J. Pegado, *Conflitos de Consumo. Uma Perspectiva Comunitária da Defesa dos Consumidores*, 76 e ss., Centro de Informação Jacques Delors, Lisboa, 1999; no direito comparado, vide AAVV, *Les Moyens Judiciaires et Parajudiciaires de la Protection des Consommateurs*, CEE, Bruxelles-Luxembourg, 1976.

[190] Sobre estes interesses, vide *supra* § 9-3.

[191] Recorde-se ainda a legitimidade processual que foi conferida ao Ministério Público no art. 31º do CPC (ações e procedimentos cautelares destinados à proteção do consumo de bens e serviços), no art. 26º, nº 1, c) da LCCG (ações destinadas a obter a condenação na abstenção do uso de cláusulas contratuais gerais), e no art. 16º, nº 1 da Lei nº 83/95, de 31 de agosto (legitimidade sucessiva em ações populares intentadas para proteção do consumo de bens e serviços). Cf. ALVES, João, *O Ministério Público e a Defesa do Consumidor*, in: 7 EDC (2005), 457-474; PINTO-FERREIRA, J. Pedro, *A Tutela Efectiva dos Direitos. O Papel do Ministério Público na Promoção dos Interesses e na Protecção dos Direitos dos Consumidores*, in: 27 RPDC (2001), 11-31.

da LDC) – serviço central da administração direta do Estado a quem compete representar em juízo os direitos e interesses coletivos e difusos dos consumidores (Decreto-Lei nº 38/2012, de 10 de abril).[192]

IV. Por outro lado, sempre que estejam em causa os interesses da proteção do consumo de bens e serviços, a lei reconheceu ainda legitimidade processual às *associações de consumidores e até aos próprios consumidores individuais não diretamente lesados* nas ações populares para a prevenção, cessação ou perseguição judicial das infrações contra os direitos dos consumidores (art. 13º, b) da LDC). As associações de consumidores são pessoas coletivas de tipo associativo, dotadas de personalidade jurídica própria e sem fins lucrativos, de âmbito nacional, regional ou local, cujo objeto principal consiste na proteção dos direitos e interesses dos consumidores em geral ou seus associados (art. 17º, nºs 1 e 2 da LDC)[193], sendo a "DECO – Associação Portuguesa para a Defesa do Consumidor" a mais antiga e influente organização do tipo existente em Portugal[194]. Ora, corroborando o direito

[192] Cf. ainda arts. 31º e 303º do CPC, arts. 65º, nº 1, b) e 68º, nºs 2 e 5 do CPA, art. 4º, nº 1, g) do RCP. Para além da legitimidade processual ativa e passiva nos conflitos de consumo pertinentes, recordem-se também os poderes de polícia administrativa que foram atribuídos à DGC na matéria, consistentes na aplicação de medidas cautelares de cessação, suspensão ou interdição de fornecimento de certos bens ou serviços de consumo (arts. 2º, nº 2, k) e 4º, nº 1, b) a e) do Decreto-Lei nº 38/2012, de 10 de abril). Cf. ainda Ibañez, M. Alonso, *La Protección del Consumidor A Través de Organismos de Derecho Público,* in: AAVV, "Derecho de los Consumidores y Usuarios", vol. II, 2391-2404, 3ª edición, Tirant lo Blanch, Valencia, 2016.

[193] De entre os seus múltiplos direitos, e para além da já referida faculdade de intentar as ações previstas nos arts. 10º a 12º da LDC nos termos da lei da ação popular (cf. arts. 13º, b) e 18º, nº 1, l) da LDC, arts. 2º, nº 1 e 3º da Lei nº 83/85, de 31 de agosto), devem ainda ter-se em conta a legitimidade processual destas associações nas ações e procedimentos cautelares destinados à proteção do consumo de bens e serviços (art. 31º do CPC) e nas ações condenatórias em matéria de cláusulas contratuais gerais (art. 26º, nº 1, a) da LCCG), além do seu direito em se constituir como assistente em sede de processo penal (art. 18º, nº 1, m) da LDC). Sobre o ponto, vide Frota, Mário, *Da Representatividade das Associações de Consumidores e a sua Entronização na Sociedade Portuguesa*, in: 18 RPDC (1999), 25-36; noutros quadrantes, Calais-Auloy, Jean, *Les Actions en Justiçe des Associations des Consommateurs*, in: XXXIX RD (1988), Chr., 193-198; Cafaggi, Fabrizio/ Micklitz, Hans-W., *Collective Enforcement of Consumer Law: A Framework for Comparative Assessment*, in: 16 ERPL (2008), 391-425.

[194] Rego, Raquel, *O Impacto da Profissionalização nas Associações de Consumidores: o Caso da Deco*, in: 90 RCCS (2010), 113-132; Rodrigues, L. Silveira, *DECO – Uma Organização de Causas*, in: "I Congresso de Direito do Consumo", 219-227, Almedina, Coimbra, 2016.

de ação popular já previsto em sede geral (art. 52º, nº 3, a) da CRP, arts. 1º e 2º da Lei nº 83/85, de 31 de agosto), a LDC veio reconhecer aos consumidores individuais e suas associações representativas a possibilidade de, independentemente de qualquer interesse na demanda, intentarem ações populares civis para defesa de quaisquer direitos tutelados pela mesma lei, indo ao ponto de atribuir expressamente ao consumidor um direito "à prevenção e reparação de danos patrimoniais ou não patrimoniais que resultem da ofensa de interesses ou direitos individuais homogéneos, coletivos ou difusos" (art. 3º, f) da LDC) e conferir-lhe legitimidade ativa, mesmo quando "não diretamente lesado", para lançar mão da ação popular a fim de realizar tal direito (art. 13º, b) da LDC).[195]

V. Ainda no domínio dos meios judiciais de reação, embora não exclusiva ou precipuamente destinados à proteção dos consumidores, poderão igualmente revestir importância prática neste domínio outras medidas de tutela e simplificação processual. Entre elas, devem mencionar-se a instituição dos *julgados de paz*, que melhor se enquadram hoje nos meios alternativos de resolução de conflitos, adiante referidos (Lei nº 78/2001, de 13 de julho)[196]; os procedimentos de *injunção*, que permitem ao credor de dívida obter, de forma célere e simplificada, um título executivo, sem necessidade de promover uma ação judicial declarativa (Decreto-Lei nº 269/98, de 1 de setembro)[197]; e a isenção ou redução das *custas judiciais* (art. 14º,

[195] O legislador português implementou assim entre nós uma figura funcionalmente equivalente, embora não idêntica, ao modelo processual das "class actions" norte-americanas, que permite genericamente a um único indivíduo agir em juízo como "representante" de um grupo de consumidores afetados ou lesados. Sobre a figura, vide Martins, A. Payan, *Class Actions em Portugal?*, Cosmos, Lisboa, 1999; criticamente, Greve, Michael, *Harmless Lawsuits?: What's Wrong with Consumer Class Actions*, AIP Press, New York, 2005.

[196] Cf. *infra* § 15-3.

[197] Costa, Salvador, *A Injunção e as Conexas Acção e Execução*, 163 e ss., 6ª edição, Almedina, Coimbra, 2008; na jurisprudência, vide o Acórdão da RP de 11-IX-2008 (F. Baptista Oliveira), in: www.dgsi.pt. Veja-se, todavia, o Acórdão do TC nº 388/2013, de 24 de setembro (J. Cunha Barbosa), relativo à inconstitucionalidade do art. 814º, nº 2 do CPC, quando interpretada no sentido de limitar os fundamentos de oposição à execução instaurada com base em requerimentos de injunção à qual foi aposta a fórmula executória, por violação do

n°s 2 a 4 da LDC), as quais, todavia, se afiguram ter sido revogadas pelo art. 25º da Lei nº 34/2008, de 26 de fevereiro, exceto quando a situação seja subsumível no caso previsto no art. 4º, nº 1, b) do RCP.

3. Mecanismos Extrajudiciais

I. Um segundo tipo de remédios – que vem, aliás, ganhando, um protagonismo crescente no domínio dos litígios de consumo – consiste na instituição de *formas extrajudiciais* de resolução de conflitos.[198]

II. Desde logo, na sequência da cominação geral já endereçada aos poderes públicos pelo art. 14º, nº 1 da LDC e na sequência das iniciativas do legislador europeu (Diretiva 2013/11/UE e Regulamento UE/524/2013, ambos de 21 de maio), o legislador português veio estabelecer um regime jurídico de *resolução alternativa de litígios de consumo*, através da Lei nº 144/2015, de 8 de setembro (LRALC).[199]

III. Em termos gerais, são considerados como procedimentos de resolução alternativa ou extrajudicial dos litígios de consumo

princípio da proibição da indefesa (art. 20º, nº 1 da CRP); e ainda o Acórdão do TJUE de 13-VII-2018 (*"Profi Credit Polska S.A. v. Mariusz Wawrzosek"*), que considerou vedado às legislações dos Estados-membros a consagração de injunções de pagamento decretadas com base em livranças, em garantia de créditos ao consumo, por não permitir uma fiscalização eficaz do caráter abusivo das cláusulas do contrato e, assim, assegurar o direito dos consumidores a uma tutela jurisdicional efetiva (in: ECLI: EU:C:2018:711).

[198] Sobre os meios alternativos ou extrajudiciais de resolução de conflitos, vide, por todos, GOUVEIA, M. França, *Curso de Resolução Alternativa de Litígios*, 3ª edição, Almedina, Coimbra, 2014. Sobre o seu relevo no domínio específico dos litígios de consumo, vide AAVV, *Conflitos de Consumo*, Almedina, Coimbra, 2006; CARVALHO, J. Morais/ PINTO-FERREIRA, J. Pedro/ CARVALHO, J. Campos, *Manual de Resolução Alternativa de Litígios de Consumo*, Almedina, Coimbra, 2017; LIZ, J. Pegado, *Conflitos de Consumo*, 73 e ss., Lisboa, 1999; noutros quadrantes, AAVV, *I Metodi Alternativi nella Soluzione delle Controversie dei Consumatori*, Cacucci Editore, Bari, 2007; HODGES, Christopher/ BENÖHR, Iris/ CREUTZFELDT, Naomi, *Consumer ADR in Europe*, Beck/ Hart/ Nomos, Oxford, New York, 2012.

[199] Sobre esta lei, PINTO-FERREIRA, J. Pedro, *A Resolução Alternativa de Litígios de Consumo no Contexto da Lei nº 144/2015*, in: "Estudos de Direito do Consumo: Homenagem a Manuel C. Ataíde Ferreira", 310-332, DECO, Lisboa, 2016. Sobre a Diretiva 2013/11/UE e o Regulamento UE/524/2013 – comummente conhecidos como "Diretiva RAL" e "Regulamento RAL" –, vide STÜRNER, Michael/ INCHAUSTI, F. Gascón/ CAPONI, Remo, *The Role of Consumer ADR in the Administration of Justice*, Sellier European Law Publishers, München, 2015.

(RALC): a *mediação* – através da qual os litigantes procuram voluntariamente alcançar um acordo sobre o objeto do litígio com a assistência de um terceiro mediador, imparcial e independente, desprovido de poderes decisórios (Lei da Mediação ou LM, aprovada pela Lei nº 29/2013, de 19 de abril) –, a *conciliação* – na qual o terceiro mediador, assumindo um papel mais ativo e sendo investido em poderes decisórios, irá conduzir a negociação e propor uma solução final de entendimento comum caso as partes não tenham chegado a acordo –, e a *arbitragem* – na qual a decisão do litígio, por acordo das partes ou imposição da lei, é confiada a um terceiro árbitro (Lei da Arbitragem Voluntária ou LAV, aprovada pela Lei nº 63/2011, de 14 de dezembro).[200]

IV. O âmbito de aplicação destes procedimentos de RALC está circunscrito a litígios originados em relações de consumo relativamente às quais estejam preenchidos três requisitos cumulativos. Quanto ao seu âmbito de aplicação *pessoal*, abrangem-se as relações de consumo entre consumidores individuais (com exclusão de pessoas coletivas) e empresários/profissionais fornecedores de bens ou prestadores de serviços (excluindo-se os litígios entre consumidores e os litígios entre empresários/profissionais) (art. 2º, nºs 1 e 2 da LRALC)[201]. Quanto ao seu âmbito de aplicação *material*, abrangem-se as relações de consumo originadas em contratos de compra e

[200] Sobre estes procedimentos, Cebola, C. Marques, *Mediação e Arbitragem de Conflitos de Consumo: Panorama Português*, in: 70 RPDC (2012), 11-46; Cordeiro, A. Menezes, *A Arbitragem de Consumo*, in: 11 EDC (2016), 67-72; Gouveia, M. França/ Carvalho, J. Morais, *A Experiência da UMAC na Mediação de Conflitos de Consumo*, in: AAVV, "Conflitos de Consumo", 23-39, Almedina, Coimbra, 2006; Oliveira, Isabel, *A Arbitragem de Consumo*, in: 2 EDC (2000), 371-414; Santos, A. Marques, *Arbitragem no Direito do Consumo*, in: I EIDC (2002), 281-296. Pode discutir-se se o elenco legal, previsto no art. 3º, i) da LRALC, é taxativo ou, pelo contrário, se serão admissíveis novos procedimentos ou formas extrajudiciais de resolução: em nosso entender, desde que respeitando os princípios e regime daquela lei geral, não repugna considerar tal elenco como aberto (na linha, aliás, do previsto no art. 4º, g) da Diretiva RAL).

[201] Aspeto relevante é a unidirecionalidade dos mecanismos de RALC previstos na lei, dado que a legitimidade processual ativa deve sempre pertencer ao consumidor, estando excluídos deste domínio os casos em que seja o empresário ou profissional que pretende instaurar um litígio de consumo (art. 2º, nº 2, d) da LRALC).

venda e de prestação de serviços (art. 2º, nº 1 da LRALC), sendo no entanto duvidoso se o regime legal não deverá também ser estendido a outras figuras contratuais previstas em leis especiais do consumo (v.g., contratos de crédito nos termos da LCC, contratos de empreitada nos termos da LVBC, etc.). Finalmente, quanto ao seu âmbito de aplicação *espacial*, abrangem-se as relações de consumo internas (entre consumidores e empresários/profissionais nacionais) e transfronteiriças (em que um dos litigantes seja residente ou esteja sediado num outro Estado membro da UE) (art. 3º, g) e h) da LRALC).[202]

V. O *regime jurídico* dos procedimentos de RALC está estruturado sobre um conjunto de princípios fundamentais – designadamente, publicidade (art. 6º), competência (art. 7º), independência e imparcialidade (art. 8º), transparência (art. 9º), eficácia e acessibilidade (art. 10º), equidade (art. 12º), liberdade (art. 13º) e legalidade (art. 14º, todos da LRALC) –, sendo ainda de destacar que os empresários/profissionais têm a obrigação de informar os consumidores relativamente às entidades ou centros de RALC a que se encontram vinculados, por adesão ou por imposição legal decorrente de arbitragem necessária (art. 18º, nº 1 da LRALC, art. 8º, nº 1, g) da LDC).[203]

VI. Chame-se ainda a atenção para a *"Rede de Arbitragem de Consumo"* (art. 4º da LRALC), da qual faz atualmente parte cerca de uma dezena de centros de arbitragem de conflitos de consumo, seja de âmbito territorial nacional ("CNIACC – Centro Nacional de Informação e Arbitragem de Conflitos de Consumo") ou regional (v.g., CACCL (Lisboa), CACCDC (Coimbra), CICAP (Porto), etc.), seja de competência genérica ou especializada (v.g., CASA (setor automóvel), CIMPAS (setor dos seguros), etc.).

[202] Sublinhe-se que os tribunais judiciais podem apreciar e revogar decisões arbitrais de consumo com fundamento no caráter abusivo da convenção de arbitragem clausulada em contratos de adesão, ainda quando tal nulidade não tenha sido invocada no processo arbitral: cf. Acórdão do TJUE de 26-X-2006 (J. Cunha Rodrigues), in: XIV CJ/STJ (2006), III, 30-33.

[203] Sobre tais princípios, Carvalho, J. Morais/ Pinto-Ferreira, J. Pedro/ Carvalho, J. Campos, *Manual de Resolução Alternativa de Litígios de Consumo*, 83 e ss., Almedina, Coimbra, 2017.

VII. Finalmente, cumpre salientar a multiplicação de outros mecanismos legais e institucionais que são relevantes na resolução alternativa de litígios de consumo. Entre eles, está a proliferação dos *centros de arbitragem de conflitos de consumo* (v.g., "Tribunal Arbitral do Centro de Arbitragem de Conflitos de Consumo de Lisboa", "Centro de Informação de Consumo e Arbitragem do Porto", "Associação de Arbitragem de Conflitos de Consumo do Distrito de Coimbra")[204] e de *entidades de mediação ou conciliação* institucionalizada com vista à resolução dos conflitos de consumo (v.g., Direção-Geral do Consumidor, Provedoria de Justiça, Centros de Informação Autárquica dos Consumidores, "Deco")[205]; os *julgados de paz,* os quais, sendo competentes para apreciar questões cíveis de valor reduzido (inferior a 15 000 euros) e com custas bastante reduzidas (taxa única de 70 euros), têm sido um importante veículo da resolução extrajudicial dos litígios de consumo, estando aliás na origem de uma abundante casuística (Lei nº 78/2001, de 13 de julho)[206]; a frequente *imposição legal* dos mecanismos de resolução dos conflitos de consumo (v.g., art. 32º da LCC, art. 33º do Decreto-Lei nº 24/2014, de 14 de fevereiro, art. 29º do Decreto-Lei nº 10/2015, de 16 de janeiro, art. 38º do Decreto-Lei nº 74-A/2017, de 23 de junho); a generalização do *livro de reclamações,* meio expedito de apresentação de queixas dos consu-

[204] Dando cumprimento à previsão do art. 62º da anterior LAV, o Decreto-Lei nº 425/86, de 27 de novembro, veio definir o acesso e o regime das entidades de arbitragem voluntária institucionalizada, cujo elenco consta da Portaria nº 81/2001, de 8 de fevereiro (sucessivamente alterada): usualmente, os referidos tribunais arbitrais têm um âmbito territorial de competência circunscrito, apenas conhecendo litígios de consumo de valor relativamente pequeno. Cf. Capelo, M. José, *A Lei de Arbitragem Voluntária e os Centros de Arbitragem de Conflitos de Consumo,* in: 1 EDC (1999), 101-116; Carrapiço, Joaquim (org.), *Arbitragem de Conflitos de Consumo,* Instituto do Consumidor, Lisboa, 1997.

[205] Existem igualmente sistemas e instâncias especiais para a composição de litígios em determinadas áreas particulares: veja-se assim, por exemplo, o Regulamento CMVM nº 23/ /2000, de 5 de julho, instituindo um sistema de mediação voluntária de conflitos no domínio dos valores mobiliários.

[206] Chumbinho, João, *Os Julgados de Paz,* in: V EIDC (2017), 463-469; Ferreira, J. Cardona, *Os Julgados de Paz e os Litígios de Consumo,* in: 4 EDC (2002), 79-88. Sobre a competência material alternativa dos julgados de paz relativamente aos tribunais judiciais com competência territorial concorrente, vide o Acórdão de Uniformização do STJ nº 11/2007, de 24 de maio (M. Prazeres Beleza), in: DR, Iª série, nº 142, de 25 de julho.

midores (Decreto-Lei nº 156/2005, de 15 de setembro, bem como Decreto-Lei nº 74/2017, de 21 de junho e Portaria nº 201-A/2017, de 30 de junho)[207]; os mecanismos de *autorregulação*, designadamente, a celebração de "acordos de boa conduta" com as empresas ou respetivas organizações representativas, destinados a regular as relações de consumo (art. 19º da LDC), os quais poderão mesmo, em certas circunstâncias, constituir fonte de direitos e deveres para os respetivos destinatários (arts. 1º e 2º do Regulamento CMVM nº 4/2013, de 18 de julho, arts. 3º, f) e g), 7º, nº 2, 14º, nº 2 e 17º do LPCD)[208]; e até certos mecanismos de *ação direta* contra as empresas ou o próprio Estado, designadamente, o exercício do direito de petição (art. 52º, nº 1 da CRP).

[207] Luís, A. Vasconcelos, *Estudo e Análise da Regulação do Livro de Reclamações no Âmbito do Sistema Jurídico Português,* Diss., Lisboa, 2014; na jurisprudência, Acórdão da RP de 26-X-2016 (Manuel Soares), in: www.dgsi.pt.

[208] Fernández, M. Eugenia, *Mecanismos de Protección del Consumidor Instaurados por la Propria Empresa,* in: AAVV, "Derecho de los Consumidores y Usuarios", vol. II, 2479-2499, 3ª edición, Tirant lo Blanch, Valencia, 2016. Saliente-se, todavia, que o Acórdão do TJUE de 19-IX-2018 (*"Bankia SA v. Juan Carlos Marí e Outros"*) veio considerar que as legislações nacionais dos Estados membros não estão impedidas de proibir que a validade de título executivo seja fiscalizada, oficiosamente ou a pedido das partes, à luz da existência de práticas comerciais desleais (in: ECLI: EU:C:2018:735).

Capítulo IV
A Contratação de Consumo*

§16
Aspetos Gerais

I. Define-se genericamente como *contrato de consumo* o contrato concluído entre um consumidor e um empresário ou profissional, que

* **Literatura Portuguesa:** ANTUNES, J. Engrácia, *O Regime Geral da Contratação de Consumo*, in: 96 RPDC (2018), em curso de publicação; ALMEIDA, C. Ferreira, *Negócio Jurídico de Consumo*, in: 347 BMJ (1985), 11-38; CARVALHO, J. Morais, *Os Contratos de Consumo: Reflexão sobre a Autonomia Privada no Direito do Consumo*, Almedina, Coimbra, 2012; CRISTAS, Assunção, *Protecção Constitucional do Consumidor e Suas Implicações no Direito Contratual*, in: AAVV, "Direito Contratual entre Liberdade e Protecção dos Interesses e Outros Artigos Alemães-Lusitanos", 47-60, Almedina, Coimbra, 2008; FROTA, Mário, *Os Contratos de Consumo*, in: 23 RPDC (2000), 9-27; TELES, E. Galvão, *A Lei Aplicável aos Contratos de Consumo no "Labirinto Comunitário"*, in: "Estudos em Homenagem ao Prof. Doutor I. Galvão Telles", vol. I, 683-751, Almedina, Coimbra, 2002. **Literatura Estrangeira:** na Alemanha, SEDLMEIER, Kathleen, *Rechtsgeschäftliche Selbstbestimmung im Verbrauchervertrag*, Mohr Siebeck, Tübingen, 2012; na Áustria, ULLREICH, Stefan, *Der Verbrauchervertrag*, Verlag Österreich, Wien, 2016; no Brasil, MACEDO JR., R. Porto, *Contratos Relacionais e Defesa do Consumidor*, Ed. Max Limonad, São Paulo, 1998; MARQUES, C. Lima, *Contratos no Código de Defesa do Consumidor: O Novo Regime das Relações Contratuais*, 8ª edição, Ed. Revista dos Tribunais, São Paulo, 2016; em Espanha, GHERSI, Carlos, *Contratos de Consumo*, Ed. Astrea, Buenos Aires, 2005; RUBIO, J. Alvarez, *Contratación con Consumidores*, Editorial Dykinson, Madrid, 2012; VICENTE, J. García, *La Contratación con Consumidores*, in: "Tratado de Contratos", vol. II, 1443-1582, Tirant lo Blanch, Valencia, 2009; em França,

tem por objeto um bem, serviço ou direito destinado a um uso não profissional por parte do primeiro.

II. Tal como os contratos comerciais são um instituto jurídico central do Direito Comercial[209], também assim os contratos de consumo se encontram em pleno *cerne* do Direito do Consumo: como sublinha Christian ALEXANDER, "o contrato constitui o instrumento jurídico do processo económico em mercado, e a proteção do consumidor no e através do direito contratual representa o cerne do direito do consumo"[210]. O estudo dos contratos de consumo implica a consideração simultânea da sua disciplina jurídica própria ou comum (contratos de consumo *em geral*) e dos diversos tipos contratuais singulares existentes (contratos de consumo *em especial*).

III. Desde logo, é hoje possível identificar um conjunto de normas legais que estabelecem um regime jurídico próprio em matéria da *contratação de consumo em geral*, especializando-a ou diferenciando-a do regime comum dos negócios jurídicos e dos contratos (arts. 217º e segs., 405º e segs. do CCivil): as principais especialidades podem ser encontradas no plano da *negociação*, da *formação*, do *conteúdo*, dos *efeitos* e da *extinção* dos contratos de consumo.[211]

CALAIS-AULOY, Jean, *L'Influence du Droit de la Consommation sur le Droit des Contrats*, in: 51 RTDCiv (1998), 239-254; RZEPECKI, Nathalie, *Droit de la Consommation et Théorie Générale du Contrat*, Presses Universitaires d'Aix-Marseille, 2015; SAUPHANOR-BROUILLAUD, Natacha/ / POILLOT, Élise/ DE VINCELLES, C. Aubert, *Les Contrats de Consommation – Règles Communes*, LGDJ, Paris, 2012; em Inglaterra, HILL, John, *Cross-Border Consumer Contracts*, Oxford University Press, Oxford, 2009; TANG, Z. Sophia, *Electronic Consumer Contracts in the Conflict of Laws*, 2nd edition, Hart Publishing, New York, 2015; em Itália, ALPA, Guido, *Contratti del Consumatore*, Giuffrè, Milano, 2014; MINERVINI, Enrico, *Dei Contratti del Consumatore in Generale*, Giappichelli, Torino, 2014. Num plano europeu e internacional, HOWELLS, Geraint/ SCHULZE, Reiner (eds.), *Modernising and Harmonising Consumer Contract Law*, Sellier European Law Publishers, München, 2009; POILLOT, Élise, *Droit Européen de la Consommation et Uniformisation du Droit des Contrats*, LGDJ, Paris, 2006.

209 Sobre os contratos comerciais, vide ANTUNES, J. Engrácia, *Direito dos Contratos Comerciais*, reimp., Almedina, Coimbra, 2017.

210 *Verbraucherschutzrecht*, 11, Beck, München, 2015.

211 Sobre o relevo dos contratos de consumo no quadro da teoria geral dos contratos, vide PEÑA, K. Cabrera, *El Derecho de Consumo. Desde la Teoría Clásica del Contrato hasta los Nuevos*

§17
Negociação

I. A fase de negociação reveste uma particular importância nos contratos de consumo. Com efeito, o caráter massificado do consumo e as assimetrias informativas decorrentes da promoção empresarial dos bens e serviços levaram o legislador a consagrar um significativo reforço dos *deveres e garantias pré-contratuais* que oneram os empresários e profissionais perante o consumidor – a ponto de ser legítimo afirmar, como melhor veremos adiante, que o velho aforismo "caveat emptor" (o comprador que se cuide) deu hoje lugar, no domínio em apreço, ao novo paradigma normativo "caveat venditor" (o vendedor que se cuide).[212]

1. Informação Pré-Contratual

I. A disciplina legal de uma boa parte dos contratos de consumo passou a consagrar extensos *deveres de informação pré-contratual*, usualmente a cargo da parte contratante empresarial ou profissional. Na verdade, tal disciplina legal vai sendo hoje crescentemente permeada por um imperativo geral de "transparência negocial" ("Transparenzgebot"[213], "trasparenza nella contrattazione"[214]) que, visando fundamentalmente reforçar a proteção dos interesses dos consumidores em face das assimetrias informativas existentes, se consubstancia em obrigações de informação prévia, de caráter gené-

Contratos, in: 35 RDer (2011), 55-95; Rzepecki, Nathalie, *Droit de la Consommation et Théorie Générale du Contrat*, Presses Universitaires d'Aix-Marseille, 2015.

[212] Segundo Lord Steyn, no caso *"Slater v. Finning"* (1997), "a mudança do «caveat emptor» para o «caveat venditor» constitui uma caraterística notável do desenvolvimento do Direito Comercial". Cf. ainda Bradgate, Robert, *Commercial Law*, 300, 3rd edition, Butterworths, London, 2000.

[213] Locher, Horst, *Das Recht der Allgemeinen Geschäftsbedingungen*, 143, Beck, München, 1997. Sobre o atual relevo do princípio da transparência, vide Ribeiro, J. Sousa, *O Princípio da Transparência no Direito Europeu dos Contratos*, in: "Direito dos Contratos – Estudos", 75-100, Coimbra Editora, Coimbra, 2007.

[214] Luminoso, Angelo, *La Contrattazione d'Impresa*, 534, in: AAVV, "Istituzione di Diritto Commerciale", 527-626, Giappichelli, Torino, 2003.

rico ou específico ("disclosure of terms"), a respeito dos sujeitos, termos, conteúdo e efeitos dos respetivos contratos.

II. Para além das obrigações genéricas de informação resultantes da LDC (art. 8º), já atrás passadas em revista[215], tenha-se presente a enorme e diversificada panóplia de deveres informativos pré-contratuais, que o legislador previu a respeito de múltiplos contratos de consumo. Estão neste caso, por exemplo, os contratos celebrados à distância e fora do estabelecimento comercial (art. 4º da LCCD), os contratos à distância relativos a serviços financeiros (arts. 11º a 18º do Decreto-Lei nº 95/2006, de 29 de maio), os contratos eletrónicos (art. 28º da LCE), os contratos de crédito ao consumo (arts. 6º a 9º da LCC), os contratos financeiros de investidores não profissionais (arts. 312º e segs., 321º-A, 322º, e 323º do CVM), os contratos de serviços públicos essenciais (art. 4º da LSPE), ou os contratos de viagem organizada (art. 17º do Decreto-Lei nº 17/2018, de 8 de março).[216]

III. Sublinhe-se ainda que esta proeminência do valor da "informação" não se esgota no âmbito pré-contratual, projetando-se igualmente no contexto *contratual* propriamente dito – pense-se, por exemplo, nos elementos informativos que devem obrigatoriamente constar dos contratos celebrados à distância e fora do estabelecimento comercial (arts. 4º, nº 3 e 9º da LCCD) – e no contexto *pós-contratual* – veja-se, por exemplo, a informação a prestar na vigência dos contratos de crédito ao consumo (art. 14º da LCC).[217]

[215] Cf. *supra* § 12-1.

[216] Sobre tais deveres informativos para alguns destes contratos, cf. ainda *infra* §§ 24-4, 25-4, 27-4, 28-3, e 29-1. Para outros contratos, vide Teixeira, F. Canabarro, *Os Deveres de Informação dos Intermediários Financeiros em Relação a seus Clientes e sua Responsabilidade Civil*, in: 31 CadMVM (2008), 50-87; Ogando, J. Avillez, *Os Deveres de Informação Permanente no Mercado de Capitais*, in: 64 ROA (2004), 201-256.

[217] Sobre o ponto, vide também Prata, Ana, *A Obrigação de Informar na Responsabilidade Pré-Contratual*, in: 17 "Themis-UNL" (2016), 7-38; Silva, E. Moreira, *Da Responsabilidade Pré-Contratual por Violação dos Deveres de Informação*, Almedina, Coimbra, 2006.

2. Integração Publicitária Contratual

I. Os contratos de consumo são quase sempre precedidos de mensagens publicitárias através das quais os empresários procuram justamente captar as preferências dos consumidores, tornando assim inevitável que as decisões de celebração contratual por parte dos primeiros sejam tomadas frequentemente, senão quando exclusivamente, com base nos conteúdos veiculados nessas mensagens publicitárias dos produtos ou serviços em causa: assiste razão a quem afirma que, num certo sentido, tais contratos são como que "pré-celebrados" através da publicidade[218]. Ora, se assim é, tanto mais que nem sempre será fácil destrinçar entre o conteúdo informativo (objetivo) e promocional (persuasivo) dessas mensagens, impõe-se responsabilizar os empresários pelas informações e qualidades divulgadas através da publicidade: falamos da chamada *integração publicitária contratual*, que visa designar a inserção ou incorporação imperativa nos contratos de consumo das informações constantes de mensagens publicitárias.[219]

II. A vinculatividade e a eficácia jurídico-contratuais das declarações publicitárias, que colidem frontalmente com a teoria clássica do valor contratual das declarações negociais ("caveat emptor"), encontram-se hoje expressamente acolhidas no direito português[220]. Assim,

[218] Lehmann, Michael, *Informationsverantwortung und Gewährleistung für Werbeangaben beim Verbrauchsgüterkauf*, 287, in: 55 JZ (2000), 280-293.

[219] Sobre a integração publicitária contratual, vide Antunes, J. Engrácia, *Direito dos Contratos Comerciais*, 119 e ss., reimpressão, Almedina, Coimbra, 2017; Antunes, J. Engrácia, *O Direito da Publicidade*, 798, in: XCIII BFDUC (2017), 771-848.

[220] Sobre a temática, inaugurada com a Diretiva 1999/44/CE, de 25 de maio, vide, entre nós, Almeida, C. Ferreira, *Relevância Contratual das Mensagens Publicitárias*, in: 6 RPDC (1996), 9-25; Silva, J. Calvão, *A Publicidade na Formação do Contrato*, in: "Comemorações do 35 Anos do Código Civil", vol. II, 687-711, Coimbra Editora, Coimbra, 2006; para domínios específicos, Correia, M. Pupo, *Conformação dos Contratos pela Publicidade na Internet*, in: VIII DSI (2009), 89-209; Gouveia, M. França, *A Eficácia Negocial da Publicidade a Imóveis*, in: XLIX SI (2000), 135-172; na jurisprudência, vide o Acórdão da RL de 27-V-2010 (L. Espírito Santo), in: www.dgsi.pt. Noutros quadrantes, vide também Galán, J. Font, *La Integración Publicitaria del Contrato: Un Instrumento de Derecho Privado contra la Publicidad Engañosa*, in: IV CDC (1988), 7-48; López, M. Marín, *El Carácter Vinculante de las Declaraciones Públicas en la Venta de Bienes de Consumo*, in: 7 EDC (2005), 211-243.

nos termos do art. 7º, nº 5 da LDC, "as informações concretas e objetivas contidas nas mensagens publicitárias de determinado bem, serviço ou direito, consideram-se integradas no conteúdo dos contratos que se venham a celebrar após a sua emissão, tendo-se como não escritas as cláusulas em sentido contrário"[221]. Também o art. 2º, nº 2 da LVBC (compra e venda de bens de consumo), estabelece uma presunção de incumprimento contratual no caso de os bens entregues ao comprador "não serem conformes com a descrição que deles é feita pelo vendedor ou não apresentarem as qualidades que o vendedor tinha apresentado ao consumidor como amostra ou modelo" (alínea a)) ou "não apresentarem as qualidades e o desempenho habituais nos bens do mesmo tipo e que o consumidor pode razoavelmente esperar, atendendo à natureza do bem e, eventualmente, às declarações públicas sobre as suas caraterísticas concretas feitas pelo vendedor, pelo produtor ou pelo seu representante, nomeadamente na publicidade e na rotulagem" (alínea d)).[222]

3. Publicidade Enganosa

I. Malgrado não correspondendo "summo rigore" a qualquer garantia ou dever pré-contratual positivo, merece ainda referência, pela sua relevância prática e afinidade teleológica, a proibição da *publicidade enganosa* ("false advertising", "irreführende Werbung", "publicité trompeuse", "pubblicità ingannevole"). Com efeito, o legislador português veio interditar e sancionar quaisquer formas de comunicação destinadas à promoção de bens e serviços por parte de empresas que, através de prestação de informações falsas ou da omissão de informações relevantes, induzam ou sejam suscetíveis de induzir em erro os

[221] Um princípio algo semelhante aflorava já, antes desta disposição, no art. 2º da LCCG, onde se sujeitam expressamente ao controlo legal todas as cláusulas contratuais gerais "independentemente da forma da sua comunicação ao público".

[222] Sobre estas presunções legais de não conformidade, vide *infra* §23-3. Os exemplos ou concretizações deste vetor geral vão-se multiplicando: veja-se assim, por exemplo, a integração das mensagens publicitárias do contrato de seguro, que primam sobre as próprias condições gerais ou especiais que as contrariem sempre que sejam mais favoráveis ao tomador ou beneficiário do seguro (art. 33º da LCS); ou o relevo da publicidade nos contratos eletrónicos (cf. *infra* § 26-4).

consumidores, afetando a respetiva tomada de decisões negociais livres e esclarecidas.[223]

II. Esta proibição complementa e encerra assim o relevo jurídico do contexto publicitário no âmbito da contratação de consumo: no domínio destes contratos, os empresários e profissionais, além de (positivamente) ficarem vinculados pelas suas declarações publicitárias, estão ainda obrigados (negativamente) a observar um princípio de verdade e clareza relativamente aos conteúdos dessas mesmas declarações ("maxime", as caraterísticas dos bens ou serviços publicitados, os respetivos preço e condições de fornecimento, bem como os direitos, deveres e garantias dos adquirentes), por forma a evitar induzir em erro as potenciais contrapartes desses contratos ou distorcer o seu comportamento negocial.[224]

III. A violação desse "dever negativo" pode ser fonte de *sanções contraordenacionais* para os empresários ou profissionais infratores (art. 34º, nº 1, a) do CPub e art. 21º da LPCD), sem prejuízo de várias outras importantes consequências laterais (v.g., obrigação de apresentação de provas da exatidão material dos dados de facto contidos na publicidade, presumindo-se que tais dados são inexatos se aqueles não apresentarem as provas pedidas ou estas forem consideradas insuficientes: cf. art. 11º, nºs 2 e 3 do CPub) ou acessórias (v.g., sujeição

[223] A proibição de publicidade enganosa deve ser hoje construída em articulação com a proibição genérica das práticas comerciais desleais, instituída pela LPCD. Tal ligação estreita, expressamente consagrada no art. 11º do CPub, resulta da própria noção geral de "prática comercial" – que abrange a publicidade dirigida à promoção e venda dos bens e serviços das empresas (art. 3º, d) da LPCD) –, sendo ainda corroborada ao nível das próprias disposições concretas reguladoras das suas principais tipologias – em particular, as chamadas "práticas enganosas" (arts. 7º a 9º da LPCD). Sobre a figura, vide Antunes, J. Engrácia, *O Direito da Publicidade,* 799 e ss., in: XCIII BFDUC (2017), 771-848.

[224] Saliente-se ainda que tal proibição, para além da proteção dos interesses das contrapartes contratuais dos empresários (consumidores), visa igualmente a tutela jurídica dos interesses dos próprios empresários concorrentes: prova inequívoca disso mesmo é a legitimidade destes para o exercício da ação inibitória, contemplada no art. 16º da LPCD. Cf. Serens, M. Nogueira, *A Proibição da Publicidade Enganosa: Defesa dos Consumidores ou Protecção (de Alguns) Concorrentes?*, in: AAVV, "Comunicação e Defesa do Consumidor", 229-256, Instituto Jurídico da Comunicação, Coimbra, 1996.

a medidas cautelares, obrigação de publicidade "corretiva" a expensas próprias: cf. art. 41º do CPub, arts. 20º e 21º, nº 2 da LPCD).

IV. Por último, saliente-se que o *entrecruzamento dos regimes jurídicos dos contratos de consumo e da publicidade* é prenhe de ilustrações – muito para além das duas figuras fundamentais acabadas de referir (integração publicitária contratual e publicidade enganosa). Basta pensar na frequente subordinação dos contratos de consumo aos princípios gerais juspublicitários: um exemplo, entre muitos, pode ser encontrado na relevância direta do princípio da identificabilidade das mensagens publicitárias no domínio dos contratos eletrónicos de consumo (art. 21º da LCE).[225]

§18
Formação

I. A formação dos contratos de consumo, sujeita embora às regras gerais da lei civil e comercial, apresenta também diversas especialidades dignas de nota. Entre as mais relevantes, contam-se as relativas aos *requisitos de celebração* do contrato (liberdade, forma, língua, vícios) e às *modalidades da sua formação* (modelos formativos especiais).

1. Requisitos de Celebração

I. Existem diversas especificidades formativas em sede dos *requisitos de celebração* dos contratos de consumo, com destaque para a liberdade, a forma, a língua e os vícios.

II. Ao arrepio do princípio geral da liberdade de celebração dos negócios jurídicos (art. 405º do CCivil), são frequentes as *obrigações legais de contratar* no domínio dos contratos de consumo, as quais,

[225] Sobre o princípio da identificabilidade (art. 8º do CPub), que determina que a mensagem publicitária deve surgir identificada enquanto tal aos olhos do público, por forma a permitir assim aos respetivos destinatários estar de sobreaviso e ter consciência dos objetivos promocionais dos anunciantes, vide ANTUNES, J. Engrácia, *O Direito da Publicidade*, 793 e ss., in: XCIII BFDUC (2017), 771-848.

suprimindo à autonomia de vontade dos empresários/profissionais, lhes impõem o dever jurídico de os concluir: é o caso, por exemplo, dos contratos de prestação de serviços públicos essenciais, v.g., fornecimento de energia, de água, ou de gás (v.g., arts. 40º, nº 3 e 42º do Decreto-Lei nº 30/2006, de 15 de fevereiro), comunicações postais (art. 15º da Lei nº 102/99, de 26 de junho, Base VIII, nº 1 do Decreto-Lei nº 448/99, de 4 de novembro), comunicações eletrónicas (arts. 39º e segs. da Lei nº 5/2004, de 10 de fevereiro), etc.[226]

III. Ao arrepio do princípio da liberdade de forma dos negócios jurídicos (art. 219º do CCivil), mas em linha com aquilo a que se assiste no domínio dos negócios jurídico-comerciais em geral[227], os contratos de consumo estão sujeitos, em regra, a *forma especial*: assim sucede, por exemplo, com os contratos celebrados fora do estabelecimento comercial (arts. 5º, nº 7 e 9º, nº 1 da LCCD), os contratos de crédito ao consumo (art. 12º, nº 1 da LCC), os contratos eletrónicos (art. 26º, nº 1 da LCE, art. 48º, nº 1 da Lei nº 5/2004, de 10 de fevereiro), ou os contratos financeiros com investidores não profissionais (art. 321º, nº 1 do CVM).[228]

IV. Ao arrepio do princípio da liberdade de idioma que é caraterístico dos negócios juscomerciais (art. 96º do CCom)[229], a redação dos

[226] Sobre esta obrigação, vide em geral TELES, M. Galvão, *Obrigação de Emitir Declaração Negocial,* Almedina, Coimbra, 2012; na doutrina estrangeira, HACKL, Karl, *Vertragsfreiheit und Kontrahierungszwang*, Duncker & Humblot, Berlin, 1980; NIVARRA, Luca, *L'Obbligo a Contrattare e il Mercato,* Cedam, Padova, 1989.

[227] Sobre o "renascimento do formalismo" no âmbito da contratação mercantil, vide ANTUNES, J. Engrácia, *Direito dos Contratos Comerciais,* 157 e ss., reimpressão, Almedina, Coimbra, 2017.

[228] AMAYUELAS, E. Arroyo, *¿Qué Es Forma en el Derecho Contractual de Consumo?,* in: 2 ADC (2008), 519-542; HERNÁNDEZ, M. Heras, *La Forma de los Contratos: El Neoformalismo en el Derecho de Consumo,* in: 89 RDP (2005), 27-50; JACQUEMIN, Hervé, *Le Formalisme Contractuel – Mécanisme de Protection de la Partie Faible,* Larcier, Paris, 2010. Aspeto particular é que, sendo tal requisito de forma estabelecido por mor da proteção do consumidor, a sua omissão origina, em regra, uma *invalidade atípica,* no sentido em que apenas pode ser invocada por aquele contratante, ficando assim a manutenção ou cessação do contrato nas respetivas mãos (arts. 13º, nº 5 da LCC, art. 321º, nº 1, "in fine", do CVM).

[229] Sobre a língua dos contratos comerciais, vide ANTUNES, J. Engrácia, *Direito dos Contratos Comerciais,* 177 e ss., reimpressão, Almedina, Coimbra, 2017.

contratos de consumo e a prestação da conexa informação devem, em regra, ser feitas em *língua portuguesa*: para além de a LDC determinar que toda "a informação ao consumidor é prestada em língua portuguesa" (art. 7º, nº 3), o regime legal de vários contratos contém tal exigência, v.g., contratos celebrados fora do estabelecimento comercial (art. 9º, nº 1, "in fine", da LCCD), contratos financeiros à distância (art. 9º, nº 1 do Decreto-Lei nº 95/2006, de 29 de maio) e contratos de seguro (art. 36º, nº 2 da LCS).

V. Enfim, paralelamente ao regime geral dos *vícios da vontade* dos negócios jurídicos em geral (arts. 240º e segs. do CCivil), é possível encontrar vícios clássicos dotados de um regime próprio – pense-se no erro na formação e na declaração da vontade no domínio da contratação associada ao comércio eletrónico ("rectius", aos contratos eletrónicos automatizados: cf. art. 33º, nºs 2 e 3 da LCE) – ou até mesmo novos vícios específicos – pense-se na figura da "influência indevida", a qual, situada algures a meio caminho entre os tradicionais vícios do dolo e da coação, constitui um fundamento autónomo da invalidade dos contratos celebrados entre as empresas e os consumidores (arts. 3º, j), 11º, nº 1, e 14º, nº 1 da LPCD).

2. Modelos Formativos Especiais

I. Particularmente importante, os contratos de consumo constituem o terreno de eleição dos *novos modelos de formação contratual*. Com efeito, de acordo com o modelo legal clássico (arts. 228º e segs. do CCivil), os contratos são formados segundo o ritual da emissão de uma declaração negocial por uma das partes (proposta) e de uma subsequente declaração negocial de conformidade que manifesta total concordância pela outra parte (aceitação): ora, a génese e formação dos contratos de consumo de há muito se afastou desse modelo legal estereotipado, processando-se hoje através de modelos formativos alternativos e especiais.[230]

[230] No domínio dos contratos de consumo formados segundo o modelo legal tradicional, assume especial relevo a *proposta ao público* (art. 230º, nº 3 do CCivil), dado que a generalidade daqueles contratos é celebrada na sequência da aceitação, por parte do consumidor, de pro-

II. É o caso da chamada *contratação conjunta*, em que o consenso negocial entre as partes se consubstancia num documento contratual unitário assinado por empresário e consumidor, tornando assim difícil, artificial, senão mesmo frequentemente impossível, individualizar uma proposta e uma aceitação[231]. Dada a frequente sujeição dos contratos de consumo à forma escrita ou equivalente, já atrás assinalada, não surpreende que se trate de um modelo formativo crescentemente divulgado neste domínio, incluindo nos contratos celebrados fora do estabelecimento, contratos à distância, contratos de prestação de serviços públicos essenciais, contratos de crédito ao consumo, contratos de viagem organizada, contratos de seguro, e tantos outros.

III. É também ainda o caso da chamada *contratação em massa* característica das modernas sociedades de consumo, em que o consenso negocial apresenta importantes especificidades. Aqui se incluem a *contratação à distância* – processo de contratação que utiliza exclusivamente uma ou mais técnicas de comunicação à distância, v.g., carta normalizada, catálogos, telefone, telefax, videotexto, correio eletrónico, rádio, televisão, "internet" (regulada pela LCCD) –, a *contratação eletrónica* – processo de contratação no qual as declarações de vontade dos contraentes são produzidas e transmitidas por meios informáticos, "maxime", através de correio eletrónico e da "internet" (regulada pela LCE, além de, subsidiariamente, pelas LCCD e LDE) –, a *contratação automática* – processo de contratação realizado por intermédio de autómatos ou máquinas automáticas destinadas ao fornecimento de produtos ou à prestação de serviços aos consumidores (arts. 22º a 24º da LCCD) – e a *contratação em autosserviço* – processo de contratação realizado em locais de venda, físicos ou virtuais, onde os potenciais consumidores dos bens ou serviços do empresário se servem a si mesmos destes.[232]

postas emitidas por empresários ou profissionais dirigidas a uma pluralidade indeterminada de destinatários.

[231] Sobre este modelo alternativo de contratação, vide ANTUNES, J. Engrácia, *Direito dos Contratos Comerciais*, 132 e ss., reimpressão, Almedina, Coimbra, 2017.

[232] Sobre estes modelos formativos especiais, vide desenvolvidamente ANTUNES, J. Engrácia, *Direito dos Contratos Comerciais*, 141 e ss., reimpressão, Almedina, Coimbra, 2017.

§19
Conteúdo

I. Em sede geral e abstrata, as partes dos contratos "têm a faculdade de fixar livremente o conteúdo dos contratos" e "incluir nestes as cláusulas que lhes aprouver" (art. 405º, nº 1 do CCivil). Este segmento do mandamento jusprivatístico fundamental da liberdade contratual – correntemente designado na doutrina como *princípio da liberdade de estatuição ou modelação do conteúdo contratual* ("Gestaltungsfreiheit", "Inhaltsfreiheit") – visa significar que as partes dos contratos, outrossim que livres na sua decisão de contratar ou não contratar, são soberanas na escolha do tipo de negócio mais adequado aos seus interesses (seleção do tipo negocial) e na fixação dos termos concretos do mesmo negócio (fixação do conteúdo negocial).[233]

II. Este princípio geral sofre, todavia, numerosas e importantes *limitações* no domínio da contratação de consumo, que estão assim na origem de um controlo legal do conteúdo dos contratos de consumo. As limitações mais relevantes são as decorrentes do regime jurídico das *cláusulas contratuais gerais* (LCCG) e das *práticas comerciais desleais* (LPCD).[234]

[233] Sobre a noção e o alcance do princípio da livre estipulação contratual, vide COSTA, M. Almeida, *Direito das Obrigações*, 215 e ss., 8ª edição, Almedina, Coimbra, 2000; FERNANDES, L. Carvalho, *Teoria Geral do Direito Civil*, vol. II, 398 e ss., 5ª edição, UCP Editora, Lisboa, 2010; VARELA, J. Antunes, *Das Obrigações em Geral*, vol. I, 246 e ss., 10ª edição, Almedina, Coimbra, 2000.

[234] Compreende-se assim que uma das principais caraterísticas do regime jurídico das relações contratuais consumeristas consista, justamente, na limitação da autonomia privada, a qual se encontra ainda subjacente a diversos outros traços desse regime (v.g., caráter injuntivo das normas jusconsumeristas e consequente nulidade das convenções a ela contrárias: cf. art. 16º da LDC). Cf. DAMM, Reinhard, *Privatautonomie und Verbraucherschutz*, in: 39 VersR (1999), 129-141; MELLER-HANNICH, Caroline, *Verbraucherschutz im Schuldvertragsrecht: Private Freiheit und staatliche Ordnung*, Mohr, Tübingen, 2005; para uma imbricação destes dois domínios, SANTOS, T. Moura, *A Tutela do Consumidor entre os Contratos de Adesão e as Práticas Comerciais Desleais*, in: 1 RED (2016), 1-53.

1. Cláusulas Contratuais Gerais

I. Dificilmente se poderia encontrar uma melhor ilustração da crise do referido princípio jusprivatístico geral, no mundo da contratação mercantil em massa dos nossos dias, do que os contratos de consumo. Com efeito, é hoje visível a olho nu que uma boa parte de tais contratos, antes que representar negócios jurídicos cujo conteúdo é livremente negociado e acordado entre as partes, corresponde a verdadeiros *contratos de adesão* ("contrat d'adhésion", "standard form contract", "Standardvertrag") cujo conteúdo é determinado unilateralmente e de antemão por uma das partes (empresário ou profissional), consubstanciado em cláusulas contratuais uniformes ou padronizadas destinadas a uma massa indeterminada de destinatários, às quais a contraparte (consumidor) se limita pura e simplesmente a aderir ou rejeitar em bloco.[235]

II. Os contratos de consumo, construídos com recurso a cláusulas contratuais gerais, encerram obviamente *riscos* para os consumidores aderentes, a que a Ordem Jurídica não poderia ficar indiferente. Por definição, afastando o consumidor de qualquer intervenção na definição do conteúdo negocial, tais contratos representam uma espécie de versão atualizada da velha máxima *"pegar ou largar"* no mundo dos negócios: deixando apenas ao consumidor a alternativa de aceitar ou rejeitar em bloco o contrato padronizado, tal tipo de contratação coloca este perante o dilema de celebrar o negócio, aderindo de olhos fechados às cláusulas preestabelecidas, ou rejeitá-lo, privando-se do bem ou serviço pretendido. Além disso, não se pode perder de vista que a *desigual posição das partes contratantes* ("inequality of bargaining power") acentua ainda mais o perigo de abusos: com efeito, se o proponente, assessorado de recursos financeiros, humanos e técnicos sofisticados, está em condições de assegurar uma regulamentação

[235] Sobre os contratos de consumo como contratos de adesão, vide BARBOSA, A. Miranda, *Os Contratos de Adesão no Cerne da Protecção do Consumidor*, in: 3 EDC (2001), 389-424; MIRANDA, Yara, *As Cláusulas Contratuais Abusivas em Matéria de Relações de Consumo*, in: AAVV, "Direito Privado e Direito Comunitário – Alguns Ensaios", 643-750, Âncora Editora, Lisboa, 2007. Para uma resenha da nossa jurisprudência mais recente, vide BAPTISTA, Fátima, *Cláusulas Abusivas nos Contratos com os Consumidores,* in: V EIDC (2017), 13-39.

contratual exaustiva e adequada dos seus próprios interesses, o aderente, ao invés, encontra-se amiúde numa situação de desproteção, já que, colocado diante de modelos ou formulários contratuais supinamente minuciosos e técnicos, não dispõe frequentemente do tempo, da vontade ou até das competências necessárias para se aperceber do significado e do alcance de boa parte desse clausulado.[236]

III. Neste domínio, assume importância crucial o *regime jurídico das cláusulas contratuais gerais*, instituído pela "Lei das Cláusulas Contratuais Gerais" (LCCG), aprovada através do Decreto-Lei nº 446/85, de 25 de outubro[237]. Relevantes para efeito dos contratos de consumo, são as regras relativas à noção e aos requisitos das cláusulas contratuais gerais, ao âmbito de aplicação, à interpretação e integração, e, muito em particular, à previsão de cláusulas contratuais proibidas.

IV. A *noção* e as *caraterísticas* das cláusulas contratuais gerais extraem-se do preceito inaugural da LCCG (art. 1º, nº 1): dizem-se cláusulas contratuais gerais o conjunto de cláusulas negociais elaboradas sem prévia negociação individual que proponentes ou destinatários indeterminados se limitam a propor ou a aceitar. Os contratos de consumo que incorporem tais clausulados gerais passam a ficar subordinados ao regime legal, independentemente de o conteúdo negocial se esgotar em tais clausulados ou prever simultaneamente outras cláusulas particulares ou individuais, sendo uma das partes contratantes designada "proponente" e a outra "aderente". Da noção

[236] Certos autores falam sugestivamente da situação de "inferioridade dos profanos perante os profissionais" (Ghestin, Jacques, *La Formation du Contrat*, 53, 3ème édition, LGDJ, Paris, 1993). Sobre os fundamentos da disciplina e controlo legal das cláusulas abusivas gerais, veja-se desenvolvidamente Ribeiro, J. Sousa, *O Problema do Contrato – As Cláusulas Contratuais Gerais e o Princípio da Liberdade Contratual*, especialmente 323 e ss., Almedina, Coimbra, 1999.

[237] Sobre tal regime, vide Barros, J. Araújo, *Cláusulas Contratuais Gerais – DL nº 446/85 – Anotado – Recolha de Jurisprudência*, Wolters Kluwer/ Coimbra Editora, 2010; Costa, M. Almeida, *Síntese do Regime Jurídico Vigente das Cláusulas Contratuais Gerais*, 2ª edição, UCP Editora, Lisboa, 1999; Costa, M. Almeida/ Cordeiro, A. Menezes, *Cláusulas Contratuais Gerais: Anotação ao Decreto-Lei nº 446/85, de 25 de julho*, Almedina, Coimbra, 1986; Prata, Ana, *Contratos de Adesão e Cláusulas Contratuais Gerais. Anotação ao DL nº 446/85, 25 de outubro*, Almedina, Coimbra, 2010.

legal resulta que as cláusulas contratuais gerais se identificam por um conjunto de *elementos essenciais* ou necessários (predisposição unilateral, generalidade, imodificabilidade) e *elementos naturais*, frequentes embora não necessários (desigualdade dos contraentes, complexidade e estandardização)[238]. As cláusulas contratuais gerais devem consistir necessariamente em condições pré-elaboradas unilateralmente por um dos contraentes (predisposição unilateral) a fim de serem inseridas ou incorporadas numa pluralidade de contratos (generalidade) e serem acolhidas em bloco e imutavelmente por quem as subscreve ou aceite (imodificabilidade). Além disso, as cláusulas contratuais gerais surgem usualmente, embora não forçosamente, no âmbito de contratos celebrados entre partes com diferente poderio económico (desigualdade das partes) e de conteúdo negocial particularmente intrincado (complexidade), aparecendo vertidas em documentos escritos ou eletrónicos de natureza formulária (estandardização).[239]

V. Aspeto igualmente relevante são as normas em matéria da *interpretação e integração* das cláusulas contratuais gerais, seja através de remissão genérica para as regras hermenêuticas gerais dos arts. 236º e segs. do CCivil (art. 10º da LCCG), seja ressalvando expressamente que o risco da ambiguidade das cláusulas corre por conta do proponente, o que, de algum modo, já resultaria daquelas regras gerais (art. 11º, nº 2 da LCCG)[240]. O art. 11º da LCCG, sob a epígrafe "Cláu-

[238] Sobre as caraterísticas essenciais das cláusulas contratuais gerais, vide ALMEIDA, C. Ferreira, *Contratos*, vol. I, 196 e ss., 6ª edição, Almedina, Coimbra, 2018; COSTA, M. Almeida/ / CORDEIRO, A. Menezes, *Cláusulas Contratuais Gerais: Anotação ao Decreto-Lei nº 446/85, de 25 de julho*, 17, Almedina, Coimbra, 1986.

[239] Aspeto relevante é ainda a amplitude do regime aplicável: em princípio, aquele considera-se aplicável a *todas e quaisquer cláusulas contratuais* que correspondam à noção legal, independentemente da sua forma de comunicação (v.g., formulários, catálogos, prospetos, anúncios publicitários, "sites" e páginas "web"), da sua extensão (v.g., totalidade ou parte do conteúdo negocial), do seu teor (v.g., elementos essenciais ou acessórios do contrato) ou da sua autoria (v.g., elaboradas pelo proponente ou por terceiro) (art. 2º da LCCG).

[240] Um problema interpretativo recorrente consiste na frequente erosão do jargão dos contratos comerciais padronizados ("commercial boilerplate"), decorrente do seu uso massificado, criando verdadeiros "buracos negros" ("black holes") hermenêuticos de difícil resolução

sulas Ambíguas", estabelece que "as cláusulas contratuais ambíguas têm o conteúdo que lhes daria o contratante indeterminado normal que se limitasse a subscrevê-las ou a aceitá-las, quando colocado na posição de aderente real" (nº 1), acrescentando ainda que "na dúvida, prevalece o sentido mais favorável ao aderente" (nº 2)[241]. A razão de ser desta norma é também inequívoca. Em princípio, a interpretação e a integração dos contratos de adesão ("rectius", celebrados com recurso a cláusulas contratuais gerais) são realizadas de acordo com as regras comuns previstas para os negócios jurídicos em geral nos arts. 236º e segs. do CCivil (art. 10º da LCCG), valendo ainda, em caso de ambiguidade de uma determinada cláusula contratual, o sentido que lhe seria atribuído por um aderente normal colocado na posição do aderente real (art. 11º, nº 1 da LCCG). Todavia, se tal ambiguidade ou obscuridade permanecer insanável mesmo após o recurso a tais regras, prevê o legislador a regra da *interpretação mais favorável ao aderente*, segundo a qual à cláusula ambígua será imputado o sentido que se mostrar mais favorável a este ("ambiguitas contra stipulatorum" ou "in dubio contra proferentem") (art. 11º, nº 2 da LCCG)[242]. Verdadeiramente, antes que um cânone interpretativo "hoc sensu", estamos diante de uma regra integradora de carácter sancionatório ("penalty rule"): sendo as cláusulas gerais predispostas unilateralmente

para os tribunais: sobre a questão, CHOI, Steven/ GULATI, Mitu/ SCOTT, Robert, *The Grey Hole Problem in Commercial Boilerplate*, Columbia Law and Economics Working Paper 547, 2016.

[241] Sobre tal disposição, COSTA, M. Almeida, *Síntese do Regime Jurídico Vigente das Cláusulas Contratuais Gerais*, 22, 2ª edição, UCP Editora, Lisboa, 1999; COSTA, M. Almeida/ CORDEIRO, A. Menezes, *Cláusulas Contratuais Gerais: Anotação ao Decreto-Lei nº 446/85, de 25 de Julho*, 32, Almedina, Coimbra, 1986; SÁ, Almeno, *Cláusulas Contratuais Gerais e Directiva sobre Cláusulas Abusivas*, 67 e s., 2ª edição, Almedina, Coimbra, 2001. Noutros quadrantes, para disposições idênticas ou congéneres (v.g., §5 do "AGBG" alemão, art. 1370 do "Codice Civile" italiano, art. 6º, nº 2 da "Ley sobre Condiciones Generales de Contratación" espanhola), vide MÉNENDEZ, Aurélio/ LEÓN, L. Ponce (dir.), *Comentarios a la Ley sobre Condiciones Generales de Contratación*, 384 e ss., Civitas, Madrid, 2002.

[242] Nos termos do Acórdão do TJUE de 20-IX-2018 (*"OTP Bank Nyrt. v. Teréz / Kisss"*), o caráter abusivo de uma cláusula contratual não clara, que faz recair o risco cambial sobre o mutuário e que não reflete as disposições legislativas, pode ser objeto de fiscalização jurisdicional (in: ECLI:EU:C:2018:750).

pelo proponente do contrato, justo é fazer recair sobre ele o risco de eventuais ambiguidades do texto negocial, até como forma de prevenir ou incentivar este a redigi-las de forma clara.[243]

VI. Por último, e mais importante, uma atenção especial deve merecer o fulcro do regime legal, constante dos arts. 15º a 23º da LCCG, relativos às *"Cláusulas Contratuais Gerais Proibidas"*[244]. A centralidade deste conjunto de disposições legais – outrossim que representar o "cerne"[245] ou "aspeto nuclear"[246] da própria economia global do diploma legal – resulta da circunstância de ser nele que se consubstancia a limitação do conteúdo dos contratos de consumo: tal limitação traduz-se, basicamente, num princípio geral de controlo (arts. 15º e 16º da LCCG) e num extenso catálogo de cláusulas proibidas concretas (arts. 20º a 22º da LCCG).

VII. O *princípio geral de controlo* está assente no mandamento da boa-fé (art. 15º da LCCG), ao qual se acrescenta, como diretiva concretizadora[247], a ponderação dos valores fundamentais do direito em face da situação considerada, designadamente a confiança suscitada

[243] Como salienta Jesus Alfaro Águila-Real, o princípio "ambiguitas contra stipulatorum" possui duas funções: "Em primeiro lugar, distribuir equitativamente os riscos da ambiguidade da declaração, imputando-os ao seu autor; e, em segundo lugar, estimular o predisponente a expressar-se claramente, penalizando-o no caso de não o fazer com uma interpretação contrária aos seus interesses" (*La Interpretación de las Condiciones Contratuales Generales*, 51, in: 183 RDM (1987), 7-61). Sobre este princípio, vide desenvolvidamente Jímenez, M. Díaz, *«Interpretatio contra Stipulatorem» y Princípio de Interpretación más Favorable al Consumidor*, in: XVIII ActC (1994), 315-328; Wacke, Andreas, *«Ambiguitas contra Stipulatorem»*, in: JBl (1981), 666-673.

[244] Intimamente conexo com ele, estão ainda o Capítulo IV, que prevê a disciplina da invalidade das cláusulas proibidas (arts. 12º a 14º), e o Capítulo VI, que prevê os meios processuais de reação às cláusulas proibidas, em especial a ação inibitória (arts. 24º a 34º).

[245] Cordeiro, A. Menezes, *Manual de Direito Comercial*, 594, 3ª edição, Almedina, Coimbra, 2012.

[246] Costa, M. Almeida/ Cordeiro, A. Menezes, *Cláusulas Contratuais Gerais: Anotação ao Decreto-Lei nº 446/85, de 25 de julho*, 37, Almedina, Coimbra, 1986.

[247] Segundo alguns, aliás, de valor precetivo duvidoso: cf. Vasconcelos, P. Pais, *Teoria Geral do Direito Civil*, 631, 5ª edição, Almedina, Coimbra, 2008.

nas partes e os objetivos negociais pretendidos (art. 16º da LCCG)[248]. É, todavia, evidente que o controlo ou a sindicância efetiva das cláusulas contratuais gerais nos negócios de consumo seria, pura e simplesmente, impraticável caso assentasse exclusivamente num tal mandamento jusprivatístico de caráter genérico: por essa razão, o legislador consagrou um extenso *catálogo ou "lista negra"* de cláusulas proibidas relativas aos contratos celebrados entre empresários e consumidores finais (arts. 20º a 22º da LCCG). Tais cláusulas foram agrupadas pelo legislador em duas classes ou tipos fundamentais: as cláusulas *absolutamente proibidas* (art. 21º da LCCG) e as cláusulas *relativamente proibidas* (art. 22º da LCCG). A contraposição legal assenta fundamentalmente no critério do alcance ou efeitos da proibição: ao passo que as cláusulas do primeiro tipo são sempre vedadas em contratos de adesão (sendo a sua inclusão ou inserção sancionada com a nulidade da cláusula: cf. art. 12º da LCCG)[249], as cláusulas do último tipo poderão ser ou não vedadas, consoante o juízo de valor que sobre elas for realizado à luz do quadro negocial no seu conjunto (ou seja, podendo ser nulas ou válidas consoante o "quadro negocial padronizado": cf. art. 22º, proémio, da LCCG).[250]

VIII. As primeiras (cláusulas *absolutamente proibidas*), constantes do art. 21º da LCCG, podem ser classificadas em dois grupos: cláu-

[248] ASCENSÃO, J. Oliveira, *Cláusulas Contratuais Gerais, Cláusulas Abusivas e Boa-Fé*, in: 60 ROA (2000), 573-595; RIBEIRO, J. Sousa, *A Boa Fé como Norma de Validade*, esp. 720 e ss., in: "Ars Iudicandi – Estudos em Homenagem ao Prof. Doutor A. Castanheira Neves", vol. II, 667-732, Coimbra Editora, Coimbra, 2009.

[249] Uma vez declarada a nulidade, o aderente pode optar pela manutenção do contrato (art. 13º, nº 1 da LCCG), o que implica a vigência, na parte afetada, das normas legais supletivas aplicáveis, com recurso, se necessário, às regras de integração dos negócios jurídicos (art. 13º, nº 2 da LCCG). Caso o aderente não exerça a faculdade prevista pelo art. 13º, ou o seu exercício originar um desequilíbrio de prestações gravemente lesivo da boa fé, passará a vigorar o regime geral da redução dos negócios jurídicos (art. 292º do CCivil).

[250] Justamente em virtude da necessidade de realização de um juízo valorativo sobre o quadro negocial padronizado, numerosas proibições relativas constantes do elenco legal recorrem a conceitos indeterminados, como tais carecidos de concretização caso a caso: v.g., "pré-aviso adequado", "motivo adequado", "prazos manifestamente curtos", "antecipações exageradas", e outros semelhantes. Sobre o referido juízo valorativo, vide o Acórdão do STJ de 21-III-2006 (Alves VELHO), in: XIV CJ/STJ (2006), I, 145-148.

sulas relativas aos direitos e deveres contratuais e cláusulas relativas às garantias do consumidor.[251]

Por um lado, temos cláusulas relativas aos *direitos e deveres contratuais*: são assim vedadas, em qualquer caso, as cláusulas que "limitem ou de qualquer modo alterem obrigações assumidas, na contratação, diretamente por quem as predisponha ou pelo seu representante" (alínea a)), "confiram, de modo direto ou indireto, a quem as predisponha, a faculdade exclusiva de verificar e estabelecer a qualidade das coisas ou serviços fornecidos" (alínea b)), "permitam a não correspondência entre as prestações a efetuar e as indicações, especificações ou amostras feitas ou exibidas na contratação" (alínea c)) ou "excluam os deveres que recaem sobre o predisponente, em resultado de vícios da prestação, ou estabeleçam, nesse âmbito, reparações ou indemnizações pecuniárias predeterminadas" (alínea d)). Trata-se, no essencial, de impedir que o predisponente, através de uma regulação contratual injustificada dos seus direitos e deveres – mormente, uma limitação das suas obrigações contratuais ou uma exclusão das garantias legais de prestação isenta de vícios – possa afetar a concreta obtenção, por parte dos consumidores finais, dos bens ou serviços que são objeto do contrato.

Por outro lado, temos ainda cláusulas relativas às *garantias do consumidor*: aqui se incluem as cláusulas que "atestem conhecimentos das partes relativos ao contrato, quer em aspetos jurídicos, quer em questões materiais" (alínea e)), "alterem as regras respeitantes à distribuição do risco" (alínea f)), "modifiquem os critérios de

[251] Para algumas ilustrações jurisprudenciais de cláusulas abrangidas pelo art. 21º da LCCG, vide o Acórdão do STJ de 3-XII-1998 (Armando Lourenço), sobre condições gerais de utilização de cartões de crédito (in: VI CJ/STJ (1998), III, 140-145); o Acórdão do STJ de 17-VI-1999 (Abílio de Vasconcelos), sobre condições gerais de utilização de cartões de crédito (in: VII CJ/STJ (1999), II, 148-150); o Acórdão do STJ de 19-XI-2002 (Azevedo Ramos), sobre condições gerais de utilização de cartão eurocheque (in: X CJ/STJ (2002), III, 135-139); o Acórdão do STJ de 19-IX-2006 (Moreira Camilo), a propósito de contrato de aluguer de longa duração (in: XIV CJ/STJ (2006), III, 59-63); o Acórdão da RL de 9-VI-1994 (Flores Ribeiro), a propósito de contratos predispostos por empresa bancária relativos à utilização de eurocheques (in: XIX CJ (1994), III, 107-109); e o Acórdão da RL de 8-XI-2007 (Carla Mendes), sobre condições gerais de serviço de "internet" (in: XXXII CJ (2007), V, 84-87).

repartição do ónus da prova ou restrinjam a utilização de meios probatórios legalmente admitidos" (alínea g)), ou "excluam ou limitem de antemão a possibilidade de requerer tutela judicial para situações litigiosas que surjam entre os contratantes ou prevejam modalidades de arbitragem que não assegurem as garantias de procedimento estabelecidas na lei" (alínea h)). Trata-se agora de prevenir que a posição do consumidor possa ser afetada por expedientes destinados a diminuir as suas garantias, seja através de uma redistribuição do risco contratual, do risco em sede probatória ou ainda do risco em sede de resolução de conflitos.

IX. As *cláusulas relativamente proibidas*, cujo elenco consta do art. 22º, nº 1 da LCCG, podem também ser ordenadas funcionalmente em vários grupos: cláusulas relativas à duração, vigência e termo do contrato, cláusulas relativas ao cumprimento do contrato, cláusulas relativas ao preço, e cláusulas relativas a matérias heterogéneas.[252]

Um primeiro grupo é composto por cláusulas relativas à *duração, vigência e termo contratuais*: aqui se incluem as que "prevejam prazos excessivos para a vigência do contrato ou para a sua denúncia" (alínea a)), "permitam, a quem as predisponha, denunciar livremente o contrato, sem pré-aviso adequado, ou resolvê-lo sem motivo justificativo, fundado na lei ou em convenção" (alínea b)), "atribuam a quem as predisponha o direito de alterar unilateralmente os termos do contrato, exceto se existir razão atendível que as partes tenham convencionado" (alínea c); cf., todavia, o nº 2), "imponham a renovação automática de contratos através do silêncio da contraparte, sem-

[252] Para ilustrações jurisprudenciais de cláusulas proibidas pelo art. 22º da LCCG, vide o Acórdão do STJ de 6-VI-1993 (Figueiredo de Sousa), a propósito de contrato de empresa de fornecimento de gás, que também incluía cláusulas proibidas pelo art. 18º, a) a d) da LCCG (in: 427 BMJ (1993), 509-515); o Acórdão do STJ de 23-XI-1999 (Garcia Marques), a propósito de cláusulas de livre denúncia em contratos bancários de cartão de débito (in: 491 BMJ (1999), 241-257); o Acórdão do STJ de 19-IX-2006 (Moreira Camilo), a propósito de contrato de aluguer de longa duração (in: XIV CJ/STJ (2006), III, 59-63); o Acórdão do STJ de 17-V-2007 (Oliveira Rocha), relativo a cláusula de livre denúncia inserta em contrato de utilização de cartão bancário (in: XV CJ/STJ (2007), II, 77-80); e o Acórdão da RL de 27-II--2003 (R. Ribeiro Coelho), relativo a cláusula de livre redução e resolução em contrato de seguro (in: XXVIII CJ (2003), I, 118-122).

pre que a data limite fixada para a manifestação de vontade contrária a essa renovação se encontre excessivamente distante do termo do contrato" (alínea h)), ou "confiram a uma das partes o direito de pôr termo a um contrato de duração indeterminada, sem pré-aviso razoável, exceto nos casos em que estejam presentes razões sérias capazes de justificar semelhante atitude" (alínea i)).

Um segundo grupo é constituído por cláusulas relativas ao *cumprimento contratual*: aqui se abrangem as cláusulas que "afastem, injustificadamente, as regras relativas ao cumprimento defeituoso ou aos prazos para o exercício de direitos emergentes dos vícios da prestação" (alínea g)), "imponham antecipações de cumprimento exageradas" (alínea l)), ou "fixem locais, horários ou modos de cumprimento despropositados ou inconvenientes" (alínea n)).

Um terceiro conjunto é representado por cláusulas relativas ao *preço*: aqui se abrangem as cláusulas que "estipulem a fixação do preço de bens na data da entrega, sem que se dê à contraparte o direito de resolver o contrato, se o preço final for excessivamente elevado em relação ao valor subjacente às negociações" (alínea d)), "permitam elevações de preços, em contratos de prestações sucessivas, dentro de prazos manifestamente curtos, ou, para além desse limite, elevações exageradas, sem prejuízo do que dispõe o artigo 437º do Código Civil" (alínea e); cf., todavia, os nºs 3 e 4), e "impeçam a denúncia imediata do contrato quando as elevações dos preços a justifiquem" (alínea f)).

Por fim, uma última categoria residual respeita a cláusulas com *finalidades heterogéneas*: são exemplos as cláusulas que "impeçam, injustificadamente, reparações ou fornecimentos por terceiros" (alínea j)), "estabeleçam garantias demasiado elevadas ou excessivamente onerosas em face do valor a assegurar" (alínea m)), ou "exijam, para a prática de atos na vigência do contrato, formalidades que a lei não prevê ou vinculem as partes a comportamentos supérfluos, para o exercício dos seus direitos contratuais" (alínea o)).[253]

[253] Um exemplo recente do relevo prático destas cláusulas são as chamadas *"cláusulas de fidelização"* do consumidor, consistentes na previsão de um período contratual mínimo ("período de fidelização") nos contratos de consumo duradouros ou sem termo (art. 8º, nº 1, h) da LDC, art. 4º, nº 1, q) da LCCD, art. 48º, nº 3 da Lei nº 5/2004, de 10 de fevereiro). Cf.

X. A terminar, vai ainda a tempo de advertir para dois aspetos complementares, mas importantes, do regime das cláusulas contratuais gerais com reflexos na disciplina da contratação de consumo. O primeiro diz respeito à *relevância das "listas negras" relativas aos contratos celebrados entre empresários*. É consabido que a LCCG repousa numa distinção fundamental entre duas categorias de cláusulas proibidas, assente no critério do "status" das partes contratantes: cláusulas relativas a "relações entre empresários ou entidades equiparadas" (arts. 17º a 19º da LCCG) e cláusulas relativas a "relações com consumidores finais" (arts. 20º a 22º da LCCG): ora, por força da parte final do art. 20º da LCCG (que considera ainda aplicáveis "as proibições constantes das seções anteriores"), será também vedada a inclusão nos contratos de consumo das cláusulas proibidas constantes dos elencos dos arts. 18º e 19º da LCCG[254]. O segundo aspeto prende-se com a relevância do controlo legal *ao nível da própria formação* dos contratos de consumo, que não apenas do seu conteúdo. As cláusulas contratuais gerais constituem meros modelos contratuais padronizados e uniformes que, sendo pré-elaborados para uma pluralidade indeterminada de contratos, apenas adquirem relevância jurídica se, e a partir do momento em que, são inseridas em contratos de adesão singulares e concretos, mediante a aceitação ou adesão do destinatário. Ora, justamente para assegurar a proteção do aderente logo na fase pré-contratual e de formação contratual, o legislador previu uma disciplina especial que fez depender a inserção das cláusulas contratuais gerais nos contratos singulares de um dever de comunicação ao

Carvalho, J. Morais, *Período de Fidelização*, in: AAVV, "I Congresso de Direito do Consumo", 51-72, Almedina, Coimbra, 2016; na jurisprudência, Acórdão do STJ de 14-XI-2013 (João Trindade), in: XXI CJ/STJ (2013), III, 131-135.

[254] A justificação para tal perímetro alargado de aplicação prende-se essencialmente com a natureza mais débil dos aderentes, que aqui são consumidores, e não empresários ou profissionais liberais agindo nessa qualidade. Atentas as necessidades acrescidas de proteção neste caso, compreende-se que às proibições específicas previstas na lei se aditem, "ad fortiori", as proibições relativas aos casos em que o aderente é um empresário ou profissional liberal – as quais acabam assim por funcionar como uma espécie de *mínimo denominador comum* para a utilização de cláusulas contratuais gerais em qualquer tipo de contrato de adesão. Cf. também Costa, M. Almeida, *Síntese do Regime Jurídico Vigente das Cláusulas Contratuais Gerais*, 25, 2ª edição, UCP Editora, Lisboa, 1999.

aderente dessas cláusulas (art. 5º da LCCG), de um dever de informação sobre o alcance destas (art. 6º da LCCG) e da inexistência de cláusulas contratuais particulares prevalentes (art. 7º da LCCG): a inobservância destes deveres é sancionada com a sua expurgação do contrato de adesão celebrado (art. 8º da LCCG), o qual, em princípio, subsistirá mediante o recurso às normas supletivas e integradoras gerais (art. 9º da LCCG).[255]

2. Práticas Comerciais Desleais

I. Do mesmo passo, constitui também marca distintiva da moderna contratação mercantil o recurso frequente dos empresários e profissionais – na desbragada ânsia de venderem os seus produtos e serviços, derrotarem os seus concorrentes, e maximizarem os seus lucros – a práticas comerciais suscetíveis de afetar a liberdade contratual dos consumidores: exibir marcas de confiança sem autorização necessária, promover a venda de um produto a preço inferior a fim de vender outro, criar a ilusão de ofertas gratuitas ou prémios associados ao ato da compra, envolver o consumidor em esquemas de pirâmide, e enviar-lhe bens ou serviços não encomendados, são apenas alguns exemplos por todos nós conhecidos dessas práticas comerciais desleais ("unfair commercial practices", "unlautere geschäftlichen Handlungen", "pratiques commerciales déloyales", "pratiche commerciali sleale").[256]

[255] Sublinhe-se a diversidade das consequências no plano da formação e do conteúdo negociais: ao passo que as cláusulas que envolvam a violação das regras de inserção contratual são sancionadas com a sua *exclusão* do contrato, considerando-se liminarmente expurgadas do acordo e não produzindo quaisquer efeitos jurídicos, as cláusulas que envolvem a violação de regras relativas ao conteúdo do contrato (cláusulas contratuais "proibidas" ou abusivas: cf. arts. 15º e segs. da LCCG) são feridas de *nulidade*, o que significa que, embora inválidas, não deixam de produzir efeitos práticos até à eventual declaração da sua nulidade.

[256] Sobre tais práticas e a tutela do consumidor, vide entre nós CARDOSO, Elionora, *As Práticas Comerciais Desleais: Uma Proteção nas Relações com os Consumidores ou uma Limitação à Livre Concorrência e à Liberdade Contratual?*, Diss., Lisboa, 2014; CARVALHO, J. Morais, *Práticas Comerciais Desleais das Empresas Face aos Consumidores*, in: III RDS (2011), 187-219; LEITÃO, L. Menezes, *As Práticas Comerciais Desleais nas Relações de Consumo*, in: "Liber Amicorum Mário Frota", 369-386, Almedina, Coimbra, 2012; LIZ, J. Pegado, *Práticas Comerciais Desleais*, in: IV EIDC (2014), 79-141; OLIVEIRA, E. Dias, *Práticas Comerciais Proibidas*, in: III EIDC (2006), 147-173; SIMÃO, J. Carita, *A Repressão das Práticas Comerciais Desleais das Empresas face aos Consumidores*,

II. Tradicionalmente, a repressão destas práticas foi obtida exclusivamente através do instituto da concorrência desleal. Esta situação, todavia, mostrava-se duplamente insatisfatória: por um lado, este instituto visa classicamente a proteção dos interesses das empresas concorrentes e dos interesses gerais de organização do mercado, só reflexamente tutelando os interesses dos consumidores lesados por atos de concorrência desleal; por outro lado, as legislações nacionais em matéria de práticas comerciais desleais exibem diferenças significativas, criando assim um complexo mosaico regulatório no âmbito das relações comerciais transfronteiriças entre empresas e consumidores. A fim de colmatar esta lacuna, o legislador português – sob a batuta direta do legislador comunitário (Diretiva 2005/29/CE, de 11 de maio)[257] – instituiu um regime jurídico específico em matéria de *práticas comerciais desleais nas relações das empresas com os consumidores:* falamos da "Lei das Práticas Comerciais Desleais" (LPCD), aprovada pelo Decreto-Lei nº 57/2008, de 26 de março. De entre os múltiplos aspetos a salientar, destaque-se a vocação genérica do regime legal, a proibição geral de práticas comerciais desleais e a previsão das modalidades principais dessas práticas.

III. Relativamente ao seu âmbito de aplicação, merece ser desde logo sublinhada a *vocação genérica do regime legal.* Com efeito, como logo no seu preceito inaugural se esclarece expressamente, o referido regime é "aplicável às práticas comerciais desleais das empresas nas relações com os consumidores, ocorridas antes, durante ou após uma transação comercial relativa a um bem ou serviço (...)" (art. 1º da LPCD). Tal significa que o regime proibitivo legal das práticas

in: 4 RDS (2012), 1009-1045. Noutros quadrantes, vide MINERVINI, Enrico/ CARLEO, Liliana, *Le Pratiche Commerciali Sleali,* Giuffrè, Milano, 2007; GUERINONI, Ezio, *Pratiche Commerciali Scorrette,* Giuffrè, Milano, 2010; SCHMIDTKE, Stefan, *Unlautere geschäftliche Handlungen bei und nach Vertragsschluss,* H. Utz Verlag, München, 2011.

[257] Sobre esta Diretiva, relativa às práticas comerciais desleais das empresas face aos consumidores no mercado interno, vide MARTINS, A. Soveral, *A Transposição da Directiva sobre Práticas Comerciais Desleais (Directiva 2005/29/CE) em Portugal pelo Decreto-Lei nº 57/2008, de 26 de março,* in: AAVV, "Estudos em Homenagem ao Prof. Doutor Carlos Ferreira de Almeida", vol. I, 569-585, Almedina, Coimbra, 2011; mais desenvolvimentos em KOLB, Stefan, *Die Übergangsregelung der Richtlinie über unlautere Geschäftspraktiken,* Mohr Siebeck, Tübingen, 2016.

comerciais desleais (art. 4º da LPCD), longe de se confinar ao conteúdo dos contratos de consumo, vale tendencialmente para a totalidade do espetro das relações jusnegociais entabuladas entre empresas e consumidores, abrangendo indistintamente negócios jurídicos bilaterais (contratos) ou unilaterais e indo desde o plano da negociação e da formação negociais até ao do cumprimento e dos efeitos pós-contratuais. Nesta oportunidade, concentramo-nos exclusivamente naquelas disposições legais que, com vista a proteger o consumidor nas suas relações com as empresas, funcionam como limitações ao conteúdo dos contratos comerciais celebrados entre ambos.[258]

IV. Relativamente à *cláusula geral de proibição de práticas comerciais desleais* (art. 4º da LPCD), são três os pressupostos essenciais: a existência de um contrato de consumo – "rectius", de uma relação jurídica de consumo entre um empresário/profissional e um consumidor –, a existência de uma prática comercial – ou seja, qualquer conduta ativa ou omissiva do empresário/profissional relacionada diretamente com a promoção, a venda ou o fornecimento de um bem ou serviço ao consumidor (art. 3º, d) da LPCD) –, e a natureza desleal dessa prática – decorrente da sua desconformidade com o padrão de competência especializada e de cuidado que se pode razoavelmente esperar daquele nas suas relações com este, avaliado de acordo com a prática honesta de mercado e/ou com o princípio geral de boa fé no âmbito da atividade profissional ("conformidade à diligência profissional": cf. arts. 3º, h) e 5º, nº 1 da LPCD)[259] e da distorção ou suscetibilidade de distorção substancial do comportamento económico do consumidor seu destinatário relativamente a certo bem ou serviço, conduzindo-o a tomar uma decisão de transação que não teria tomado de outro modo ("distorção do comportamento do consumidor": cf. arts. 3º, e) e 5º, nº 1 da LPCD).[260]

[258] Sobre o relevo destas normas no plano da negociação e da formação contratuais, em particular dos deveres pré-contratuais de informação, vide já *supra* § 17-1.

[259] LUCHETTI, Luca, *Pratiche Commerciale Sleali e Diligenza Professionale: Profili Comparatistici e Diritto Europeo*, Diss., Macerata, 2012.

[260] RODRIGUES, H. Rigor, *A Cláusula Geral das Práticas Comerciais Desleais das Empresas face aos Consumidores*, in: 758 JusN (2009), 1-27. Tão relevante quanto problemático, para estes

V. Finalmente, importa ainda referir a distinção legal entre duas *modalidades específicas* de práticas comerciais desleais: as práticas enganosas e as práticas agressivas (art. 6º da LPCD).[261]

VI. Em termos gerais, são consideradas *enganosas* as práticas comerciais adotadas por uma empresa nas suas relações negociais com os consumidores dos respetivos bens e serviços que, *veiculando informações suscetíveis de induzir em erro ou omitindo informações substanciais para uma decisão negocial esclarecida*, conduzem ou são suscetíveis de conduzir um consumidor a tomar a decisão de celebrar um contrato que este não teria tomado de outro modo (arts. 7º, nº 1 e 9º, nº 1, a) da LPCD).[262]

Desta cláusula geral decorrem assim *limitações positivas e negativas* ao conteúdo dos contratos de consumo: o clausulado contratual deve (positivamente) fazer menção expressa, e (negativamente) não conter informação inverídica ou falaz, relativamente aos vários aspetos substanciais da relação negocial estabelecida (v.g., caraterísticas do bem ou serviço, seus riscos, seus acessórios, entrega, garantias de conformidade, preço e respetiva forma de cálculo, serviços pós-venda, obrigações da empresa, direitos do consumidor, etc.)[263]. Mas o

efeitos, é o conceito de "consumidor médio", enquanto referente da aplicação das normas comunitárias e nacionais na matéria (art. 5º, nº 2 da LPCD): cf. Krüger, M. Gálvez, *O Consumidor de Referência para Avaliar a Deslealdade da Publicidade e de Outras Práticas Comerciais,* in: AAVV, "Estudos em Homenagem ao Prof. Doutor Carlos Ferreira de Almeida", vol. I, 521-548, Almedina, Coimbra, 2011.

[261] Tal significa dizer que, ao lado da cláusula geral das práticas comerciais desleais, o legislador previu e regulou as modalidades especiais mais comuns dessas práticas – as quais, por seu turno, são também reguladas através de uma cláusula geral (arts. 7º e 11º da LPCD) e um elenco casuístico (arts. 8º e 12º da LPCD). Sublinhe-se que, ao lado das duas referidas no texto, a lei previu ainda uma terceira: as práticas contra *consumidores particularmente vulneráveis* (art. 6º, a) da LPCD) (cf. Rodrigues, H. Rigor, *A Proteção dos Consumidores Particularmente Vulneráveis nas Práticas Comerciais Desleais,* in: 56 RPDC (2008), 83-118).

[262] Sobre a figura, Lok, K. Long, *A Tutela dos Consumidores nas Publicidades Enganosas,* esp. 429 e ss., in: 12 EDC (2017), 423-453.

[263] Retenha-se ainda o disposto no art. 10º, que contém um elenco dos aspetos negociais que devem necessariamente acompanhar a proposta contratual ou convite a contratar, tais como as caraterísticas principais do bem ou serviço, o endereço geográfico, a identidade do empresário e sua designação comercial, o preço (incluindo impostos e taxas) ou o modo como é

legislador foi mais longe, consagrando expressamente uma *"lista negra"* de práticas negociais enganosas, de caráter meramente exemplificativo: são assim proibidas e inválidas, entre outras, as cláusulas ou condutas que proponham ao consumidor-comprador a aquisição de determinado bem ou serviço, seguidas de alteração do preço respetivo, apresentação de amostra defeituosa ou recusa de fornecimento do mesmo, com a intenção de promover um bem ou serviço diferente ("isco-troca": cf. art. 8º, f)); que envolvam o consumidor-comprador num sistema de promoção em que aquele dá a sua própria contribuição em troca da possibilidade de receber uma contrapartida que decorra essencialmente da entrada de outros consumidores no sistema (vendas em "pirâmide": cf. art. 8º, r)); ou que apresente como caraterística distintiva da oferta do bem ou serviço vendido direitos do consumidor previstos na lei (art. 8º, m), todos da LPCD).[264]

VII. Por seu turno, são reputadas *agressivas* as práticas comerciais adotadas por uma empresa nas suas relações negociais com os consumidores dos respetivos bens e serviços que, *limitando ou sendo suscetíveis de limitar significativamente a liberdade de escolha destes devido a assédio, coação ou influência indevida*, conduzam ou sejam suscetíveis de conduzir um consumidor a tomar uma decisão de celebração contratual que não teria tomado de outro modo (art. 11º, nº 1 da LPCD).[265]

Sem dúvida que a grande maioria das situações abrangidas por tal cláusula geral, bem assim como pela *"lista negra"* exemplificativa prevista no art. 12º, dirá respeito ao processo de negociação e for-

calculado (bem como, se for caso disso, todos os custos suplementares de transporte, expedição, entrega e serviços postais), as modalidades de pagamento, de expedição ou de execução e o mecanismo de tratamento das reclamações, ou existência dos direitos de resolução ou de anulação, qualquer que seja a denominação utilizada, sempre que resultem da lei ou do contrato.

[264] Considerando que as práticas comerciais desleais podem fundamentar a recusa de registo de direitos privativos de propriedade industrial, mormente marcas (art. 304º, nº 1, e) do CPI), vide LEITÃO, A. Menezes, *Práticas Comerciais Desleais como Impedimentos à Outorga de Direitos Industriais,* 562 e ss., in: AAVV, "Estudos em Homenagem ao Prof. Doutor Carlos Ferreira de Almeida", vol. I, 547-567, Almedina, Coimbra, 2011.

[265] Sobre a figura, vide desenvolvidamente CARUSO, M. Adalgisa, *Pratiche Commerciali Agresive,* Cedam, Padova, 2010.

mação contratual, não se projetando desse modo, a não ser ocasional ou reflexamente, no teor dos contratos de consumo propriamente dito: assim, por exemplo, o TJUE qualificou recentemente como prática desleal agressiva a comercialização de cartões SIM que contêm serviços pré-instalados e previamente ativados, sempre que os consumidores não hajam sido informados previamente dessas condições[266]. Não obstante, a proibição legal da agressividade comercial não é totalmente inócua da perspetiva do conteúdo contratual: pense-se, por exemplo, na imposição contratual de uma obrigação a cargo de um tomador de seguro, que pretenda solicitar a liquidação do sinistro, de apresentar documentação irrelevante, designadamente com o fito de o dissuadir do exercício dos seus direitos contratuais (art. 12º, d) da LPCD; cf. ainda os arts. 3º e 19º, nº 2 da LCS).

VIII. Tanto as práticas enganosas como agressivas, para além de outras consequências de ordem vária – designadamente, a eventual responsabilização civil (art. 15º) e contraordenacional (art. 21º) do empresário –, podem dar origem à *invalidade* do contrato de consumo: nos termos da lei, "os contratos celebrados sob a influência de alguma prática comercial desleal são anuláveis a pedido do consumidor, nos termos gerais do artigo 287º do Código Civil" (art. 14º, nº 1). Esta invalidade, todavia, poderá não ter lugar por vontade do próprio consumidor, que poderá optar alternativamente, seja por uma modificação dos termos contratuais realizada segundo juízos de equidade (art. 14º, nº 2), seja pela manutenção do contrato expurgado da cláusula ou cláusulas inválidas (art. 14º, nº 3, todos da LPCD).[267]

[266] Acórdão do TJUE de 13-VII-2018 (*"Autorità Garante della Concorrenza e del Mercato" c. "Wind Tre SpA" e "Vodafone Italia Sp"*), in: ECLI: EU:C:2018:710.

[267] Saliente-se, todavia, que o Acórdão do TJUE de 19-IX-2018 (*"Bankia SA v. Juan Carlos Marí e Outros"*) veio considerar que as legislações nacionais dos Estados membros não estão impedidas de proibir que a validade de título executivo seja fiscalizada, oficiosamente ou a pedido das partes, à luz da existência de práticas comerciais desleais (in: ECLI: EU:C:2018:735).

§20
Efeitos

I. Os contratos de consumo exibem também um conjunto de particularidades no plano dos respetivos *efeitos*: essas particularidades podem ser encontradas tanto nas obrigações contratuais do empresário/profissional (com particular destaque para o conceito de conformidade com o contrato) quanto nas do próprio consumidor (com destaque para o preço).

II. Tradicionalmente, o cumprimento dos contratos reconduz-se exclusivamente à realização, pelo contraente devedor, da prestação de coisa ou de facto a que este se obrigou (art. 762º, nº 1 do CCivil): transposta esta doutrina clássica para os contratos de consumo, tal significaria dizer que o cumprimento contratual se esgota essencialmente na realização da prestação do empresário ou profissional (fornecimento do bem, prestação do serviço ou transmissão do direito) nas condições de lugar (arts. 772º e segs. do CCivil) e de tempo (arts. 777º e segs. do CCivil) decorrentes de acordo das partes ou disposição especial na lei. Tal visão tradicional revela-se inidónea para assegurar um nível de proteção suficientemente elevado ao consumidor, já que fragmenta essa proteção em caso de incumprimento da prestação debitória ("maxime", a garantia da sua qualidade) por uma complexa plêiade de mecanismos de reação (erro sobre o objeto negocial, venda de coisas oneradas e defeituosas: cf. arts. 251º, 905º e segs., 913º e segs. do CCivil), impede aquele de exigir a reparação ou substituição dos bens defeituosos nos casos em que o vendedor desconhece sem culpa o defeito, e sujeita-o a um ónus de verificação das qualidades desses bens. Daí que existam múltiplas especialidades no âmbito da contratação de consumo.

1. Conformidade com o Contrato

I. Desde logo, ao arrepio desta doutrina clássica, o regime do cumprimento dos contratos de consumo encontra hoje o seu centro de gravidade regulatório no conceito de *conformidade com o contrato*, segundo o qual os bens, serviços ou direitos objeto de determinado contrato devem possuir as caraterísticas acordadas pelos contraentes (qualidade, quantidade, tipo, etc.), servir as finalidades específicas a que se destinam e ser funcionalmente adequados às utilizações habituais de bens ou serviços idênticos ("conformity with the contract", "Vertragsmässigkeit", "conformité au contrat").

II. Tal conceito – que constitui crescentemente um elemento caraterístico da contratação mercantil em geral[268] e que ecoa já essencialmente no direito à qualidade dos consumidores (art. 4º da LDC)[269] – foi expressamente acolhido pelo art. 2º da LVBC, que dispõe que "o vendedor tem o dever de entregar ao consumidor bens que sejam conformes com o contrato de compra e venda", consagrando assim uma noção lata e uniforme de incumprimento que confere uma acrescida proteção ao consumidor[270]. Isto significa também dizer que, para o mais clássico dos contratos civis (art. 874º do CCivil) e comerciais (art. 463º do CCom), o legislador português adotou uma *conceção lata e uniforme de incumprimento*, unificando debaixo de um conceito e um regime comuns aquilo que até então se encontrara disperso por uma variedade de noções ("defeito", "vício", "falta de qualidade"), regimes (cumprimento defeituoso, venda de coisas defeituosas e oneradas, erro sobre o objeto negocial) e preceitos jurídicos distintos (mormente, arts. 251º, 799º, nº 1, 905º, 913º, e 1218º do CCivil).[271]

[268] Sobre o relevo deste conceito nos contratos comerciais em geral, vide ANTUNES, J. Engrácia, *Direito dos Contratos Comerciais,* 250 e ss., reimpressão, Almedina, Coimbra, 2017.

[269] Sobre o direito à qualidade dos bens de consumo, enquanto bens dotados de uma aptidão ou adequação funcional apreciada segundo as "legítimas expetativas do consumidor", vide *supra* § 10-3. Sem prejuízo da sua eventual relevância ou inter-relações nos casos concretos, advirta-se que aquele conceito não se confunde com a exigência prevista na lei de uma "declaração de conformidade" dos fabricantes dos produtos na respetiva colocação de mercado, bem como de outros operadores económicos intervenientes no posterior circuito comercial (v.g., art. 18º do Decreto-Lei nº 57/2017, de 9 de junho). Cf. Acórdão da RL de 25-X-2017 (RAMOS DE ALMEIDA), in: www.dgsi.pt.

[270] Sobre a noção e os critérios legais da conformidade contratual nas vendas de bens de consumo, vide *infra* § 23.

[271] Neste sentido, especialmente para os contratos de consumo, vide ALMEIDA, C. Ferreira, *Direito do Consumo,* 165 e ss., Almedina, Coimbra, 2005; SILVA, J. Calvão, *Compra e Venda de Coisas Defeituosas – Conformidade e Segurança,* 102, Almedina, Coimbra, 2001.

III. Para além desta significativa evolução em termos dogmáticos, são igualmente evidentes os seus *efeitos práticos*. Ao passo que no regime clássico do cumprimento a proteção do comprador se encontrava espartilhada por um intrincado feixe de mecanismos diferenciados consoante a coisa comprada padecesse de vícios materiais ou jurídicos, agora aquela é obtida de forma simples e unitária a partir do momento em que a coisa vendida apenas é conforme ao contrato se for entregue ao comprador sem qualquer limitação física, jurídica ou outra; e ao passo que o regime clássico do cumprimento se pautava pelo princípio "caveat emptor" (o comprador que se acautele), o regime assente na conformidade com o contrato inverte uma teleologia normativa centenária, que agora se inspira antes na máxima "caveat venditor" (o vendedor que se cuide)[272]. A falta de conformidade da prestação debitória com o contrato investe o consumidor afetado ("maxime", o comprador) numa série de medidas de tutela, que consistem essencialmente, ressalvadas algumas "nuances", num direito à reparação e substituição do bem desconforme, à redução do preço ou à resolução do contrato (arts. 45º e segs. da Convenção de Viena, art. 3º da Diretiva 1999/44/CE, art. 4º da LVBC), cumulativamente com uma indemnização por perdas e danos (arts. 74º e segs. da Convenção de Viena, art. 12º, nº 1 da LDC, na redação que lhe foi dada pelo Decreto-Lei nº 67/2003, de 8 de abril).[273]

[272] Segundo Lord Steyn, no caso *"Slater v. Finning"* (1997), "a mudança do «caveat emptor» para o «caveat venditor» constitui uma caraterística notável do desenvolvimento do Direito Comercial" (cf. Bradgate, Robert, *Commercial Law*, 300, 3rd edition, Butterworths, London, 2000). Sobre o ponto, vide ainda, entre nós, Leitão, L. Menezes, *Caveat Venditor? A Directiva 1999/44/CE do Conselho e do Parlamento Europeu sobre a Venda de Bens de Consumo e Garantias Associadas e Suas Implicações no Regime Jurídico do Contrato de Compra e Venda*, in: AAVV, "Estudos em Homenagem ao Prof. Doutor I. Galvão Telles", vol. I, 263-303, Almedina, Coimbra, 2002.

[273] Cf. respetivamente Herber, Rolf, *The Rules of Convention Relating to Buyer's Remedies in Cases of Breach of Contract*, especialmente 114 e ss., in: AAVV, "Problems of Unification of International Sales Law", 104-129, Oceana, New York/ London/ Rome, 1980; Pinto, P. Mota, *Conformidade e Garantias na Venda de Bens de Consumo. A Directiva 1999/44/CE e o Direito Português*, 252 e ss., in: 2 EDC (2000), 197-331; Leitão, L. Menezes, *O Novo Regime da Venda de Bens de Consumo*, 57 e ss., in: II EIDC (2005) 37-73.

2. Boa Fé

I. Pese embora tratar-se de um mandamento geral do cumprimento contratual (art. 762º, nº 2 do CCivil), importa salientar que a *boa fé* na realização da prestação contratual foi objeto de uma consagração especial no âmbito dos contratos de consumo. Assim, para além da sua previsão em pleno âmago dos direitos fundamentais dos consumidores (art. 9º, nº 1 do LDC) e do padrão de conduta contratual das suas contrapartes empresariais (art. 3º, h) da LPCD), ela aflora expressamente no regime legal dos contratos à distância (art. 5º, nº 1 da LCCD) e dos contratos de serviços públicos essenciais (art. 3º da LSPE).[274]

II. Repare-se, todavia, que essa exigência de boa-fé não é exclusiva, nem da execução dos contratos de consumo – assumindo naturalmente um inegável relevo na fase da sua negociação e formação –[275], nem do cumprimento do empresário ou profissional – a ela se encontrando também submetidos os consumidores (que a violarão, por exemplo, ao celebrarem o contrato com o único propósito de utilizar e devolver posteriormente o bem dentro do prazo legal de exercício do direito de desistência).[276]

3. Lugar e Prazo da Prestação

I. Cumpre ainda chamar a atenção para algumas particularidades do regime do lugar e prazo da prestação do empresário ou profissional. Quanto ao *lugar da prestação*, esta realiza-se usualmente no estabelecimento comercial deste (art. 773º do CCivil), sem prejuízo da existência de certas regras especiais (mormente, no caso dos contratos eletrónicos B2C e contratos de prestação de serviços públicos essenciais).

[274] CALDEIRA, Mirella, *A Boa-Fé Objetiva como Princípio Norteador das Relações de Consumo,* in: 2 RFCUM (2005), 193-217; JÚNIOR, R. Rosado, *A Boa-Fé na Relação de Consumo,* in: 14 RDCons (1995), 20-27.

[275] MONSALVE-CABALLERO, Vladimir/ RODADO-BARRETO, D. Paola, *La Integración de la Buena Fé Objectiva en la Formación de los Contratos de Consumo,* in: 122 RVn (2011), 483-517.

[276] Sobre o abuso do direito no domínio jusconsumerista, vide *supra* § 9-5.

II. Já quanto ao *tempo da prestação*, importa advertir para o regime especial previsto no art. 9º-B da LDC, o qual prevê que o empresário ou profissional deve entregar os bens na data ou dentro do período fixado pelo consumidor (art. 9º-B, nº 1) ou, na falta dessa fixação, sem demora injustificada até ao prazo máximo de 30 dias após a celebração do contrato (art. 9º-B, nº 2), sob pena de o consumidor poder resolver o contrato. Esse direito de resolução pode ser exercido após o decurso de prazo adicional fixado pelo consumidor (art. 9º-B, nºs 4 e 5) ou de imediato, caso o empresário se recuse a entregar os bens ou se se tratar de prazo essencial (art. 9º-B, nº 6), ficando este obrigado à restituição da totalidade do montante pago por aquele no prazo de 14 dias (art. 9º-B, nº 7) ou, em caso de incumprimento, à devolução em dobro do montante pago, sem prejuízo de eventual indemnização por danos patrimoniais e não patrimoniais (art. 9º-B, nº 8, todos da LDC).

4. Preço

I. Se os contratos de consumo têm como efeito principal, do ponto de vista do empresário/profissional, a prestação de um bem, serviço ou direito em conformidade com o contrato, eles encontram-no, do ponto de vista do consumidor, no *pagamento de um preço*. O preço dos produtos e serviços constitui um elemento essencial e estratégico dos contratos de consumo, sendo objeto de importantes regras em matéria da sua existência, modalidades, indicação, fixação e pagamento.

II. Desde logo, sendo um elemento natural, o preço não é um elemento contratual necessário, podendo existir contratos de consumo *gratuitos*. Estes podem ser contratos gratuitos puros – em que o bem ou serviço é oferecido ao consumidor sem qualquer obrigação ou contrapartida (o que, todavia, pode integrar uma prática comercial desleal: cf. art. 8º, z) da LPCD)[277] – e contratos gratuitos impuros ou híbridos – como sucede na oferta de bens ou serviços em contra-

[277] A oferta gratuita de bens e serviços de consumo, "maxime" em campanhas de divulgação de empresas ou produtos, está vedada em certos bens (v.g., tabaco: cf. art. 16º da Lei nº 37/2007, de 14 de agosto), não se confundindo com a prestação de bens ou serviços não

tos onerosos, seja no âmbito da celebração destes (em que ao consumidor é oferecido um ou mais bens a título gratuito, v.g., brindes, "pague dois, leve três") (cf. ainda Decreto-Lei nº 291/2001, de 20 de novembro, relativo à comercialização de géneros alimentícios com brinde)[278], seja na sequência ou em consequência dessa mesma celebração (v.g., acumulação de pontos em cartões de fidelização, prémios de concursos ou sorteios: cf. art. 8º, x) da LPCD).[279]

III. Por outro lado, tenha-se presente que nem sempre o "preço" nos contratos de consumo consistirá necessariamente numa obrigação de prestação de uma quantia em dinheiro por parte do consumidor, podendo ainda ser relevantes outros *tipos de contraprestações com valor pecuniário ou patrimonial.* Tal poderá ser o caso de um número crescente de negócios ou relações jurídicas (especialmente, no domínio do comércio eletrónico) nos quais os bens são fornecidos ou os serviços são prestados ao consumidor em contrapartida da mera disponibilização por este último à empresa fornecedora ou prestadora dos seus *dados pessoais*: com efeito, tenha-se presente que os dados pessoais, que permitem identificar os consumidores e cujos armazenamento e tratamento automatizado podem fornecer modelos algorítmicos para a determinação das classes, preferências e tendências dos consumidores ("big data"), se transformaram hoje num bem transacionável de enorme valor económico[280]. O seu relevo jurídico

solicitados, que visam a conclusão de contratos onerosos (art. 9º, nº 4 da LDC, art. 12º, f) da LPCD).

[278] Cf. Carvalho, J. Morais, *Reflexão em Torno dos Contratos Promocionais com Objeto Plural,* in: "Estudos em Homenagem ao Prof. Doutor C. Ferreira de Almeida", vol. I, 499-520, Almedina, Coimbra, 2011. Os contratos promocionais que ofereçam bens de natureza diferente (v.g., oferta de um eletrodoméstico na adesão aos serviços de uma empresa) não se confundem com os *contratos ligados*, pois naqueles existe apenas um único contrato oneroso com um objeto misto, ao passo que nestes existem dois ou mais contratos autónomos com um objeto próprio, ligados entre si por um vínculo de subordinação. Sobre esta última figura, vide *supra* § 13-3.

[279] Duarte, P. Mendonça, *Concurso com Atribuição de Prémio "Para a Melhor Frase" – Incumprimento do Promitente*, in: AAVV, "Conflitos de Consumo", 211-213, Almedina, Coimbra, 2006.

[280] Sobre o relevo dos dados pessoais nas relações comerciais e de consumo, De Franceschi, Alberto/ Lehmann, Michael, *Data as Tradeable Commodity and New Measures for their Protection*, in: 1 ILJ (2017), 51-72; Lohsse, Sebastian/ Schulz, Reiner/ Staudenmayer, Dirk,

como modalidade de contraprestação é hoje indiscutível em sede geral e abstrata, muito embora a sua qualificação definitiva só possa ser realizada em concreto caso a caso, especialmente tendo em atenção a apertada malha regulatória relativa à recolha, circulação e tratamento dos dados pessoais (LPDP, Lei nº 41/2004, de 18 de agosto, Regulamento UE/2016/676, de 27 de abril).

IV. Particularmente relevante é a *informação* sobre o preço dos produtos e serviços, a qual representa, além de condição de transparência e livre concorrência na economia de mercado, um pressuposto fundamental do poder de autodeterminação dos consumidores. O diploma base é o Decreto-Lei nº 138/90, de 26 de abril, que estabelece a indicação obrigatória do preço dos bens nas vendas a retalho[281], devendo ainda ter-se presente que a falta de informação sobre o preço poderá constituir uma violação dos direitos do consumidor (art. 8º, nº 1 da LDC) e uma prática comercial desleal (arts. 9º, nº 1 e 10º, c) da LPCD), passíveis de sanções civis e contraordenacionais.

V. Destaque merece ainda o princípio geral de liberdade contratual da *fixação* do preço, o qual sofre, no domínio dos contratos de consumo, numerosas exceções legais. Tenha-se presente que existem preços máximos (v.g., medicamentos: cf. art. 8º do Decreto-Lei nº 97/2015, de 1 de junho) e preços fixos (v.g., livros: cf. Decreto-Lei 176/96, de 16 de setembro) de venda ao público de certos tipos de bens e serviços. Além disso, as vendas a retalho com redução de preço, visando escoar as existências, aumentar o volume de vendas, ou promover o lançamento de novos produtos, são objeto de uma regu-

Trading Data in the Digital Economy: Legal Concepts and Tools, Nomos, Baden-Baden, 2017; ZECH, Herbert, *Data as a Tradeable Commodity*, in: AAVV, "European Contract Law and the Digital Single Market", 51-79, Intersentia, Cambridge, 2016.

[281] A que acrescem depois abundantes normas especiais sobre determinados produtos e serviços, v.g. Portaria nº 99/91, de 2 de fevereiro (preços de serviços de reparação automóvel), Portaria nº 128/94, de 1 de março (preços de táxis), Portaria nº 297/98, de 13 de maio (preços de serviços médicos), Portaria nº 240/2000, de 3 de maio (honorários de advogados), Decreto-Lei nº 170/2005, de 10 de outubro (preços da gasolina), Decreto-Lei nº 65/2007, de 14 de março (preços de medicamentos sujeitos a receita médica), e Decreto-Lei nº 107/2017, de 30 de agosto (comissões bancárias).

lação própria com vista à proteção dos consumidores e do próprio mercado, que inclui regras especiais em matéria das modalidades de redução permitidas (saldos, promoções, liquidações) e da formação ("preços de referência") e informação ("afixação") dos preços dos bens ou serviços transacionados a preços reduzidos (Decreto-Lei nº 70/2007, de 26 de março).[282]

VI. Finalmente, no que diz respeito ao *pagamento* do preço, a regra geral é a de que as partes contratantes são livres de acordar o meio de pagamento (v.g., numerário, cartões de débito, cartões de crédito, cheques), sendo proibido, todavia, que o empresário/profissional cobre ou desconte qualquer valor adicional ao preço contratado em função do meio utilizado (cf. Decreto-Lei nº 3/2010, de 5 de janeiro, arts. 76º e segs. do RJSPME). Saliente-se que o comércio eletrónico, se veio por um lado criar novas modalidades de pagamento, por outro, e do mesmo passo, originou novos problemas: um deles é o chamado "wap billing", modalidade de pagamento de conteúdos digitais de entretenimento (v.g., jogos, músicas, vídeos, toques, fundos de ecrã), acessíveis a dispositivos móveis sem fios (v.g., "smartphones") por intermédio de protocolos de comunicação (WAP ou "Wireless Application Protocol"), que são faturados pelo prestador dos serviços de rede em nome e por conta da empresa fornecedora daqueles conteúdos.[283]

[282] São três os tipos ou modalidades relevantes das práticas comerciais com redução de preço: os *"saldos"*, que são vendas a preço reduzido com o objetivo de promover o escoamento acelerado das existências; as *"promoções"*, que são vendas a preço reduzido ou em condições mais vantajosas, com vista a promover a venda de determinados produtos, o lançamento de novos produtos, e o desenvolvimento da atividade comercial; e as *"liquidações"*, que são vendas com redução de preço que revestem um caráter excecional, resultantes de motivos que determinem a interrupção da atividade do estabelecimento e visando o escoamento acelerado da totalidade ou de parte das suas existências (art. 3º do Decreto-Lei nº 70/2007, de 26 de março). Cf. ainda Brito, P. Quelhas, *Promoção de Vendas e Comunicação de Preços*, Almedina, Coimbra, 2016.

[283] Falcão, Pedro, *Wap Billing: Problemas e Soluções*, in: 14 EDC (2018), 383-414.

§21
Extinção

I. Os contratos de consumo encontram-se sujeitos aos fundamentos ou causas gerais da extinção dos contratos e da cessação dos vínculos jurídicos deles emergentes (revogação, resolução, denúncia, caducidade), apresentando, todavia, algumas particularidades a merecer destaque especial.

1. Direito de Desistência

I. O traço mais emblemático da extinção dos contratos de consumo – senão mesmo do regime geral destes contratos no seu todo, tendo-se tornado num verdadeiro "*ex libris* do direito do consumo" (C. Ferreira de ALMEIDA)[284] – reside no *direito de desistência*. Este direito – também conhecido entre nós por designações diversas (mormente, direito de arrependimento) e consagrado noutras ordens jurídicas estrangeiras ("Widerrufsrecht", "withdrawal right", "diritto di ripensamento", "droit de repentir", "derecho al desistimiento") – consiste no direito potestativo do consumidor se desvincular de um contrato de consumo já celebrado, durante um determinado prazo e através de mera declaração unilateral e discricionária.[285]

II. O direito de desistência, espécie de revivescência do "ius poenitendi", constitui um traço típico do regime legal da moderna

[284] *Direito do Consumo,* 106, Almedina, Coimbra, 2005.

[285] Sobre a figura, GOMIDE, A. Junqueira, *Direito de Arrependimento nos Contratos de Consumo,* Almedina, Coimbra, 2014; MORAIS, F. Gravato, *O Direito de Revogação nos Contratos de Crédito ao Consumo,* in: 307 SI (2006), 457-491; PROENÇA, C. Brandão, *A Desvinculação Não Motivada nos Contratos de Consumo: Um Verdadeiro Direito de Resolução?,* in: 70 ROA (2010), 219-272; REBELO, F. Neves, *O Direito de Livre Resolução no Quadro Geral do Regime Jurídico de Protecção do Consumidor,* in: AAVV, "Nos 20 Anos do Código das Sociedades Comerciais", vol. II, 572-617, Coimbra Editora, Coimbra, 2007. Para diferentes paragens, vide FUCHS, Andreas, *Zur Disponibilität gesetzlicher Widerrufsrechte im Privatrecht,* in: 196 AcP (1996), 313-361; HOWELLS, Geraint, *The Right of Withdrawal in European Consumer Law,* in: Schulte-Nölke, Hans/ Schulze, Reiner (Hrsg.), "Europäisches Vertragsrecht im Gemeinschaftsrecht", 229-238, Bundesanzeiger, Köln, 2002; VICENTE, J. García, *Ley de Contratos Celebrados Fuera de los Establecimientos Mercantiles: El Derecho de Revocación,* Aranzadi, Pamplona, 1997.

contratação mercantil em massa[286]. Com efeito, a massificação da oferta das empresas vendedoras de bens e serviços, assistida por sofisticadas e agressivas técnicas de comercialização, envolve frequentemente a ausência de uma verdadeira ou plena liberdade contratual por parte dos compradores/consumidores, seja pela pressão psicológica exercida sobre a decisão de contratar, seja pela vulnerabilidade excessiva aos métodos promocionais da venda, seja ainda pela falta de informação suficiente sobre os produtos adquiridos. Justamente a fim de proteger o "elo fraco" nestes contratos contra o risco de precipitação na hora de contratar e de lhe permitir amadurecer ideias durante um período de reflexão ("colling-off period", "delais de refléxion"), mas também, por tabela, de assegurar a própria lealdade e liberdade da concorrência em mercado, são hoje numerosas as disposições legais que consagram tal direito de desistência, embora sob terminologia e até alcance diversos: pense-se, por exemplo, no "direito de resolução" nos contratos de aquisição de direitos reais de habitação periódica (art. 16º do Decreto-Lei nº 275/93, de 5 de agosto)[287], no "direito de livre resolução" nos contratos celebrados à distância e fora do estabelecimento comercial (art. 10º da LCCD, art. 9º, nº 7 da LDC)[288], no "direito à livre resolução" nos contratos financeiros comercializados à distância (arts. 19º e segs. do Decreto-Lei nº 95/2006, de 29 de maio)[289], no "direito de livre revogação" nos contratos de crédito ao consumo (art. 17º da LCC)[290], ou no

[286] Segundo alguns autores, estaríamos aqui diante do "elemento central da estratégia de tutela do interlocutor do empresário em algumas categorias dos contratos de empresa" (BUONOCORE, Vincenzo, *Contrattazione d'Impresa e Nuove Categorie Contrattuali*, 153, Giuffrè, Milano, 2000).

[287] GOMES, J. Costa, *Sobre o Direito de Arrependimento do Adquirente do Direito Real de Habitação Periódica (Time Sharing) e a sua Articulação com Outros Direitos Similares noutros Contratos de Consumo*, in: 3 RPDC (1995), 70-86.

[288] LOPES, A. Oliveira, *O Exercício do Direito de Arrependimento do Consumidor nos Contratos à Distância*, Diss., Universidade do Porto, 2015.

[289] RODRIGUES, S. Nascimento, *O Direito de Resolução do Investidor na Contratação dos Serviços Financeiros à Distância*, in: AAVV, "Direito dos Valores Mobiliários", vol. VII, 233-273, Coimbra Editora, Coimbra, 2007.

[290] MORAIS, F. Gravato, *O Direito de Revogação nos Contratos de Crédito ao Consumo: Confronto entre os Regimes Jurídicos Português e Alemão*, in: 307 SI (2006), 457-491.

"direito à retratação" nos contratos de viagem organizada (art. 26º do Decreto-Lei nº 17/2018, de 8 de março).

III. Como é evidente, a crescente consagração legal deste direito, permitindo a uma das partes contratantes retratar-se ou desistir do contrato, *desfere uma forte machadada no clássico princípio "pacta sunt servanda"*: aliás, a vocação expansiva de tais exceções é de tal modo marcante que não falta mesmo quem tenha considerado que o direito de desistência "se converteu num traço caraterístico do atual direito dos contratos"[291]. Não é este o momento – dependente que está também da consideração dos concretos regimes legais que o consagram – para analisar em profundidade este novel direito que veio colocar em cheque, para um setor cada vez mais relevante da contratação mercantil hodierna, uma das "vacas sagradas" da doutrina contratualista tradicional – deixando-se aqui apenas algumas notas relativas à sua natureza e às suas caraterísticas fundamentais.[292]

IV. Relativamente à sua *natureza jurídica*, é mister assinalar que se trata de questão extremamente controversa na doutrina e jurisprudência portuguesas, onde se perfila uma panóplia variada de entendimentos que contribuem para exacerbar, antes que mitigar, a flutuação terminológica da própria lei vigente (resolução, revogação, retratação, rescisão): a verdade, porém, é que não se afigura possível falar aqui, com inteira propriedade, de um caso de "resolução" (pois não se destina a reagir contra qualquer incumprimento contratual, nem tem o seu exercício de ser motivado), de "retratação" (a qual, em regra, visa evitar a celebração de um contrato, obstando à produção dos efeitos de declaração negocial anterior), de "revogação" (a qual, em regra, não possui uma eficácia "ex tunc" nem está sujeita a prazos de caducidade) ou de "rescisão" (a qual pressupõe, em regra, uma justa causa ou motivo, geralmente um facto imputável à

[291] Moreno, M. Álvarez, *El Desistimiento Unilateral en los Contratos con Condiciones Generales*, 24, Edersa, Madrid, 2000.

[292] Howells, Geraint, *The Right of Withdrawal in European Consumer Law*, 232, in: Schulte-Nölke, Hans/ Schulze, Reiner (Hrsg.), "Europäisches Vertragsrecht im Gemeinschaftsrecht", 229-238, Bundesanzeiger, Köln, 2002.

contraparte)[293]. Seguro parece apenas afirmar que o direito de desistência contratual constitui um evento extintivo original e "sui generis", refratário às figuras extintivas clássicas, que confere aos negócios de consumo abrangidos a natureza de contratos sob condição potestativa, de natureza resolutiva (em que o exercício do direito extingue os efeitos do contrato) ou suspensiva (ficando tais efeitos dependentes do não exercício desse direito).[294]

V. Já no que concerne às suas *caraterísticas* fundamentais, como deflui da noção geral atrás apresentada, são cinco os elementos identitários ou notas distintivas do direito de desistência contratual. Encontramo-nos perante um direito "ex lege" (embora nada impeça que as partes, em regra, o possam convencionar noutros contratos de consumo onde não exista previsão legal expressa, inexistindo assim um direito "geral" de desistência independente de consagração contratual ou legal), imperativo (que não pode ser objeto de renúncia antecipada pelo respetivo titular, embora seja passível de alterações convencionais "in meius"), temporário (que deve ser exercido pelo titular dentro do prazo fixado na lei ou contrato) [295], potestativo (cujo

[293] Qualificando tal direito como um caso de revogação ou de retratação, vide Proença, C. Brandão, *A Desvinculação Não Motivada nos Contratos de Consumo: Um Verdadeiro Direito de Resolução?*, 253 e ss., in: 70 ROA (2010), 219-272; como um direito de resolução, Rebelo, F. Neves, *O Direito de Livre Resolução no Quadro Geral do Regime Jurídico de Protecção do Consumidor*, in: AAVV, "Nos 20 Anos do Código das Sociedades Comerciais", vol. II, 572-617, Coimbra Editora, Coimbra, 2007.

[294] Com efeito, o regime legal concreto pode conferir a tal direito uma eficácia suspensiva (o contrato celebrado é originariamente ineficaz, vendo os seus efeitos suspensos até ao termo do período de reflexão sem exercício do direito de desistência) ou uma eficácia resolutiva (o contrato é eficaz, vendo, todavia, os seus efeitos cessar caso, durante tal período, o direito for exercido). Sobre o ponto, vide entre nós Almeida, C. Ferreira, *Direito do Consumo*, 110 e ss., Almedina, Coimbra, 2005; noutros quadrantes, distinguindo entre os modelos de eficácia suspensiva ("Unwirksamkeitsmodell") e de eficácia extintiva ("Wirksamkeitsmodell"), vide Reiner, Günter, *Der verbraucherschützende Widerruf im Recht der Willenserklärung*, 3 e ss., in: 203 AcP (2003), 1-45.

[295] Na esmagadora maioria dos casos, o direito de desistência atribui ao titular um período de reflexão *posterior* à celebração do contrato, durante o qual lhe é permitido revogar um consentimento já dado – e só muito raramente configurando um período de reflexão adicional *anterior* à conclusão do contrato, que permite retardar ou adiar a prestação do próprio con-

exercício depende apenas de simples manifestação de vontade unilateral do seu titular para produzir os respetivos efeitos na esfera jurídica da contraparte) e discricionário (não carecendo da invocação ou sequer existência de qualquer motivo para o seu exercício, além de dispensar qualquer contrapartida).

2. Insolvência dos Contraentes

I. Não obstante o protagonismo deste evento extintivo, existem ainda outros domínios onde existem particularidades do regime da cessação dos contratos de consumo. Um desses domínios é o dos contratos de consumo em situações de crise económico-financeira (situação económica difícil, insolvência iminente, insolvência atual) das partes contratantes, seja do consumidor, seja do empresário.

II. Com efeito, o *sobre-endividamento* dos consumidores constitui um fenómeno socioeconómico típico das modernas sociedades de consumo. Ora, o legislador previu diferentes regimes jurídicos destinados a fazer face a tal fenómeno, de grau crescente de intrusão – por exemplo, o "plano de ação para o risco de incumprimento" (PARI), o "procedimento extrajudicial de regularização de situações de incumprimento" (PERSI), o "processo especial para acordo de pagamento" (PEAP) ou mesmo, no limite, a exoneração do passivo restante do consumidor insolvente (art. 235º e segs. do CIRE) –, os quais produzirão importantes reflexos no destino dos contratos por aqueles celebrados, também eles de diferenciada natureza (extrajudicial e judicial) e invasividade – v.g., consolidação de créditos, planos escalonados de pagamento, dilação de prazos de cumprimento, redução de juros, perdão parcial ou total das dívidas.[296]

sentimento. Na linha da previsão comunitária (art. 16º da 2011/83/UE, de 25 de outubro), a maior parte dos países europeus adotou o prazo legal de 14 dias de calendário, incluindo Portugal (art. 9º, nº 7 da LDC).

[296] Sobre o sobre-endividamento dos consumidores, vide AAVV, *O Endividamento dos Consumidores*, Almedina, Coimbra, 2000. Sobre os mecanismos de reação, vide Frade, Catarina, *Sobreendividamento e Soluções Extradudiciais: A Mediação de Dívidas*, in: "I Congresso de Direito da Insolvência", 9-28, Almedina, Coimbra, 2013; Muniz, F. Sequeira, *O Sobreendividamento por Créditos ao Consumo e os Pressupostos de Indeferimento Liminar da Exoneração do Passivo Restante no Processo de Insolvência*, in: 12 EDC (2017), 337-387. Para mais desenvolvimentos,

III. Mas também a crise dos empresários ou profissionais pode possuir igualmente importantes incidências sobre os respetivos contratos de consumo em curso. Um exemplo são os efeitos da insolvência sobre os *contratos-promessa de consumo*, tendo a nossa jurisprudência superior estabelecido que, no âmbito da graduação de créditos, o consumidor promitente-comprador, que não obteve o cumprimento do negócio de compra e venda de bem imóvel devidamente sinalizado por parte do promitente-vendedor insolvente, goza do direito de retenção nos termos do estatuído no art. 755º, nº 1, f) do CCivil[297]. A este respeito, todavia, merece ser sublinhada a imprecisão do conceito de consumidor relevante para estes efeitos, oscilando entre um conceito restrito (pessoa singular utilizador final do bem imóvel para uso próprio de habitação) e outra que se inclina para um conceito amplo (que abrange ainda quaisquer outros usos com exclusão apenas da revenda imobiliária, v.g., para arrendamento, instalação de estabelecimento comercial, etc.).[298]

Krug, Peter, *Der Verbraucherkonkurs,* C. Heymanns, Köln, 1998; Parsons, Steven, *Consumer Bankruptcy Law in Focus,* Wolters Kluwer, Aspen, 2016; Siniquel, Roberto, *Consumidor Super endividado – Tratamento Jurídico na Sociedade de Consumo,* Juruá Editora, Curitiba, 2018.

[297] AUJ do STJ nº 4/2014, de 20 de março (Távora Victor), in: DR, Iª série, nº 95, de 19 de janeiro. Sobre tal acórdão uniformizador, vide Oliveira, N. Pinto, *Efeitos da Declaração de Insolvência sobre os Contratos em Curso: Em Especial, sobre o Contrato-Promessa,* in: 2 AB (2014), 11-51; Vasconcelos, L. Pestana, *Direito de Retenção, Contrato Promessa e Insolvência,* in: 33 CDP (2011), 3-29. Retenha-se que, para a titularidade do direito de retenção, apenas se exige a qualidade de consumidor do promitente-comprador mas não necessariamente a qualidade de empresário ou profissional do promitente-vendedor, já que a relação jurídica determinante da proteção do primeiro não é a relação de consumo propriamente dita, mas antes a relação de confronto entre o promitente-comprador e os credores hipotecários (cf. o Acórdão da RG de 6-X-2016 (José Amaral), in: XLI CJ (2016), IV, 286-287).

[298] Sobre tal questão, acertadamente, vide Epifânio, M. Rosário, *Anotação ao Acórdão do STJ de 3 de outubro de 2017,* in: 2 RDI (2018), 123-146.

Capítulo V
Os Contratos de Consumo em Especial*

§22
Aspetos Gerais

I. Tornou-se habitual, a par do estudo dos contratos de consumo em geral, proceder a uma inventariação dos contratos de consumo em

* **Literatura Portuguesa:** ANTUNES, J. Engrácia, *Dos Contratos de Consumo em Especial,* in: 78 ROA (2018), em curso de publicação; ALMEIDA, C. Ferreira, *Serviços Públicos, Contratos Privados,* in "Estudos em Homenagem à Prof. Doutora I. Magalhães Collaço", vol. II, 117-143, Almedina, Coimbra, 2002; MORAIS, F. Gravato, *Contratos de Crédito ao Consumo*, Almedina, Coimbra, 2007; OLIVEIRA, E. Dias, *A Protecção dos Consumidores nos Contratos Celebrados Através da Internet,* Almedina, Coimbra, 2002; PINTO-FERREIRA, J. Pedro/ CARVALHO, J. Morais, *Contratos Celebrados à Distância e Fora do Estabelecimento Comercial,* Almedina, Coimbra, 2014; SILVA, J. Calvão, *Venda de Bens de Consumo,* 4ª edição, Almedina, Coimbra, 2010. **Literatura Estrangeira:** FRATERNALE, Antonio, *I Contratti a Distanza,* Giuffrè, Milano, 2002; GARCÍA, J. Avilez, *Los Contratos de Compraventa de Bienes de Consumo,* Ed. Comares, Madrid, 2007; LOPEZ, Marín/ JESÚS, Manuel, *Comentarios a la Ley de los Contratos de Crédito al Consumo,* Aranzadi, Pamplona, 2014; OLAVE, R. Pinochet, *Contratos Electrónicos y Defensa del Consumidor,* Marcial Pons, Madrid, 2001; PUIG, V. Julián, *Contratos Turísticos,* in: AAVV, "Contratos Mercantiles", vol. II, 909-982, 2ª edición, Bosch, Barcelona, 2009; SERRANO, L. María, *Los Contratos Celebrados Fuera de los Establecimientos Mercantiles,* Marcial Pons, Madrid, 2001; SOYKA, Julia, *Der Verbrauchsgüterkauf: Anwendungsbereich und Umgehungsprobleme,* Nomos, Baden-Baden, 2011.

especial[299]. Tal inventariação, todavia, deve ter presente previamente duas importantes condicionantes metodológicas.

II. Por um lado, tendo como contraparte natural um empresário, os contratos de consumo são frequentemente também, "ex definitione", verdadeiros e próprios *contratos comerciais*, constituindo assim uma das modalidades destes últimos (contratos comerciais mistos ou unilateralmente comerciais): como é sabido, uma boa parte destes contratos é celebrada entre um empresário – uma empresa creditícia, seguradora, de investimento ou transportadora – e um consumidor – o cliente, o segurado, o investidor ou o transportado[300]. Isso explica que uma boa parte da contratação de consumo se integra ou reconduz a alguns dos principais tipos ou famílias de contratos comerciais, tais como os contratos bancários, os contratos de seguro, os contratos financeiros, ou os contratos de transporte, entroncando no regime juscomercial geral destes últimos.[301]

III. Por outro lado, o regime jurídico das relações de consumo tem uma natureza *abstrata*, e não causal, no sentido em que é apto a aplicar-se a uma pluralidade indeterminada de contratos do direito civil ou comercial comum, não se confinando, à partida, exclusivamente a algum ou alguns deles em especial: desde que estejam preenchidos os elementos (subjetivos, objetivos, teleológicos) caraterísticos das

[299] Carvalho, J. Morais, *Manual de Direito de Consumo*, 197 e ss., 5ª edição, Almedina, Coimbra, 2018; Frota, Ângela, *Dos Contratos de Consumo em Especial: Colectânea de Legislação*, Coimbra Editora, Coimbra, 2000.

[300] Sobre os contratos de consumo como contratos comerciais mistos ou unilateralmente comerciais, além de *supra* §§ 3 e 6, vide Antunes, J. Engrácia, *Direito dos Contratos Comerciais*, 72 e ss., reimpressão, Almedina, Coimbra, 2017.

[301] Esta ligação tendencial entre os contratos comerciais e de consumo – quase como se de duas faces de uma mesma moeda se tratasse no mundo da moderna contratação mercantil em massa – explica assim que o estudo de alguns destes contratos releve simultaneamente das normas juscomerciais gerais e das normas jusconsumeristas especiais: assim sucede, apenas para dar alguns exemplos, com os contratos de compra e venda mercantil (cf. *infra* §23), os contratos do comércio eletrónico (cf. *infra* § 26) ou os contratos de crédito ao consumo (cf. *infra* § 28).

relações jusconsumeristas, qualquer negócio jurídico, típico ou atípico, poderá constituir um contrato de consumo.

IV. Por estas razões, não se pode falar, com plena propriedade, dos contratos de consumo como um setor autónomo ou uma "classe" específica de contratos, nem tão pouco pretender proceder a uma inventariação exaustiva dos mesmos[302]. Tudo o que é possível – e faremos em seguida – é destacar, de um modo sucinto, as *principais figuras contratuais do mundo do consumo*, ou seja, alguns dos tipos legais ou sociais de contrato que maior frequência ou relevo possuem no domínio das relações consumeristas. São eles: os contratos de compra e venda de bens de consumo, os contratos fora do estabelecimento comercial, os contratos à distância, os contratos eletrónicos B2C, os contratos de prestação de serviços públicos essenciais, os contratos de crédito ao consumo, e os contratos turísticos.

§23
Contratos de Compra e Venda de Bens de Consumo

1. Noção

I. Designa-se por compra e venda de bens de consumo ("sale of consumer goods", "Verbrauchsgüterkaufe", "vente de biens de consommation", "vendita dei beni de consumo", "compraventa de bienes de consumo") o *contrato de compra e venda celebrado entre um empresário/ /profissional e um consumidor que tenha por objeto um bem imóvel ou móvel corpóreo.*[303]

[302] Tal como o direito do consumo não é um "direito de classe", respeitando a categoria autónoma ou própria de sujeitos (cf. *supra* § 8-3), também assim os contratos de consumo não são uma "classe" ou categoria autónoma de contratos: parafraseando a celebérrima e estafada tirada de J. Fitzgerald KENNEDY, se "todos somos consumidores", então todos os contratos são (ou podem ser, em abstrato) de consumo.

[303] Sobre esta figura, vide CARVALHO, J. Morais, *Direitos do Consumidor na Compra de Bens de Consumo*, in: 12 EDC (2017), 35-74; PINTO, A. Mota, *Venda de Bens de Consumo e Garantias: O Direito Vivido nos Tribunais*, in: AAVV, "I Congresso de Direito do Consumo", 189-209, Almedina, Coimbra, 2016; LEITÃO, L. Menezes, *O Novo Regime da Venda de Bens de Consumo*, in: II EIDC (2005), 37-73; LIZ, J. Pegado, *Acerca das Garantias na Venda de Bens de Consumo*, in: I

II. A figura e o regime legal dos contratos de compra e venda de bens de consumo encontram-se previstos no Decreto-Lei nº 67/2003, de 8 de abril, o qual, tendo vindo transpor a Diretiva 1999/44/CE, de 25 de maio[304] e em linha com as demais legislações europeias congéneres[305], aprovou a chamada *Lei da Venda de Bens de Consumo* (LVBC). Entre os aspetos fundamentais desse regime legal, estão a noção e os requisitos do contrato (subjetivo e objetivo), o cumprimento do contrato (conformidade do bem), e os direitos do consumidor (garantias legais e voluntárias).

2. Requisitos

I. Quanto à figura contratual propriamente dita, importa distinguir os requisitos relativos aos seus sujeitos (requisitos subjetivos) e ao seu objeto (requisitos objetivos).

II. Quanto aos *requisitos subjetivos*, estão aqui abrangidos os contratos celebrados entre empresários/profissionais e consumidores: ou seja, os contratos pelos quais uma pessoa singular ou coletiva ("vendedora"), no exercício profissional da respetiva atividade económica e lucrativa, vende bens (ou celebra outros negócios equiparados) a outra pessoa ("consumidor") para uso privado ou não profissional desta última (art. 1º-B, a) e c) da LVBC). Estão assim excluídas as compras e vendas puramente civis (entre consumidores: v.g., venda de um bem usado entre meros particulares), puramente comerciais

ForI (2000), 50-56; Silva, J. Calvão, *Venda de Bens de Consumo*, 4ª edição, Almedina, Coimbra, 2010. Noutros quadrantes, García, J. Avilez, *Los Contratos de Compraventa de Bienes de Consumo*, Ed. Comares, Madrid, 2007; Mantovani, Paola, *La Vendita dei Beni di Consumo*, Ed. Scientifiche Italiana, Milano, 2009; Soyka, Julia, *Der Verbrauchsgüterkauf: Anwendungsbereich und Umgehungsprobleme*, Nomos, Baden-Baden, 2011.

304 Sobre esta Diretiva e sua transposição para o direito português, vide Leitão, L. Menezes, *Caveat Venditor? A Directiva 1999/44/CE do Conselho e do Parlamento Europeu sobre a Venda de Bens de Consumo e Garantias Associadas e Suas Implicações no Regime Jurídico do Contrato de Compra e Venda*, in: AAVV, "Estudos em Homenagem ao Prof. Doutor I. Galvão Telles", vol. I, 263-303, Almedina, Coimbra, 2002; Pinto, P. Mota, *Conformidade e Garantias na Venda de Bens de Consumo. A Directiva 1999/44/CE e o Direito Português*, in: 2 EDC (2000), 197-331.

305 Howells, Geraint/ Twigg-Flesner, Christian/ Micklitz, Hans/ Lei, Chen (eds.) *Comparative Consumer Sales Law*, Routledge, London, 2017.

(entre empresários), ou invertidas (entre consumidor-vendedor e empresário-comprador).[306]

III. Já quanto aos seus *requisitos objetivos*, a delimitação é mais complexa, envolvendo a consideração simultânea de objetos relevantes, excluídos e equiparados. Entre os primeiros (objetos *relevantes*), a lei é clara em considerar aqui abrangidos os bens imóveis – v.g., prédios rústicos, prédios urbanos, as respetivas partes integrantes – e os bens móveis corpóreos – incluindo todo o tipo de bens materiais, duradouros ou consumíveis (v.g., mobiliário, alimentos, etc.), sujeitos ou não a registo (v.g., automóveis, navios, etc.), fontes de energia (v.g., contratos de fornecimento de eletricidade, de gás, etc.) –, independentemente de se tratar de bens novos ou em segunda mão (arts. 1º-B, b) e 5º, nº 2 da LVBC)[307] e independentemente de o bem ser posteriormente transmitido a um terceiro (art. 6º, nº 4 da LVBC)[308]. Em contrapartida, devem considerar-se como objetos *excluídos* ou irrelevantes para estes efeitos todos os demais, incluindo os bens incorpóreos (v.g., obras literárias e artísticas, criações de aplicação industrial, etc.), os serviços (ressalvadas as exceções previstas na lei: cf. art. 1º-A, nº 2 da LVBC, art. 34º, nº 3 do RJACSR), e os direitos[309]. Finalmente, alargando consideravelmente o âmbito de aplicação do regime legal, foram ainda considerados como *equiparados*

[306] Sobre as vendas de bens de consumo entre sujeitos domiciliados e sediados em diferentes países, GUIMARÃES, M. Raquel, *A Compra e Venda "Transnacional" de Bens de Consumo*, in: 1 RED (2013), 1-19.

[307] PRATA, Ana, *Venda de Bens Usados no Quadro da Diretiva 1999/44/CE*, 147, in: II Themis-UNL (2001), 145-153.

[308] Desde que o terceiro preencha os requisitos da qualidade de consumidor, ele poderá também beneficiar da proteção conferida pelo regime legal em circunstâncias idênticas às do titular originário, mormente para efeitos de prazos de garantia: cf. Acórdão do STJ de 28-IX-2010 (Ferreira de ALMEIDA), in: www.dgsi.pt.

[309] Alguma doutrina tem considerado que esta exclusão abrange todos os bens incorpóreos ou imateriais, inclusive quando estes se encontrem num suporte material (v.g., CD ou DVD de "software" informático, jogos, música, vídeos, etc.): cf. PINTO, P. Mota, *Conformidade e Garantias na Venda de Bens de Consumo. A Directiva 1999/44/CE e o Direito Português*, 217, in: 2 EDC (2000), 197-331.

os contratos de empreitada de consumo (art. 1º-A, nº 2 da LVBC)[310], de prestação de serviços em que sejam fornecidos bens de consumo (art. 1º-A, nº 2 da LVBC) e de serviços regulados pelo RJACSR (art. 34º, nº 3), e ainda de locação de bens de consumo, v.g., arrendamento, aluguer, "leasing", ALD (art. 1º-A, nº 2 da LVBC), devendo também ter-se por implicitamente abrangidos certos contratos mistos de compra e venda de bens de consumo, v.g., bens com serviços de instalação pelo vendedor (art. 2º, nº 4 da LVBC), e outros contratos onerosos de transmissão de bens de consumo, "maxime", troca de bens de consumo ("ex vi" do art. 939º do CCivil).[311]

3. Cumprimento

I. Em matéria de cumprimento do contrato, assume relevância central o conceito de *conformidade com o contrato* ("conformity with the contract", "Vertragsmässigkeit", "conformité au contrat"). Tal conceito – que se vem transformando num conceito-chave do regime do cumprimento dos contratos de consumo e até dos próprios contratos comerciais em geral[312] – foi expressamente acolhido pelo art. 2º, nº 1 da LVBC, ao dispor que "o vendedor tem o dever de entregar ao consumidor bens que sejam conformes com o contrato de compra e venda".[313]

[310] Particularmente relevante na "praxis" comercial e judicial: cf. Cabinda, H. André, *Empreitada para Consumo*, Universidade Católica Editora, Lisboa, 2015; Mariano, J. Cura, *Responsabilidade Contratual do Empreiteiro pelos Defeitos da Obra*, 3ª edição, Almedina, Coimbra, 2013; Martinez, P. Romano, *Empreitada de Bens de Consumo*, in: II EIDC (2005), 11-35; na jurisprudência, vide os Acórdãos do STJ de 1-X-2015 (Abrantes Geraldes) e de 14-X-2010 (Álvaro Rodrigues), ambos in www.dgsi.pt; o Acórdão da RL de 30-VI-2011 (M. João Areias), in: www.dgsi.pt; e os Acórdãos da RC de 21-IV-2015 (Barateiro Martins), in: www.dgsi.pt, e de 12-I-2016 (Jorge Arcanjo), in: XLI CJ (2016), I, 280-280.

[311] É discutido na doutrina a aplicabilidade do regime legal a outros casos, designadamente às vendas de bens de consumo no quadro de processo executivo: sobre tal questão, Silva, J. Calvão, *Venda de Bens de Consumo*, 61 e ss., 4ª edição, Almedina, Coimbra, 2010.

[312] Sobre o relevo e a função deste conceito nos contratos de consumo, vide *supra* § 20-1.

[313] Sobre a figura e seus requisitos, vide Assunção, A. Filipa, *Os Direitos do Consumidor em Caso de Desconformidade do Bem com o Contrato na Compra e Venda de Bens de Consumo*, Diss., Universidade Nova, Lisboa, 2016; Carvalho, J. Morais, *Direitos do Consumidor em Caso de Falta de Conformidade do Bem com o Contrato*, in: 145 RLJ (2016), 237-248; Pinto, P. Mota, *Confor-*

II. Em sede geral, tal obrigação do vendedor significa que os bens de consumo objeto do contrato *devem possuir as caraterísticas acordadas pelos contraentes (qualidade, quantidade, tipo, etc.), ser funcionalmente adequados às utilizações habituais de bens idênticos e servir as finalidades específicas a que se destinam.*

III. A lei consagrou um elenco de *presunções* indiciárias, de natureza absoluta ou "iuris et de iure", da desconformidade contratual, consubstanciadas em parâmetros ou circunstâncias cuja verificação é suficiente para integrar inilidivelmente um incumprimento por parte do vendedor[314]. "Primus", a falta de conformidade do bem vendido com "a descrição que dele(s) é feita pelo vendedor" (art. 2º, nº 1, a), "ab initio", da LVBC): saliente-se que aqui se incluem as declarações de vontade ou de ciência, dirigidas ao público consumidor através de anúncios publicitários ou qualquer outra forma de comunicação comercial com o comprador, ressalvado o caso de descrições genéricas ou subjetivas que um declaratário normal não pudesse ter razoavelmente tomado como caraterística ou qualidade do bem ("maxime", publicidade hiperbólica: v.g., o "melhor gelado do mundo"). "Secundus", a falta de conformidade "com as qualidades do bem que o vendedor tenha apresentado ao consumidor como amostra ou modelo" (art. 2º, nº 1, a), "in fine" da LVBC): por exemplo, quando o bem vendido não é idêntico ao da fotografia de catálogo ou ao modelo em exibição que este mostrou diretamente ao comprador (podendo tal integrar ainda uma prática comercial desleal e

midade e Garantias na Venda de Bens de Consumo, in: 2 EDC (2000), 197-331; Silva, J. Calvão, *Venda de Bens de Consumo*, 80 e ss., 4ª edição, Almedina, Coimbra, 2010.

[314] Ao invés do legislador europeu (cf. art. 2º da Diretiva 1999/44/CE), que presumiu a conformidade do bem com o contrato no caso de todos os referidos parâmetros se encontrarem preenchidos (embora sem prejuízo de o consumidor vir ainda a ilidir tal presunção provando a desconformidade contratual com outros fundamentos), o legislador português presumiu a não conformidade contratual se algum desses parâmetros se verificar (sem possibilidade de o vendedor elidir a desconformidade mediante prova em contrário): por outras palavras, no lugar de critérios necessários de uma presunção relativa de conformidade, os critérios do art. 2º da LVBC funcionam como *critérios suficientes de uma presunção absoluta de desconformidade.*

contratual abusiva: cf. art. 8º, h) da LPCD, art. 21º, c) da LCCG)[315]. "Tertius", a falta de adequação "ao uso específico para o qual o consumidor os destine" (art. 2º, nº 1, b) da LVBC): por tal entende-se aquele uso ou aplicação particular que, não se podendo considerar abrangido pelas suas aplicações habituais, tenha sido objeto de acordo prévio, expresso ou tácito, entre comprador e vendedor (v.g., a utilização de um "segway" dentro da residência do comprador). "Quartus", a falta de adequação "às utilizações habitualmente dadas aos bens do mesmo tipo" (art. 2º, nº 1, c) da LVBC): aqui se abrangem os usos e aplicações que permitem retirar do bem vendido todas as suas utilidades objetivas próprias e normais (v.g., leitura e anotações no caso de livro, múltiplas funcionalidades informáticas e comunicacionais num computador, etc.). "Quintus", e por último, a falta das "qualidades e o desempenho habituais nos bens do mesmo tipo" (art. 2º, nº 1, d) da LVBC): estão aqui em causa as propriedades, atributos e caraterísticas identitárias do próprio bem vendido, com que o comprador poderia razoavelmente contar atendendo à natureza do bem concreto (v.g., um automóvel deve funcionar tanto em climas frios como quentes) ou até às declarações públicas ou promocionais objetivas do vendedor (v.g., um automóvel usado vendido "em stand" que o anuncia como novo e que deixa de funcionar dias depois da sua entrega).[316]

IV. A disciplina legal da conformidade contratual completa-se com a previsão da sua extensão aos *contratos mistos* de venda e prestação de serviços de bens de consumo – nos casos em que a desconformidade resulta de deficientes instalação ou instruções da responsabilidade do vendedor (art. 2º, nº 4 da LVBC) –, da *transferência do risco* no momento da respetiva entrega – respondendo o vendedor

[315] Sobre a venda sob amostra, vide Sendin, P. Melero, *Compra e Venda Comercial por Amostra, por Qualidade Conhecida no Comércio e sob Exame*, in: "Estudos em Honra do Prof. Doutor J. Oliveira Ascensão", vol. II, 1113-1157, Almedina, Coimbra, 2008; na jurisprudência, vide os Acórdãos do STJ de 11-XII-1970 (Campos de Carvalho), in: 202 BJM (1971), 223-228, de 31-V-1990 (Alberto Baltazar), in: 397 BJM (1990), 512-517, e de 12-VI-1991 (Tato Marinho), in: 408 BJM (1991), 603-607.

[316] Sobre a relevância contratual das mensagens publicitárias, vide *supra* § 17-2.

por qualquer falta de conformidade do bem existente no momento em que o bem foi entregue ao comprador (art. 3º, nº 1 da LVBC)[317] – e do ónus da alegação e prova da desconformidade – bastando ao comprador-consumidor alegar e provar o facto em que se consubstancia a desconformidade do bem ("maxime", funcionamento deficiente) exceto no caso de desconformidades que, no momento da entrega, lhe sejam imputáveis, "maxime", por decorrerem de materiais por si fornecidos (v.g., projeto arquitetónico deficiente fornecido pelo dono da obra ao empreiteiro) ou que aquele não podia razoavelmente ignorar, "maxime", por serem ostensivas ou notórias (v.g., compra de automóvel usado com vidros partidos) (art. 2º, nº 3 da LVBC).[318]

4. Garantias

I. Finalmente, funcionando como o outro lado da moeda do (in)cumprimento contratual, estão os *direitos do consumidor*, de natureza legal (garantias legais: cf. arts. 4º a 8º da LVBC) e de natureza voluntária (garantias comerciais: cf. art. 9º da LVBC).[319]

II. Quanto aos primeiros (*garantias legais*), de longe os mais importantes, o princípio geral é o de que a falta de conformidade da prestação debitória com o contrato investe o consumidor/comprador numa série de garantias legais exercitáveis em face do empresário (ou profissional)/vendedor. Tais garantias consistem num feixe de direitos especiais – o direito à reparação do bem desconforme, o direi-

[317] Vasconcelos, L. Pestana, *Considerações sobre a Transferência do Risco na Venda de Bens de Consumo*, in: "Estudos em Homenagem ao Prof. Doutor Heinrich Ewald Hörster", 463-478, Coimbra, Almedina, 2012.

[318] Martinez, P. Romano, *Empreitada de Bens de Consumo*, 29, in: 2 EIDC (2005), 11-35; Acórdão da RL de 24-II-2012 (Luís Lameiras), in: www.dgsi.pt.

[319] Sobre estes direitos ou garantias, vide Ataíde, R. Mascarenhas, *Direitos e Garantias do Comprador: Meios de Tutela*. in: V EIDC (2017), 149-171; Carvalho, J. Morais, *Direitos do Consumidor na Compra de Bens de Consumo*, in: 12 EDC (2017), 35-73; Leitão, L. Menezes, *O Novo Regime da Venda de Bens de Consumo*, 57 e ss., in: II EIDC (2005), 37-73; Silva, J. Calvão, *Venda de Bens de Consumo*, 104 e ss., 150 e ss., 4ª edição, Almedina, Coimbra, 2010. Noutros quadrantes, Iurilli, Cristiano, *Le Garanzie Legali e Commerciali nella Vendita di Beni di Consumo*, in: LII GCom (2002), 271-289.

to à substituição do bem desconforme, o direito à redução do preço, e o direito à resolução do contrato (art. 4º da LVBC) – e, cumulativamente, num direito de indemnização por perdas e danos (art. 12º, nº 1 da LDC, art. 798º do CCivil).

III. É objeto de controvérsia na doutrina e jurisprudência portuguesas a existência ou não de uma ordem de hierarquia entre aqueles direitos especiais[320]. Nos termos do art. 4º, nº 5 da LVBC, o princípio geral é o de que o consumidor é livre de exercer em alternativa um qualquer desses direitos, escolhendo aquele que melhor serve os seus interesses, salvo com os limites decorrentes da natureza das coisas (v.g., reparação de eletrodoméstico totalmente destruído por explosão) ou do abuso do direito (fundamental para prevenir exercícios arbitrários e desproporcionados por parte do comprador, em ostensiva lesão dos legítimos interesses do vendedor).[321]

IV. A garantia legal de conformidade tem a duração de dois e cinco anos a contar da data da entrega do bem, consoante se trate, respetivamente, de coisa móvel ou imóvel (art. 5º, nº 1 da LVBC), presumindo-se que quaisquer desconformidades manifestadas durante esse período existiam já na data da entrega (art. 3º, nº 2 da LVBC): sob pena de caducidade dos direitos que lhe assistem (art. 5º, nº 1 da LVBC), impõe-se que o comprador proceda à denúncia da desconformidade do bem vendido no prazo de 2 meses (bem móvel) ou 1 ano (bem imóvel) a partir da data em que a tenha detetado (art. 5º-A, nº 2) e que exerça, judicial ou extrajudicialmente, tais direitos

[320] Sobre a questão, entre outros, Leitão, L. Menezes, *O Novo Regime da Venda de Bens de Consumo*, 58 e ss., in: II EIDC (2005), 37-73; Morais, F. Gravato, *A Alternatividade dos Meios de Defesa do Consumidor no Caso de Desconformidade da Coisa com o Contrato de Compra e Venda*, in: "Liber Amicorum Mário Frota", 155-169, Almedina, Coimbra, 2012; Silva, J. Calvão, *Venda de Bens de Consumo*, 105 e ss., 4ª edição, Almedina, Coimbra, 2010. No primeiro dos sentidos (sustentando que o consumidor deverá exercer primeiro os direitos que permitem a manutenção do negócio), vide os Acórdãos do STJ de 15-II-2005 (Lucas Coelho) e de 13-XII-2007 (Fonseca Ramos); no último dos sentidos (sustentando a liberdade de escolha), vide os Acórdãos do STJ de 5-V-2015 (João Camilo) e de 9-XI-2010 (Urbano Dias), todos in: www.dgsi.pt.

[321] Sobre o relevo do abuso do direito nas relações de consumo, vide *supra* § 9-5.

dentro do prazo de 2 anos (bem móvel) ou 3 anos (bem imóvel) a contar da data da denúncia (art. 5º-A, nº 3)[322]. Aspeto relevante é o alargamento do âmbito subjetivo da garantia legal do consumidor: ilustração eloquente da crescente responsabilização objetiva dos participantes no circuito económico que caracteriza a contratação mercantil, o consumidor-comprador pode exercer também perante o *produtor* do bem vendido (ou respetivo representante) os seus direitos à reparação ou à substituição (art. 6º, nºs 1 e 3 da LVBC), salvo se tal se mostrar impossível ou desproporcionado (art. 6º, nº 1, "in fine", da LVBC) e aquele se puder opor a tal exercício (art. 6º, nº 2 da LVBC).[323]

V. Finalmente, num plano secundário, cumpre ainda recordar a proteção e os direitos dos consumidores decorrentes de eventuais *garantias voluntárias* (art. 9º da LVBC). Tais garantias (comummente designadas na gíria "garantias comerciais") são independentes das garantias legais (art. 10º da LVBC) – podendo mesmo configurar uma prática desleal quando são utilizadas de forma redundante ou destinada a confundir o consumidor quanto à existência e alcance das últimas (art. 8º, m) da LPCD) – e devem observar um conteúdo mínimo e forma escrita (art. 9º, nºs 2 e 3 da LVBC) – sob pena de eventual responsabilidade civil (art. 798º do CCivil) e contraordenacional (art. 12º-A, b) da LVBC), sem prejuízo do direito de assistência pós-venda do consumidor (art. 9º, nº 5 da LVBC).

[322] Sobre os prazos legais de conformidade, de denúncia e de caducidade da ação, vide Leitão, L. Menezes, *O Novo Regime da Venda de Bens de Consumo,* 60 e ss., in: II EIDC (2005), 37-73; Santos, P., Oliveira, *A Garantia Legal do Consumidor na Aquisição de Bens,* 45 e ss., Diss., Universidade de Coimbra, 2015; Silva, J. Calvão, *Venda de Bens de Consumo,* 120 e ss., 4ª edição, Almedina, Coimbra, 2010.

[323] Sobre o regime do incumprimento e cumprimento defeituoso dos contratos comerciais em geral, Antunes, J. Engrácia, *Direito dos Contratos Comerciais,* 249 e ss., reimpressão, Almedina, Coimbra, 2017. Destaque-se ainda que, tendo o consumidor optado por exercer os seus direitos contra o vendedor, este é titular de um direito de regresso contra o produtor e outros sujeitos intervenientes no circuito económico, que pode ser exercido inclusive no âmbito da ação judicial movida pelo consumidor (arts. 7º e 8º da LVBC): cf. Duarte, R. Pinto, *O Direito de Regresso do Vendedor Final na Venda para Consumo,* in: II Themis-UNL (2001), nº 4, 173-194; Pinto, P. Mota, *O Direito de Regresso do Vendedor Final de Bens de Consumo,* in: "Estudos Dedicados ao Prof. Doutor M. J. Almeida Costa", 1177-1225, UCP Editora, Lisboa, 2002.

§24
Contratos Fora do Estabelecimento Comercial

1. Noção

I. Designa-se por contrato fora do estabelecimento comercial ("off-premises contract", "außerhalb von Geschäftsräumen geschlossenen Vertrag", "contrat hors établissement", "contratto negoziati fuori dai locali commerciali", "contrato celebrado fuera de lo establecimiento mercantil") o *contrato entre um empresário e um consumidor que, tendo por objeto o fornecimento de bens ou a prestação de serviços, foi concluído em lugar diverso do estabelecimento comercial do primeiro com a presença física simultânea de ambos.*[324]

II. Este contrato de consumo encontra-se previsto e regulado na *Lei dos Contratos Celebrados à Distância e Fora do Estabelecimento Comercial* (LCCD), aprovada pelo Decreto-Lei nº 24/2014, de 14 de fevereiro, o qual veio transpor para o direito interno português a Diretiva 2011/83/UE, de 25 de outubro, relativa aos direitos dos consumidores, que teve por objetivo fundamental estabelecer uma harmonização integral das legislações dos Estados membros em matérias relativas à informação pré-contratual, aos requisitos formais e ao direito

[324] A designação legal é imperfeita, dado que, como veremos, este contrato pode ser celebrado, nalguns casos, no próprio estabelecimento comercial do empresário (art. 3º, g), i) da LCCD). Sobre este contrato, vide Barata, C. Lacerda, *Contratos Celebrados Fora do Estabelecimento Comercial*, in: V EIDC (2017), 41-127; Cunha, Carolina, *Métodos de Venda a Retalho Fora do Estabelecimento: Regulamentação Jurídica e Protecção do Consumidor*, in: "Direito Industrial", vol. IV, 285-330, Almedina, Coimbra, 2005; Dinis, Marisa, *Contratos Celebrados à Distância e Contratos Celebrados Fora do Estabelecimento Comercial*, in: 77 RPDC (2014), 11-38; Pinto, P. Mota, *O Novo Regime Jurídico dos Contratos à Distância e dos Contratos Celebrados fora do Estabelecimento Comercial*, in: 9 EDC (2015), 51-91; Pinto-Ferreira, J. Pedro/ Carvalho, J. Morais, *Contratos Celebrados à Distância e Fora do Estabelecimento Comercial*, Almedina, Coimbra, 2014. Noutros quadrantes, García, G. Botana, *Los Contratos Realizados Fuera de los Establecimientos Mercantiles y la Protección de los Consumidores*, Bosch, Barcelona, 1994; Macri, Carmine, *I Contratti Negoziati Fuori dai Locali Commerciali*, Giappichelli, Torino, 1998; Stürner, Michael, *Außerhalb von Geschäftsräumen geschlossener Vertrag*, in: 37 JA (2015), 341-346; Serrano, L. María, *Los Contratos Celebrados Fuera de los Establecimientos Mercantiles*, Marcial Pons, Madrid, 2001.

de livre resolução nos contratos celebrados fora do estabelecimento comercial e contratos celebrados à distância.[325]

III. A LCC consagrou a seguinte *noção* de contrato celebrado fora do estabelecimento comercial (art. 3º, g)): "o contrato que é celebrado na presença física simultânea do fornecedor de bens ou do prestador de serviços e do consumidor em local que não seja o estabelecimento comercial daquele, incluindo os casos em que é o consumidor a fazer uma proposta contratual, incluindo os contratos: i) Celebrados no estabelecimento comercial do profissional ou através de quaisquer meios de comunicação à distância imediatamente após o consumidor ter sido, pessoal e individualmente, contactado num local que não seja o estabelecimento comercial do fornecedor de bens ou prestador de serviços; ii) Celebrados no domicílio do consumidor; iii) Celebrados no local de trabalho do consumidor; iv) Celebrados em reuniões em que a oferta de bens ou de serviços seja promovida por demonstração perante um grupo de pessoas reunidas no domicílio de uma delas, a pedido do fornecedor ou do seu representante ou mandatário; v) Celebrados durante uma deslocação organizada pelo fornecedor de bens ou prestador de serviços ou por seu representante ou mandatário, fora do respetivo estabelecimento comercial; vi) Celebrados no local indicado pelo fornecedor de bens ou prestador de serviços, a que o consumidor se desloque, por sua conta e risco, na sequência de uma comunicação comercial feita pelo fornecedor de bens ou prestador de serviços ou pelo seu representante ou mandatário". Desta definição legal retiram-se assim as caraterísticas e os tipos fundamentais deste contrato.

[325] Tal diretiva veio substituir e revogar a Diretiva 85/577/CEE, de 20 de dezembro, relativa à proteção dos consumidores nos contratos negociados fora do estabelecimento comercial, e a Diretiva 97/7/CE, de 20 de maio, relativa à proteção dos consumidores nos contratos à distância. Tais diretivas haviam sido transpostas para o direito português, respetivamente, através dos Decreto-Lei nº 272/87, de 3 de abril e Decreto-Lei nº 143/2001, de 26 de abril, o qual viria a ser revogado pela atual LCCD.

2. Requisitos

I. Trata-se de um contrato de consumo que exige a verificação cumulativa de três *requisitos*, de natureza subjetiva, objetiva e espacial.[326]

II. "Primus", no que concerne aos seus sujeitos do contrato, os contratos celebrados fora do estabelecimento comercial têm como partes o *empresário*, pessoa singular ou coletiva titular de estabelecimento comercial atuando no âmbito da sua atividade profissional diretamente ou através de terceiro ("fornecedor de bens" ou "prestador de serviços": cf. art. 3º, f) da LCCD)[327], e o *consumidor*, ou seja, qualquer pessoa singular atuando com fins que não se integrem no âmbito da sua atividade comercial, industrial, artesanal ou profissional (art. 3º, c) da LCCD). Necessário é também que o contrato tenha sido celebrado *com a presença física* simultânea de ambas as partes contratantes, sendo de destacar ter aqui o legislador considerado apenas como relevantes os empresários que disponham de um estabelecimento comercial de retalho (com exclusão dos demais profissionais)

[326] Falamos aqui – neste como nos demais contratos de consumo adiante referidos – dos requisitos específicos do tipo contratual, dado que se pressupõem preenchidos (com as eventuais especializações decorrentes daqueles) os requisitos gerais da existência de um contrato de consumo, relativos ao sujeito ativo (consumidor), sujeito passivo (empresário//profissional), objeto (bens, serviços, direitos) e fim (destino não profissional). Sobre tais requisitos, vide *supra* §§ 5 e segs.

[327] Apesar da terminologia legal, mostra a experiência que, na esmagadora maioria dos casos, os fornecedores ou prestadores constituirão empresários individuais ou coletivos – circunstância esta que, de resto, transparece inequivocamente da própria disciplina legal, que se refere amiúde às "empresas fornecedoras" (arts. 20º, nºs 1 e 3, 21º, nº 1, a), 23º, nº 2, a) e b) da LCCD). Esse é também o entendimento da doutrina estrangeira para questão congénere: assim Vincenzo Buonocore: "A lei sobre contratos celebrados fora do estabelecimento comercial ("contratti stipulati fuori dei locali commerciali") aplica-se a todos os contratos entre um empresário e um consumidor, concluídos fora da sede da empresa tendo por objeto o fornecimento de bens ou a prestação de serviços" (*Contrattazione d'Impresa e Nuove Categorie Contrattuali*, 85, Giuffrè, Milano, 2000); F. Vicent Chuliá: "Estas disposições são aplicáveis aos contratos celebrados fora do estabelecimento mercantil do empresário, diretamente por este ou por terceiro que atua por sua conta" (*Introducción al Derecho Mercantil*, vol. II, 1241, Tirant lo Blanch, Valencia, 2010).

(art. 3º, g) e h) da LCCD) e os consumidores que sejam indivíduos (com exclusão de pessoas coletivas) (art. 3º, c) da LCCD).[328]

III. "Secundus", no que concerne ao objeto do contrato, é ainda necessário que este tenha por objeto *quaisquer bens, serviços ou direitos* negociados por aquele empresário. Sublinhe-se que a lei previu um importante conjunto de exclusões, incluindo os contratos relativos a serviços financeiros, bens imóveis, géneros alimentícios ou outros bens fornecidos regularmente, serviços de saúde, serviços sociais, serviços turísticos, serviços de transporte de passageiros (parcialmente), jogos de fortuna ou azar, máquinas automáticas, viagens organizadas, e direitos reais de habitação periódica, entre outros (art. 2º, nº 2 da LCCD).

IV. "Tertius", exige-se ainda, em regra, o preenchimento de um requisito de natureza operativa: que o contrato tenha sido celebrado *fora do estabelecimento do empresário*, entendendo-se por tal quaisquer instalações de venda a retalho onde este exerça a sua atividade de forma permanente (no caso de instalações imóveis) ou habitual (no caso de instalações móveis) (art. 3º, h) da LCCD). Assim sendo, os espaços públicos, como, por exemplo, as ruas, os centros comerciais, as praias, as instalações desportivas e os transportes públicos, que o empresário/profissional utilize de forma excecional para as suas atividades comerciais, não deverão ser considerados estabelecimentos comerciais para estes efeitos.[329]

[328] Este requisito distingue os contratos celebrados fora do estabelecimento dos contratos à distância, distinção esta que, todavia, não pode ser reconduzida à tradicional divisão entre *contratos entre presentes e entre ausentes*. Com efeito, esta última não se baseia no critério da imediaticidade física dos contratantes, mas antes na imediaticidade temporal das respetivas declarações negociais: um contrato celebrado por telefone, videoconferência ou "skype" entre dois indivíduos muito distantes será um contrato "inter presentes", enquanto um outro concluído presencialmente entre dois indivíduos que emitiram as suas declarações em momentos diferentes será um contrato "inter absentes". Sobre tal distinção, vide FERNANDES, L. Carvalho, *Teoria Geral do Direito Civil*, vol. II, 92 e ss., 5ª edição, UC Editora, Lisboa, 2010.

[329] Tenha-se presente que as bancas dos mercados e os "stands" das feiras já poderão ser considerados como estabelecimentos comerciais no caso de funcionarem como local de negócios permanente ou habitual para o empresário/ profissional, ainda que em base

3. Modalidades

I. Concretizando o sentido e alcance deste último requisito, o legislador acabou por consagrar cinco *modalidades típicas* deste contrato (art. 3º, g) da LCCD).

II. São eles os contratos celebrados no *domicílio* do consumidor (art. 3º, g), ii) da LCCD) – tomado este num sentido amplo, incluindo a sua residência habitual (art. 82º, nº 3 do CCivil) mas também o domicílio de pessoas das suas relações –, os contratos celebrados no *local de trabalho* do consumidor (art. 3º, g), iii) da LCCD) – tomado também "lato sensu" no sentido do local onde este desenvolve a sua atividade profissional, ao abrigo de contrato de trabalho ou não (v.g., profissional liberal), ou outras atividades regulares (v.g., instalações de universidade no caso de um estudante) –, os contratos celebrados em *reuniões* (art. 3º, g), iv) da LCCD) – mormente, organizadas pelo empresário para demonstração ou promoção dos seus bens ou serviços –, os contratos celebrados em *excursões* (art. 3º, g), v) da LCCD) – mormente, em deslocações ou digressões turísticas gratuitas onde o empresário organizador promove a venda dos seus bens ou serviços –, e os contratos celebrados em *local indicado pelo empresário* (art. 3º, g), i) e vi) da LCCD) – quando, na sequência de um contacto individual direto do consumidor (por via postal, telefónica, eletrónica, na via pública, etc.) por parte de um empresário, aquele celebra um determinado contrato no estabelecimento comercial deste ou noutro local por ele indicado (v.g., uma prática frequente consistindo na atribuição de prémios ao consumidor, que este é convidado a receber em determinado local onde assistirá, simultaneamente, à apresentação de outros produtos ou serviços do mesmo empresário).

sazonal. Neste sentido se pronunciou o Acórdão do TJUE de 7-VIII-2018 ("*Verbraucherzentrale Berlin v. Unimatic Vertriebs GmbH*"), que qualificou como estabelecimento comercial um "stand" explorado por um profissional numa feira comercial no qual este exerce as suas atividades alguns dias por ano, se, tendo em conta o conjunto das circunstâncias de facto que rodeiam essas atividades, nomeadamente a aparência desse "stand" e as informações nele disponibilizadas, um consumidor médio e razoável podia esperar que esse profissional exercesse aí as suas atividades e o abordasse a fim de celebrar um contrato (in: ECLI:EU:C:2018:642).

III. Dada a natureza exemplificativa do elenco do art. 3º, g), da LCCD, a estas modalidades típicas podem ainda acrescentar-se outras *modalidades atípicas*. Sublinhe-se que algumas destas modalidades contratuais poderão constituir ou integrar uma prática comercial desleal, nos termos gerais dos arts. 9º, nº 1, c) e 12º, c) da LPCD, originando a consequente invalidade do contrato (art. 14º da LPCD).

4. Regime

I. O *regime legal* destes contratos encontra-se nuclearmente previsto na LCCD, sendo de destacar as regras relativas à fase pré-contratual, à formação e à extinção do contrato.

II. Relativamente à *fase pré-contratual*, avultam os deveres de informação do empresário perante o consumidor, o qual deve colocar à disposição do consumidor, em tempo útil e previamente à celebração do contrato, um conjunto muito variado e extenso de informações (art. 4º da LCCD). Tais informações consubstanciam um conteúdo mínimo da declaração negocial do empresário, incluindo, designadamente, a sua identidade e endereço, as caraterísticas essenciais do bem ou do serviço, o preço total do bem ou do serviço (incluindo taxas e impostos) e o modo de cálculo, os encargos suplementares, as despesas de entrega (caso existam), as modalidades de pagamento, entrega ou execução, a existência de um direito de livre resolução do contrato e seu modo de exercício, a duração do contrato, a existência de prazo da garantia de conformidade dos bens, a assistência pós-venda, e a existência de depósitos ou outras garantias financeiras. Tais informações pré-contratuais devem ser prestadas de forma clara e compreensível (arts. 4º, nº 1 e 5º, nº 1), através de forma escrita, em papel ou noutro suporte duradouro (arts. 4º, nº 5 e 9º, nº 1), sendo parte integrante e inalterável do contrato, salvo acordo expresso das partes anterior à respetiva celebração (art. 4º, nº 3), e cabendo à empresa fornecedora o ónus da prova do respetivo cumprimento (art. 4º, nº 7, todos da LCCD).[330]

[330] Sobre os deveres de informação pré-contratuais, vide CARVALHO, J. Morais, *Prestação de Informações nos Contratos Celebrados à Distância*, 83 e ss., in: AAVV, "Direito Privado e Direito Comunitário – Alguns Ensaios", 13-144, Âncora Editora, Lisboa, 2007; REBELO, F. Neves,

III. Relativamente à sua *formação*, merece destaque a exigência de forma especial: sob pena da respetiva nulidade, os contratos fora do estabelecimento comercial devem revestir forma escrita e possuir como conteúdo mínimo um conjunto de elementos informativos obrigatórios, expressos de modo compreensível e em língua portuguesa (art. 9º, nº 1 da LCCD, art. 220º do CCivil), devendo ainda ser entregue ao consumidor uma cópia do contrato assinado ou a confirmação do contrato em suporte de papel ou outro suporte duradouro que este haja autorizado, v.g., chave USB, CD-ROM, DVD, cartões de memória (arts. 3º, l) e 9º, nº 2 da LCCD).

IV. Finalmente, relativamente à sua *extinção*, os contratos celebrados fora do estabelecimento conferem ao consumidor um direito de desistência no prazo de 14 dias contados a partir da data da celebração contratual (no caso de prestação de serviços ou do fornecimento de água, gás ou eletricidade, que não estejam à venda em volume ou quantidade limitados) ou da data da receção do bem (no caso do fornecimento dos demais bens) (arts. 10º a 17º da LCCD).[331]

§25
Contratos à Distância

1. Noção

I. Designa-se por contrato à distância ("distance contract", "Fernabsatzvertrag", "contratto a distanza", "contrat à distance", "contrato a distancia") o *contrato entre um empresário e um consumidor que, tendo por objeto o fornecimento de bens ou a prestação de serviços, foi celebrado no*

O Direito à Informação do Consumidor na Contratação à Distância, in: "Liber Amicorum Mário Frota", 103-153, Almedina, Coimbra, 2012. Sobre o quadro comunitário precedente e inspirador da regulação portuguesa (embora relativo à Diretiva 97/7/CE, de 20 de maio, hoje substituída pela Diretiva 2011/83/UE, de 25 de outubro), vide Pinto, P. Mota, *Princípios Relativos aos Deveres de Informação no Comércio à Distância*, in: 5 EDC (2003), 183-206.

[331] Para mais desenvolvimentos, Sousa, A. Teixeira, *O Direito de Arrependimento nos Contratos Celebrados à Distância e Fora do Estabelecimento Comercial*, in: "Estudos de Direito do Consumo – Homenagem a Manuel Ataíde Ferreira", 18-41, Deco, Lisboa, 2016.

âmbito de um sistema organizado de negociação de comércio à distância, sem a presença física simultânea dos contraentes.[332]

II. Com efeito, sobretudo graças à padronização dos sistemas de distribuição comercial e à emergência de novas técnicas de comunicação e publicidade, verifica-se que os contratos de consumo são frequentemente negociados e concluídos *sem qualquer relação de imediação física e simultânea das partes contratantes.* Hoje, vai sendo cada vez mais raro que a compra de um livro, de um produto alimentar, de uma viagem turística, de ações de uma empresa cotada, e de tantos outros bens ou serviços no mercado, implique a deslocação física do adquirente à sede da empresa produtora, distribuidora ou vendedora: de facto, a aplicação criativa de novas tecnologias de comunicação às transações comerciais (v.g., carta normalizada, catálogos, telefone, telefax, videotexto, correio eletrónico, rádio, televisão, "internet") vem tornando tal hipótese cada vez mais remota.[333]

[332] Sobre tal contrato, vide CORREIA, M. Pupo, *Contratos à Distância: Uma Fase na Evolução da Defesa do Consumidor na Sociedade de Informação?*, in: 4 EDC (2002), 165-180; MARTINS, A. Soveral, *Contratação à Distância e Contrato de Seguro,* in: 10 EDC (2016), 91-153; MAIA, Pedro, *Contratação à Distância e Práticas Comerciais Desleais,* in: 9 EDC (2015), 143-175; PINTO, P. Mota, *O Novo Regime Jurídico dos Contratos à Distância e dos Contratos Celebrados Fora do Estabelecimento Comercial,* in: 9 EDC (2015), 51-91; OLIVEIRA, A. Costa, *Dos Contratos Negociados à Distância,* in: 7 RPDC (1996), 52-96; PINTO-FERREIRA, J. Pedro/ CARVALHO, J. Morais, *Contratos Celebrados à Distância e Fora do Estabelecimento Comercial,* Almedina, Coimbra, 2014; SILVA, D. Sousa, *Contratos à Distância – O Ciberconsumidor,* in: 5 EDC (2003), 423-456; para um apanhado jurisprudencial, vide PASSINHAS, Sandra, *Jurisprudência Relevante em Matéria de Contratação à Distância,* in: 9 EDC (2015), 251-277. Noutros quadrantes, BRUNAUX, Geoffray, *Le Contrat à Distance au XXIème Siècle,* LGDJ, Paris, 2010; COEHEN-ADT, Gregor, *Der Fernabsatzvertrag: Anwendungsvoraussetzungen und -probleme beim Versandhandel,* Logos, Berlin, 2009; FRATERNALE, Antonio, *I Contratti a Distanza,* Giuffrè, Milano, 2002; PÉREZ, N. Fernández, *El Nuevo Régimen de Contratación a Distancia con Consumidores,* La Ley, Madrid, 2009.

[333] Sublinhe-se que este processo contratual abrange todas as técnicas de comunicação à distância, algumas das quais, por seu turno, são ainda objeto de uma regulação específica: assim, por exemplo, a contratação efetuada através de centros telefónicos de relacionamento ou "call centers" (cf. art. 2º do Decreto-Lei nº 134/2009, de 2 de junho). Isto é também verdade para a *"internet"*, conquanto esta última origine uma temática específica – a chamada "contratação eletrónica": quer isto dizer que os contratos eletrónicos de consumo se encontram simultaneamente sujeitos, para além das suas regras próprias (LCE e LDE: cf. *infra* § 26), às regras gerais em sede da contratação à distância (LCCD).

III. Este processo alternativo de contratação foi objeto de disciplina jurídica própria, prevista na já citada *Lei dos Contratos Celebrados à Distância e Fora do Estabelecimento Comercial* (LCCD), aprovada pelo Decreto-Lei nº 24/2014, de 14 de fevereiro, sob o direto impulso da legislação comunitária (Diretiva 2011/83/UE, de 25 de outubro). Do que se trata agora, neste ponto, é de salientar em particular os aspetos jusconsumeristas deste tipo de contrato, analisando os seus requisitos, as suas modalidades mais frequentes, e os traços fundamentais do respetivo regime legal.

2. Requisitos

I. O contrato celebrado à distância encontra-se previsto e regulado na LCCD, que o define como "o contrato celebrado entre o consumidor e o fornecedor de bens ou o prestador de serviços sem presença física simultânea de ambos, e integrado num sistema de venda ou prestação de serviços organizado para o comércio à distância mediante a utilização exclusiva de uma ou mais técnicas de comunicação à distância até à celebração do contrato, incluindo a própria celebração" (art. 3º, f) da LCCD). Trata-se assim de um contrato de consumo que exige a verificação cumulativa de três *requisitos* distintivos, de natureza subjetiva, objetiva e operacional.

II. "Primus", tal como sucede nos contratos celebrados fora do estabelecimento, são sujeitos dos contratos à distância o *empresário*, pessoa singular ou coletiva titular de estabelecimento comercial atuando no âmbito da sua atividade profissional diretamente ou através de terceiro ("fornecedor de bens" ou "prestador de serviços": cf. art. 3º, f) da LCCD), e o *consumidor*, ou seja, qualquer pessoa singular atuando com fins que não se integrem no âmbito da sua atividade comercial, industrial, artesanal ou profissional (art. 3º, c) da LCCD). Decisivo – e nota distintiva desta figura contratual – é que o contrato tenha sido celebrado *sem a presença física* simultânea de ambas as partes contratantes, mediante a utilização exclusiva de uma ou mais técnicas de comunicação à distância, v.g., carta normalizada, catálogos, videotexto, telefone fixo, telemóvel, mensagens gravadas, SMS, "fax", correio eletrónico, rádio, televisão, redes sociais, "internet", etc. (art. 3º, c), f) e m) da LCCD).

III. "Secundus", no que toca aos requisitos objetivos, o contrato poderá ter por objeto quaisquer *bens, serviços ou direitos* negociados por aquele empresário, sendo de assinalar a previsão de um importante conjunto de exceções (arts. 2º, nº 2 e 3º, f) da LCCD). Destaque particular merecem os contratos à distância *relativos a serviços financeiros*, os quais foram regulados autonomamente pelo Decreto-Lei nº 95/2006, de 29 de maio[334]: sublinhe-se, todavia, que a equiparação legal genérica do investidor não profissional ao consumidor (art. 321º, nº 3 do CCVM) não é automática, devendo ser devidamente cotejada caso a caso, quer com a natureza jurídica e económica de cada investidor ("maxime", pessoa singular ou coletiva, objeto legal ou estatutário, natureza profissional ou não da atividade de investimento), quer com os bens e serviços financeiros concretamente prestados, quer ainda com a eventual sobreposição ou duplicação das esferas de proteção das normas jusmobiliárias e jusconsumeristas.[335]

IV. "Tertius", no que concerne aos requisitos operacionais, é necessário que o contrato tenha sido celebrado no âmbito de um *sistema de negociação ou contratação à distância organizado pelo empresário* (art. 3º, f) da LCCD). Não basta, pois, que o contrato haja sido celebrado através de uma técnica de comunicação à distância, sendo ainda necessário que tal celebração haja ocorrido numa plataforma de negociação especialmente predisposta para o comércio à distância (v.g., "call centers", serviços de televendas, páginas "web" permitindo efetuar transações comerciais).

[334] Este diploma legal veio transpor a Diretiva 2002/65/CE, de 23 de setembro, relativa à comercialização à distância de serviços financeiros prestados a consumidores, a qual veio concretizar (porventura de modo parcialmente desnecessário) para o caso específico dos bens e serviços financeiros a disciplina da contratação à distância relativa aos bens e serviços em geral contida na Diretiva 2011/83/UE, de 25 de outubro. Cf. Bravo, Fabio, *Commercializzazione a Distanza dei Servizi Finanziari ai Consumatori*, Ipsoa, Milano, 2003.

[335] Cf. § 7-1 (nota 119). Sobre a questão, vide ainda Antunes, J. Engrácia, *Deveres e Responsabilidade do Intermediário Financeiro*, 51 e s., in: 56 CadMVM (2017), 31-52; Rodrigues, S. Nascimento, *A Proteção dos Investidores em Valores Mobiliários*, 44 e ss., Almedina, Coimbra, 2001; noutros quadrantes, Riesenhuber, Karl, *Anleger und Verbraucher*, in: 26 ZBB (2014), 134-149.

3. Modalidades

I. Apesar de o legislador não haver consagrado modalidades típicas dos contratos à distância (como o fez para os contratos fora do estabelecimento comercial), a "praxis" comercial conhece algumas espécies mais frequentes, as quais se distinguem, fundamentalmente, pela particular técnica de comunicação que está na base da respetiva celebração.

II. Tal é o caso dos contratos celebrados por *correspondência postal* – mormente, através de cartas ou formulários normalizados, catálogos, ou outros documentos enviados por correio para o consumidor –, celebrados por *rádio ou televisão* – mormente, em programas televisivos dedicados à comercialização de bens ou serviços (televendas) –, celebrados por *telefone* – através de sistemas automáticos com mensagens escritas ou orais pré-gravadas, aparelhos de chamada automática, aparelhos de telecópia (v.g., faxes), SMS (serviços de mensagens curtas), EMS (serviços de mensagens melhoradas), e MMS (serviços de mensagem multimédia), enviados para telefones fixos ou móveis dos consumidores –[336] e celebrados por *meios eletrónicos* – designadamente, através de correio eletrónico, redes sociais, páginas "web", e "internet".[337]

4. Regime

I. O regime legal destes contratos encontra-se previsto na LCCD. Tal regime é essencialmente idêntico ao dos contratos fora do estabelecimento comercial em matéria da fase *pré-contratual* (deveres de

[336] Sublinhe-se que, no caso de o empresário/ profissional utilizar uma linha telefónica para ser contactado em relação ao contrato celebrado, o consumidor, ao contactar o profissional, não fica vinculado a pagar mais do que a tarifa de base (art. 21º da Diretiva 2011/83/UE, de 25 de outubro, art. 4º, nº 1, p) da LCCD). Cf. Acórdão do TJUE de 13-IX-2018 (*"Starman AS contraTarbijakaitseamet"*), in: ECLI:EU:C:2018:721.

[337] Os contratos à distância celebrados por meios eletrónicos constituem, em si mesmos, um tipo contratual autónomo, que será mais adiante estudado – os *contratos eletrónicos com consumidores* ou B2C (cf. *infra* § 26). Trata-se assim de uma figura contratual que se encontra simultaneamente sujeita às regras gerais em sede da contratação à distância (LCCD) e às suas regras próprias em sede de contratação eletrónica (mormente, a LCE). Sobre esta natureza bifronte da sua regulação, vide *infra* § 26-1.

informação: cf. arts. 4º e 5º, nº 1 da LCCD) e da *extinção contratual* (direito de desistência: cf. arts. 10º a 17º da LCCD), atrás passado em revista[338], sem prejuízo de alguns traços próprios. Assim, por exemplo, a informação pré-contratual deve incluir o custo de utilização da técnica de comunicação à distância (art. 4º, nº 1, p) da LCCD) e deve ser prestada através de meio adequado, com respeito pelos princípios da boa-fé, da lealdade nas transações comerciais e da proteção das pessoas incapazes, v.g., menores (art. 5º, nº 1 da LCCD). Inversamente, ele já apresenta algumas importantes diferenças e particularidades no que diz respeito à formação e cumprimento contratuais.

II. No plano da sua *formação*, os contratos à distância não estão sujeitos a forma especial (com exceção dos celebrados por telefone: cf. art. 5º, nº 7 da LCCD), encontrando-se, em contrapartida, sujeitos às normas específicas relativas ao particular meio de comunicação à distância utilizado na sua celebração (designadamente, LI, LTV, LR, CPub, etc.). Assim, no que diz respeito a contratos celebrados por correspondência postal, o conteúdo contratual mínimo deve integrar, além dos elementos gerais do art. 4º, nº 1, os elementos adicionais previstos no art. 21º da LCCD, sendo ainda de ter presentes as normas do art. 23º do CPub e da Lei nº 6/99, de 27 de janeiro; no que respeita a contratos celebrados por telefone, refira-se que a identidade do empresário/profissional e o objetivo comercial da chamada devem ser comunicados ao consumidor no início de qualquer contacto telefónico com este (art. 5º, nº 6 da LCCD), além de se fazer depender a celebração do contrato de assinatura ou aceitação escrita do consumidor (exceto nos casos em que o primeiro contacto telefónico seja efetuado pelo próprio consumidor: cf. art. 5º, nº 7 da LCCD), além de outras normas especiais porventura aplicáveis (v.g., Decreto-Lei nº 134/2009, de 2 de junho, relativo aos centros telefónicos de relacionamento ou "call centers"); e, no que respeita a contratos celebrados por rádio ou televisão, a celebração do contrato deve ser precedida da prestação de um conteúdo mínimo de informação (art. 5º,

[338] Cf. *supra* § 24-4.

nº 5 da LCCD), além de observar as regras previstas no CPub (art. 8º), na LTV (arts. 40º e segs.) e na LR (art. 40º).

III. Por outro lado, no que toca ao seu *cumprimento*, há que salientar a existência de uma obrigação de confirmação do contrato (art. 6º da LCCD) – obrigação contratual acessória a cargo do empresário/ /profissional que se traduz no dever de este entregar ao consumidor, em qualquer suporte duradouro (papel, chave USB, CD-ROM, DVD, cartões de memória: cf. art. 3º, l) da LCCD), uma confirmação da celebração contendo todas as informações pré-contratuais previstas no art. 4º, nº 1 da LCCD[339] – e ainda uma obrigação de execução do contrato (art. 19º da LCCD) – que investe o empresário/profissional num dever de fornecer o bem ou prestar o serviço no prazo máximo de 30 dias, a contar do dia seguinte à celebração do contrato (nº 1), sob pena de ser obrigado a reembolsar o consumidor dos montantes pagos ou mesmo a devolver o preço em dobro (nºs 2 e 3), sem prejuízo da possibilidade de prestar bem ou serviço de qualidade e preço equivalentes se tal houver sido convencionado e o consumidor nisso tenha consentido expressamente (nº 4).

§26
Contratos Eletrónicos B2C

1. Noção

I. Designam-se genericamente por contratos eletrónicos B2C ("B2C e-contracts"), também denominados contratos de consumo eletrónicos, *os contratos celebrados por via eletrónica entre um empresário e um consumidor.*[340]

[339] Salvo, naturalmente, se aquele empresário/profissional já tiver prestado essa informação, em suporte duradouro, antes da celebração do contrato (art. 6º, nº 2, "in fine"). Sobre a noção de suporte duradouro, veja-se o Acórdão do TJUE de 5-VI-2012 (*"Content Services Ltd v. Bundesarbeitskammer"*), segundo o qual as hiperligações no sítio Internet da empresa fornecedora nos contratos à distância não podem ser consideradas como «suporte durável» para estes efeitos (in: ECLI:EU:C:2012:419); na doutrina, vide ainda Demoulin, Marie, *La Notion de «Support Durable» dans les Contrats à Distance*, in: 4 REDC (2000), 361-377.

[340] Sobre os contratos de consumo eletrónicos, vide Ascensão, J. Oliveira, *A Sociedade Digital e o Consumidor*, in: VIII DSI (2009), 123-153; Barbieri, Diovana, *A Proteção do Consumidor no*

II. O *"comércio eletrónico"* ("e-commerce") – que abrange hoje o conjunto das atividades, relações ou transações juseconómicas realizadas por via telemática através de equipamentos de processamento e transmissão eletrónica de dados (computadores, "tablets", "smartphones") – representa um dos vetores primordiais de evolução da atividade comercial e do próprio Direito Comercial no dealbar do séc. XXI[341]. Dentro do universo do comércio eletrónico, e a par de outros institutos ("maxime", documento eletrónico, moeda eletrónica), destaca-se a chamada *contratação eletrónica*, que designa um processo especial e alternativo de contratação caracterizado pelo facto de as declarações de vontade dos contraentes serem produzidas e transmitidas por meios informáticos, "maxime", através dos sítios "web" colocados em rede ("internet") e do correio eletrónico ("e-mail")[342]. Os contratos eletrónicos, por sua vez, podem revestir

Comércio Eletrônico: Estudo Comparado à luz dos Ordenamentos Jurídicos Brasileiro e Português, Editorial Juruá, Lisboa, 2013; Barros, J. Leite, *Os Contratos de Consumo Celebrados pela Internet*, in: 3 RJLB (2017), 781-843; Castro, M. Gabriel, *Direito dos Contratos – Contrato Electrónico de Consumo*, in: 8 EDC (2006/2007), 559-615; Larcher, Sara, *Contratos Celebrados através da Internet: Garantias dos Consumidores contra Vícios na Compra e Venda de Bens de Consumo*, in: II EIDC (2005), 152-166; Leitão, A. Menezes, *Comércio Eletrónico e Direito do Consumo*, in: "Liber Amicorum Mário Frota – A Causa dos Direitos dos Consumidores", 31-39, Almedina, Coimbra, 2012; Oliveira, E. Dias, *A Protecção dos Consumidores nos Contratos Celebrados Através da Internet*, Almedina, Coimbra, 2002; Oliveira, E. Dias, *Contratação Eletrónica e Tutela do Consumidor*, in: V EIDC (2017), 129-148; Pereira, A. Dias, *Comércio Electrónico e Consumidor*, in: 6 EDC (2004), 341-400; Pereira, A. Dias, *Novos Direitos do Consumidor no Mercado Digital*, in: 10 EDC (2016), 155-173. Noutros quadrantes, Lawand, J. José, *Teoria Geral dos Contratos Eletrónicos*, Ed. Juarez, São Paulo, 2003; Lehmann, Michael (Hrsg.), *Rechtsgeschäfte im Netz – Electronic Commerce*, Schäffer-Poeschel, Stuttgart, 1999; Olave, R. Pinochet, *Contratos Electrónicos y Defensa del Consumidor*, Marcial Pons, Madrid, 2001; Passa, Jérôme, *Commerce Electronique et Protection du Consommateur*, in: 178 RD (2002), 555-564.

[341] Sobre o relevo do comércio eletrónico no âmbito do Direito Comercial moderno, vide Antunes, J. Engrácia, *Direito Comercial*, em curso de publicação.

[342] Sobre a noção, as aceções e as modalidades da contratação eletrónica, vide Ascensão, J. Oliveira, *Contratação Electrónica*, in: IV DSI (2003), 43-68; Luelmo, A. Domínguez, *Contratação na Internet. Regime Jurídico da Contratação na Internet*, in: "Temas de Direito da Informática e da Internet", 137-160, Coimbra Editora, Coimbra, 2004; Pereira, A. Dias, *Comércio Electrónico na Sociedade da Informação*, 14 e s., Almedina, Coimbra, 1999; Rosa, V. Castro, *Contratação Electrónica*, in: AAVV, "Lei do Comércio Electrónico Anotada", 191-208, Coimbra Editora, Coimbra, 2005.

uma enorme variedade de modalidades e tipologias, mormente em função da natureza das partes contratantes[343]: aqui interessam-nos apenas os chamados *contratos eletrónicos B2C ("business-to-consumer")*, celebrados entre empresários e consumidores.

III. Tais contratos têm inegáveis *vantagens* para empresários e consumidores. Os primeiros rapidamente descobriram nas novas tecnologias de comunicação um poderoso instrumento de expansão das suas atividades e transações comerciais, alcançando novos clientes e negócios sem fronteiras físicas e geográficas: a contratação eletrónica funciona 24 horas por dia, 7 dias por semana, e 365 dias por ano, com consumidores de todo o mundo, representando atualmente um volume de negócios global superior a 1,8 triliões de dólares em todo o mundo[344]. Quanto aos últimos, se, como vimos atrás, já a partir de meados do século passado se tornou cada vez menos frequente que um consumidor tivesse de esperar na fila do estabelecimento do empresário para negociar ou adquirir um determinado produto ou serviço (contratação à distância), nos inícios deste novo século uma boa parte destes produtos e serviços passou a estar ao alcance de um simples "click" de computador, operando em micromilésimos de segundo: hoje, é mais fácil, mais rápido e mais barato, um consumidor português adquirir a uma empresa "virtual" sediada nos Estados Unidos da América ou na China um determinado bem (v.g., livro, peça de vestuário, ficheiro digital) do que encomendar essas obras numa loja da própria cidade onde vive. Mas, porque não há bela sem senão, os cibercontratos encerram também *riscos* novos e especiais relativamente aos contratos de consumo tradicionais: dirigindo a sua oferta eletrónica ao mercado virtual mundial, aos empresários passa a ser difícil, senão impossível, conhecer previamente a identidade das suas

[343] Tendo em conta a natureza ou "status" dos sujeitos neles intervenientes – empresários (B), consumidores (C), Administração ou Estado (A), trabalhadores (E), particulares (P) –, tornou-se assim usual distinguir entre as modalidades "business-to-business" (B2B), "business-to-consumer" (B2C), "business-to-administration" (B2A), "administration-to-consumer" (A2C), "business-to-employee" (B2E) e "peer-to-peer" (P2P). Cf. ANTUNES, J. Engrácia, *Direito Comercial*, em curso de publicação.

[344] ECOMMERCE FOUNDATION, *Global B2C ECommerce Country Report 2017*, New York, 2018.

contrapartes, a sua capacidade (v.g., menores, insolventes) ou o local do seu domicílio (e, logo, qual a lei reguladora do contrato); negociando com uma empresa virtual, o ciberconsumidor não conhece frequentemente a real identidade do empresário, não resiste à facilidade assombrosa do processo negocial (ao alcance de um clique no botão digital "Comprar" ou similar), não viu o produto antes de o encomendar e pagar, e fornecerá dados pessoais e bancários que poderão passar a circular sem a sua autorização.[345]

IV. O regime jurídico dos contratos eletrónicos B2C consta hoje de uma pluralidade de *fontes legais* específicas. Muito embora haja quem considere aqui suficientes as normas tradicionais dos contratos previstas no CCivil[346], afigura-se que a contratação eletrónica constitui uma nova e alternativa modalidade de contratação cujas especificidades justificam a existência de uma regulação própria, a qual contribuirá aliás para o avanço e renovação do próprio direito contratual clássico (sem prejuízo de, no futuro, uma vez sedimentada, poder vir a integrar aquele). Entre aquelas fontes, destaca-se o Decreto-Lei 7/2004, de 7 de janeiro, relativo aos serviços na sociedade da informação e ao comércio eletrónico (doravante *Lei do Comércio Eletrónico* ou LCE)[347], além de outros diplomas legais complementares, mormente, o Decreto-Lei nº 290-D/99, de 2 de agosto, relativo aos documentos eletrónicos e à assinatura digital (doravante *Lei dos Documentos Eletrónicos* ou LDE). Além disso, os contratos de consumo

[345] Para uma visão de conjunto das vantagens e riscos da contratação eletrónica do consumo, vide Tapscott, Don, *The Digital Economy: Promises and Perils in the Age of Networked Intelligence*, McGraw-Hill, New York, 1997.

[346] Pinto, P. Mota, *Declaração Tácita e Comportamento Concludente no Negócio Jurídico*, 444, Coimbra, Almedina, 1995; Silva, P. Costa, *Transferência Eletrónica de Dados: A Formação dos Contratos*, 216, in: I DSI (1999), 217-222.

[347] Esta lei veio transpor para o direito interno a Diretiva 2000/31/CE, de 8 de junho, relativa a certos aspetos legais dos serviços da sociedade de informação, em especial do comércio eletrónico, no mercado interno (vulgarmente conhecida por "Diretiva sobre o Comércio Eletrónico" ou DCE). No plano internacional, vide ainda a "Lei Modelo UNCITRAL sobre o Comércio Eletrónico" de 1996 e as "OECD Guidelines for Consumer Protection in the Context of Electronic Commerce" de 1999.

eletrónicos constituem uma modalidade dos contratos à distância (a qual, como vimos atrás, abrange todas as técnicas de comunicação à distância), além de revestirem frequentemente a natureza de contratos de adesão, encontrando-se assim também sujeitos, com as necessárias adaptações, às regras gerais previstas na LCCD (Decreto-Lei nº 24/2014, de 14 de fevereiro), na LCCG (Decreto-Lei nº 446/85, de 25 de outubro) e na LPCD (Decreto-Lei nº 57/2008, de 26 de março).[348]

2. Requisitos

I. Os contratos eletrónicos B2C são contratos de consumo cuja existência está subordinada a requisitos subjetivos e objetivos. No que concerne ao seu âmbito subjetivo, como sucede com os demais contratos de consumo, os contratos B2C têm como partes intervenientes um empresário (sujeito passivo) e um consumidor (sujeito ativo).

II. Relativamente ao sujeito ativo, a lei fala genericamente em *"prestador de serviço"* da sociedade de informação (art. 3º, nº 1 da LCE). Todavia, à semelhança do que vimos também suceder para os demais contratos de consumo em geral[349], os contratos B2C serão usualmente concluídos por *empresários* singulares ou coletivos: para além das referências da lei às "empresas prestadoras de serviços da sociedade de informação" (v.g., art. 38º, nºs 2 e 3 da LCE), é também isso que de algum modo resulta, quer da exigência expressa da lei da natureza económica da atividade por aquelas desenvolvida e da própria amplitude do conceito de serviço da sociedade de informação (art. 3º, nº 1 da LCE), quer ainda da exigência implícita de tal prestação ocorrer no

[348] Sobre esta natureza bifronte, vide SILVA, D. Sousa, *Contratos à Distância – O Ciberconsumidor,* 433, in: 5 EDC (2003), 423-456; OLIVEIRA, E. Dias, *Tutela do Consumidor na Internet,* 337, in: V DSI (2004), 335-358. Sublinhe-se que as referidas leis reguladoras possuem um âmbito subjetivo e objetivo mais vasto do que os contratos em apreço: a LCE não regula apenas os contratos e as relações jurídicas de consumo (aplicando-se a outras vertentes do comércio eletrónico) e a LCCD não regula apenas os contratos celebrados por meios eletrónicos (abrangendo outros meios de comunicação à distância, v.g., correio, telefone, televisão).

[349] Cf. *supra* §§ 6-1 e 24-2 (nota 326).

quadro de um sistema de vendas ou prestação de serviços organizado para o comércio à distância (art. 3º, f) da LCCD)[350]. Sublinhe-se, aliás, que as empresas prestadoras de serviços da sociedade da informação, reguladas pela LCE, podem ser de dois tipos: por um lado, as empresas operativas propriamente ditas, que são parte nos contratos B2C e que exercem a sua atividade económica por meios eletrónicos, de modo parcial (empresas "tradicionais") ou exclusivo (empresas "virtuais"), e cuja atividade não depende de qualquer autorização prévia especial (art. 3º, nº 3 da LCE), sem prejuízo, naturalmente, das regras gerais de acesso ao exercício de certas atividades económicas (v.g., art. 1º, nº 3 do Decreto-Lei nº 10/2015, de 16 de janeiro); por outro lado, as empresas "intermediárias" ou prestadoras de serviços de transmissão de comunicações em rede (arts. 11º e segs. da LCE)[351]. Sublinhe-se ainda que esta natureza tipicamente empresarial dos sujeitos ativos dos contratos B2C não é desmentida pelo art. 24º da LCE, segundo o qual o regime legal é aplicável "a todo o tipo de contratos celebrados por via eletrónica ou informática, sejam ou não qualificáveis como comerciais": com tal disposição terá o legislador pretendido fundamentalmente esclarecer o princípio da universalidade da contratação eletrónica e do respetivo regime – o qual, salvo as exceções previstas na lei ("maxime", art. 25º, nº 2 da LCE), não conhece limitações nas tradicionais divisões do direito privado e até do direito em geral (v.g., contratos civis, comerciais, administrativos) –, de modo algum infirmando que a esmagadora maioria dos

[350] Como sublinha J. Oliveira Ascensão, "com esta amplitude qualquer exercício de comércio eletrónico em rede é um serviço da sociedade da informação" (*Contratação Electrónica*, 50, in: IV DSI (2003), 43-68). Sobre o empresário como contraparte natural (embora não obrigatória) dos contratos B2C, vide Pizarro, S. Nóbrega, *Comércio Electrónico – Contratos Electrónicos e Informáticos*, 73, Almedina, Coimbra, 2005; Tupan, S. Christoffoli, *Alguns Aspectos Jurídicos do Comércio Electrónico entre Empresas*, 58 e ss., Diss., Porto, 2004; noutros ordenamentos, De Ros, R. Mateo/ López-Monis, M. Gallego, *Derecho de Internet*, 115, Aranzadi, Cizur Menor, 2003.

[351] Tal significa também a existência de um feixe de outros contratos, que aqui não serão naturalmente objeto de atenção: pense-se, designadamente, nos contratos de prestação de serviços de telecomunicações, contratos de assinatura ou acesso à "internet", contratos de organização de páginas "web", ou contratos de hospedagem de "home pages".

atuais contratos de consumo relativos ao comércio eletrónico é celebrada por prestadores de serviços que revestem a natureza de empresas.

III. Relativamente ao sujeito passivo, a lei fala aqui de *"destinatário"* (arts. 3º, nº 1 e 28º, nº 1 da LCE), para designar qualquer pessoa singular ou coletiva que solicitou e a quem é prestado o serviço, definindo ainda o legislador comunitário como tal "qualquer pessoa, singular ou coletiva, que, para fins profissionais ou não, utilize um serviço da sociedade da informação, nomeadamente para procurar ou para tornar acessível determinada informação" (art. 2º, d) da DCE). Por conseguinte, os destinatários dos serviços da sociedade de informação poderão ou não ser consumidores, já que o regime legal é aplicável independentemente da finalidade ou destino final dos mesmos (privado ou profissional), abrangendo assim também, e salvo disposição expressa em contrário, os destinatários que sejam empresários (contratos "business-to-business" ou B2B): na contratação eletrónica ou em rede, um consumidor será sempre destinatário de um serviço da sociedade de informação, mas nem todo o destinatário será necessariamente um consumidor. Por outra banda, no caso dos contratos B2C, o conceito de ciberconsumidor e a sua tutela jurídica reconduzem-se à noção geral de consumidor (art. 2º da LDC) e aos quadros jurídicos gerais da sua proteção (art. 3º da LDC), sem prejuízo naturalmente das especificidades próprias adiante assinaladas[352]: assim sendo, serão "ciberconsumidores" ou consumidores internautas, partes de um contrato B2C, as pessoas (em regra, singulares) que tenham solicitado e utilizado tais serviços para fins privados, com exclusão de quaisquer fins empresariais ou profissionais.

[352] Como sublinha E. Dias Oliveira, "o consumidor internauta não é merecedor de menor nem de maior proteção do que o consumidor tradicional" (*A Protecção dos Consumidores nos Contratos Celebrados Através da Internet*, 58, Almedina, Coimbra, 2002). Em sentido convergente, J. Morais Carvalho, ao sublinhar que, não contendo a LCE uma noção de consumidor, deve prevalecer o conceito geral da LDC para efeitos da sua aplicação (*Comércio Electrónico e Protecção dos Consumidores*, 43, in: II "Themis-UNL" (2006), 41-62).

IV. No que diz respeito ao seu âmbito objetivo, os contratos B2C devem preencher os requisitos que resultam da própria definição legal: é considerado como serviço da sociedade de informação "qualquer serviço prestado à distância por via eletrónica, mediante remuneração ou pelo menos no âmbito de uma atividade económica na sequência de pedido individual do destinatário" (art. 3º, nº 1 da LCE).

V. Assim sendo, tais contratos contradistinguem-se por determinadas caraterísticas próprias. Trata-se, desde logo, de contratos à distância, isto é, celebrados sem a presença simultânea dos contraentes ("inter absentes") no âmbito de um sistema de negociação organizado pelo empresário/prestador: estão aqui assim excluídos os contratos B2C que sejam executados entre presentes ou através de contacto imediato (v.g., videoconferência, "skype", "chat rooms", etc.), além dos contratos B2B (que, como vimos, não estão abrangidos pela disciplina geral dos contratos à distância prevista na LCCD)[353]. Depois, trata-se de contratos celebrados por *via eletrónica*, isto é, cujos nascimento, formação e execução são realizados mediante processamento eletrónico de dados através de equipamentos próprios (computadores, "smartphones", etc.)[354]: em via de princípio, são indiferentes as caraterísticas particulares da contratação eletrónica – abrangendo-se

[353] Relembre-se que o art. 3º, f) da LCCD define contrato celebrado à distância como "um contrato celebrado entre o consumidor e o fornecedor de bens ou o prestador de serviços sem presença física simultânea de ambos, e integrado num sistema de venda ou prestação de serviços organizado para o comércio à distância mediante a utilização exclusiva de uma ou mais técnicas de comunicação à distância até à celebração do contrato, incluindo a própria celebração" (sobre tal conceito, vide *supra* § 25-1). Além disso, refira-se ainda que o art. 2º, b) (i) do Decreto-Lei nº 58/2000, de 18 de abril, define como serviço à distância "um serviço prestado sem que as partes estejam simultaneamente presentes". Considerando também os contratos eletrónicos como uma submodalidade dos contratos à distância, vide ainda Ascensão, J. Oliveira, *Contratação Electrónica*, 46, in: IV DSI (2003), 43-68; Carvalho, J. Morais, *Comércio Electrónico e Protecção dos Consumidores*, 42, in: II "Themis-UNL" (2006), 41-62; noutros quadrantes, Navarrete, M. Moreno, *Derecho-e: Derecho del Comercio Electrónico*, 47, Marcial Pons, Madrid, 2002.

[354] O art. 2º, b) (ii) do citado Decreto-Lei nº 58/2000 define como serviço por via eletrónica "um serviço enviado da origem e recebido no destino através de meios eletrónicos de processamento e de armazenamento de dados que seja inteiramente transmitido, encaminhado e recebido por cabo, rádio, meios óticos ou outros meios eletromagnéticos".

indistintamente a contratação eletrónica direta ("on line") e indireta ("off line"), nacional ou internacional, aberta ou fechada (v.g., rede fechada EDI), individualizada ou massificada (v.g., através de cláusulas contratuais gerais) – e as modalidades operativas da sua realização – por exemplo, correio eletrónico ("e-mail"), páginas ou sítios "web" colocados na rede ("internet"), leilões eletrónicos, etc.[355]. Depois ainda, trata-se de contratos de caráter *económico-empresarial*, isto é, de caráter oneroso (mediante contrapartida ou vantagem patrimonial para as partes, mormente o pagamento de um preço) ou até gratuito, sempre que os serviços sejam prestados no âmbito da atividade económica geral do prestador do serviço (v.g., publicidade comercial). Por fim, trata-se de contratos negociados a *pedido do destinatário*, isto é, nos quais o serviço seja prestado mediante prévia ligação ou contacto em linha estabelecido pelo consumidor: estão assim excluídos, por exemplo, os serviços de rádio ou de televisão, que são prestados independentemente de uma solicitação eletrónica individual. Muito embora se trate de uma caraterística natural, embora não essencial, os contratos B2C serão também frequentemente (e, no caso dos contratos celebrados através de páginas ou sítios "web" na rede, necessariamente) contratos de adesão, padronizados através de cláusulas contratuais gerais, sujeitos aos deveres e controlo resultantes da LCCG.[356]

VI. Além disso, quanto ao objeto contratual propriamente dito, a formulação legal ampla ("qualquer serviço da sociedade da informação") permite aqui abranger, em linha com a noção geral do art. 2º, nº 1 da LDC, o fornecimento de *bens* (v.g., corpóreos ou incorpóreos,

[355] É importante salientar, todavia, que existem certos aspetos do regime legal que apenas são aplicáveis a determinadas modalidades operativas de contratos B2C: assim, como veremos, o regime da formação contratual, previsto nos arts. 27º e segs. da LCE, apenas se aplica a contratos de adesão do comércio eletrónico indireto (cf. *infra* § 26-6).

[356] Sobre os contratos B2C como contratos de adesão, vide Oliveira, A. Rita, *A Contratação Eletrónica: As Cláusulas Contratuais Gerais (Em Especial, nas Transações Realizadas via Internet) e Outros Desafios Colocados pelo Comércio Eletrónico ao Direito dos Contratos*, Diss., Univ. de Coimbra, 2016; noutros quadrantes, Navarrete, M. Moreno, *Derecho-e: Derecho del Comercio Electrónico*, 47 e ss., Marcial Pons, Madrid, 2002. Na jurisprudência, vide o Acórdão da RL de 21-VI-2018 (Jorge Leal), in: www.dgsi.pt.

duradouros ou perecíveis), a prestação de *serviços* (v.g., comerciais, financeiros, turísticos, educativos, digitais, etc.) e a transmissão de *direitos* (v.g., atribuição de licenças de utilização).

3. Negociação

I. Tal como nos demais contratos de consumo, a tutela do "ciberconsumidor" faz-se logo sentir, de um modo especialmente nítido, na fase de negociação dos contratos eletrónicos B2C, consubstanciando-se numa significativa densificação das obrigações pré-contratuais da contraparte. Entre tais obrigações, destaque especial merecem os *deveres de informação pré-contratual* do prestador do serviço, cujo regime resulta da aplicação simultânea da LCE e da LCCD.[357]

II. Constituindo os contratos B2C uma modalidade dos contratos à distância, o prestador do serviço está obrigado a fornecer ao ciberconsumidor, em tempo útil e de forma clara e compreensível, um extenso elenco de *elementos informativos gerais* (art. 4º, nº 1 da LCCD)[358]. Muito embora tais deveres informativos pré-contratuais não sejam fonte, para o prestador de serviço, de uma obrigação de garantia do seu conhecimento efetivo por parte do ciberconsumidor (desde que tenham sido observados os princípios e regras gerais que regem o cumprimento de tais deveres: art. 5º, nº 1 da LCCD)[359], há que aten-

[357] Sobre os deveres de informação nestes contratos, vide Barros, J. Leite, *Os Contratos de Consumo Celebrados pela Internet,* 798 e ss., in: 3 RJLB (2017), 781-843; Oliveira, E. Dias, *A Protecção dos Consumidores nos Contratos Celebrados Através da Internet,* 65 e ss., Almedina, Coimbra, 2002. Para maiores desenvolvimentos, Gil-Delgado, M. Corripio, *Los Contratos Informáticos. El Deber de Información Precontratual,* Comillas, Madrid, 1991; Musio, Ivana, *Obblighi di Informazione nel Commercio Elettronico,* in: Sica, Salvatore/ Stanzione, Pasquale (eds.), *Commercio Elletronico e Categorie Civilistiche,* 117-136, Giuffrè, Milano, 2002.

[358] Sobre tais amplos deveres de informação, vide *supra* §§ 24-4 e 25-4.

[359] Com efeito, se o prestador tem um dever de informar, *o consumidor também tem um dever de se informar.* Tudo o que se afigura ser exigível ao prestador é que este assegure que o consumidor teve acesso fácil e claro à informação pré-contratual (arts. 4º, nº 1 e 5º, nº 1 da LCCD) – vedando assim práticas que impeçam ou dificultem esse acesso (v.g., hiperligações complexas) –, mas já não que dela efetivamente o consumidor se inteirou ("maxime", confirmando a leitura ou aceitação de informação prestada que, todavia, não leu). Negando também um "direito à passividade" dos consumidores, Oliveira, E. Dias, *A Protecção dos Consumidores*

tar na tutela especial conferida a este no âmbito dos contratos eletrónicos de consumo. Desde logo, e para além da regulação das comunicações eletrónicas não solicitadas ("spam") (art. 8º da LCCD, Lei nº 46/2012, de 9 de agosto, relativa ao tratamento de dados pessoais e à proteção da privacidade no setor das comunicações eletrónicas), o legislador obrigou os prestadores de serviços, nos respetivos sítios da "internet" dedicados ao comércio eletrónico, à "indicação, de forma clara e legível, o mais tardar no início do processo de encomenda, da eventual existência de restrições geográficas ou outras à entrega e aos meios de pagamento aceites" (art. 7º da LCCD). Além disso, sempre que, como é o caso normal, a encomenda pelo consumidor implicar uma obrigação de pagamento, o prestador do serviço deve assegurar a existência de uma confirmação expressa e consciente dessa obrigação por parte do consumidor e de um conjunto muito vasto dos referidos elementos informativos contratuais (art. 5º, nºs 2 e 3 da LCCD) – designadamente, através do fornecimento de todo o clausulado contratual, diretamente ou através de hiperligação, no sítio da "internet" reservado ao processo de contratação, de cuja aceitação pelo ciberconsumidor fica dependente a encomenda eletrónica – e a existência de uma funcionalidade que informe o ciberconsumidor, de forma facilmente legível e inequívoca, que a realização da encomenda implica uma obrigação de pagamento para este (art. 5º, nº 4 da LCCD) – designadamente, através da ativação de botão ou função semelhante, com a expressão «encomenda com obrigação de pagar» ou uma formulação equivalente.

III. Por outra banda, nos termos do art. 28º, nº 1 da LCE, todo o prestador de serviços que celebre contratos eletrónicos deve facultar às respetivas potenciais contrapartes, antes de ser dada a ordem de encomenda, informação mínima inequívoca sobre um variado naipe de *aspetos específicos* relativos à negociação eletrónica, incluindo o processo de celebração contratual, o arquivamento ou não do contrato (bem como a respetiva acessibilidade pelo contraente), a língua ou

nos Contratos Celebrados Através da Internet, 82, Almedina, Coimbra, 2002; Acórdão do STJ de 4-VI-2015 (Oliveira VASCONCELOS), in: www.dgsi.pt.

línguas em que o contrato pode ser celebrado, os meios técnicos disponibilizados para a identificação e correção de erros de digitação da ordem de encomenda (cf. ainda art. 27º da LCE), os termos contratuais e as cláusulas gerais do contrato a celebrar, e os códigos de conduta de que o empresário em linha seja subscritor.[360]

4. Formação

I. Os contratos eletrónicos contradistinguem-se por constituírem um processo de contratação no qual as declarações de vontade dos contraentes são produzidas e transmitidas por meios informáticos, "maxime", através de correio eletrónico ("e-mail") e da rede ("internet") (art. 25º, nº 1 da LCE). Acresce a isto que o legislador, ao contrário das habituais duas etapas do tradicional "iter" formativo dos contratos (proposta e aceitação), previu aqui quatro diferentes etapas ou momentos: a oferta em linha, a ordem de encomenda, o aviso de receção e a confirmação da ordem de encomenda (arts. 29º a 32º da LCE). Compreende-se assim que deva ser objeto de atenção este regime especial de formação dos contratos B2C.[361]

[360] Tenha-se ainda presente que, nos termos do art. 10º da LCE, os prestadores estão sujeitos a um *dever de disponibilização permanente de informação em linha*, relativamente a um conjunto de elementos de identificação que incluam, nomeadamente, o seu nome, forma ou denominação, endereço geográfico em que se encontra estabelecido e endereço eletrónico, inscrições em registos públicos e número de identificação fiscal.

[361] Sobre a formação dos contratos eletrónicos B2C, vide HOMEM, M. Carvalho, *A Formação dos Contratos no Comércio Eletrónico*, in: 1 RED (2013), 1-49; LARCHER, Sara, *A Formação dos Contratos Celebrados por Consumidores através da Internet*, Diss., Lisboa, 2005; OLIVEIRA, E. Dias, *A Protecção dos Consumidores nos Contratos Celebrados Através da Internet*, 116 e ss., Almedina, Coimbra, 2002; PIZARRO, S. Nóbrega, *Comércio Electrónico – Contratos Electrónicos e Informáticos*, 80 e ss., Almedina, Coimbra, 2005; SILVA, P. Costa, *Transferência Eletrónica de Dados: A Formação dos Contratos*, in: I DSI (1999), 217-222; VENÂNCIO, P. Dias, *O Contrato Eletrónico e o Momento da sua Conclusão*, in: IV MJur (2006), 61-76. Noutros quadrantes, BARCELÓ, R. Juliá, *Comercio Electrónico entre Empresários – La Formación y Prueba del Contrato Electrónico*, Tirant lo Blanch, Valencia, 2000; DAVIES, Lars, *Contract Formation on the Internet: Shattering a Few Myths*, in: AAVV, "Law and the Internet – Regulating Cyberspace", 97-120, Hart, Oxford, 1997; MORENO, Á. Guisado, *Formación y Perfección del Contrato en Internet*, Marcial Pons, Madrid, 2004; SIMPSON, Andrew/ KYNSELLA, Stephan, *Online Contract Formation*, Oceana Publications, New York, 2004.

II. Esse regime especial do processo formativo, que se encontra previsto nos arts. 29º a 32º da LCE, não prima pela clareza, originando dúvidas, quer quanto à qualificação ou especialidade do próprio processo formativo "in toto", quer quanto à natureza jurídica e caracterização das suas etapas constitutivas (mormente, no que diz respeito à proposta e aceitação contratuais). Antes disso, advirta-se que este regime especial é apenas aplicável em toda a sua plenitude aos contratos B2C celebrados na rede ("internet"), e não já aos contratos B2C celebrados por outras modalidades eletrónicas (v.g. correio eletrónico, leilões eletrónicos, etc.)[362]: especial destaque merecem aqui os chamados "clickwrap agreements" ou "clickthrough agreements", que são contratos eletrónicos de consumo concluídos nas páginas "web" da empresa prestadora dos produtos ou serviços contratados, mediante um simples "clique" digital do consumidor ("I agree", "I accept"), em que este se limita a aceitar o conteúdo e as condições contratuais predispostas nessas páginas.[363]

III. Relativamente ao primeiro momento do "iter" formativo" (*oferta eletrónica de produtos ou serviços*), é controvertido se esta oferta reveste a natureza de uma proposta contratual ou de mero convite a contratar[364]. O art. 32º, nº 1 da LCE dispõe que "a oferta de produtos ou serviços em linha representa uma proposta contratual quando contiver todos os elementos necessários para que o contrato fique

[362] Sobre esta exclusão parcial, vide *infra* § 26-6.

[363] KIM, Nancy, *Wrap Contracts,* Oxford University Press, London, 2013.

[364] A qualificação jurídica da oferta eletrónica é discutida na doutrina portuguesa, havendo quem a qualifique como proposta contratual ao público (ALMEIDA, C. Ferreira, *Direito do Consumo*, 97, Almedina, Coimbra, 2005; ASCENSÃO, J. Oliveira, *Contratação Electrónica*, 63, in: IV DSI (2003), 43-68; PIZARRO, S. Nóbrega, *Comércio Electrónico – Contratos Electrónicos e Informáticos,* 82, Almedina, Coimbra, 2005), como convite a contratar (SILVA, J. Calvão, *Banca, Bolsa e Seguros*, tomo I, 100, Almedina, Coimbra, 2005) e até como nem uma coisa nem outra, preferindo remeter a solução para os casos concretos (OLIVEIRA, E. Dias, *A Protecção dos Consumidores nos Contratos Celebrados Através da Internet,* 89, Almedina, Coimbra, 2002). A questão, de resto, não divide apenas os autores nacionais, sendo também bastante controvertida além-fronteiras: cf. LEHMANN, Michael (Hrsg.), *Rechtsgeschäfte im Netz – Electronic Commerce,* 83 e ss., Schäffer-Poeschel, Stuttgart, 1999; TURNER, Catrin/ BRENANN, Sean, *Commercial Lawyers Guide to the Internet,* in: VIII ICCLR (1997), 120-123 e 382-386.

concluído com a simples aceitação do destinatário". Ora assim sendo, tendo ainda presente a amplitude dos deveres informativos pré-contratuais a que está sujeito o autor da oferta em linha (art. 4º, nº 1 da LCCD), a regra geral será a de que as ofertas eletrónicas "on line" constituídas ou integradas por enunciados contratuais completos corresponderão a verdadeiras propostas contratuais (considerando-se tais contratos concluídos e perfeitos com a respetiva aceitação pelos destinatários, a chamada "ordem de encomenda")[365], desde que relativamente a elas um declaratário normal pudesse deduzir a vontade do prestador ofertante de se vincular juridicamente ao negócio – reservando a qualificação de mera "invitatio ad offerendum" para o caso (mais raro mas ainda assim possível) das demais ofertas[366]. Qualquer outra solução de princípio, além de se coadunar mal com a lógica da própria contratação em linha e ser contrária ao objetivo de tutela do consumidor, desaguaria necessariamente num sistema de qualificação casuística do nascimento dos contratos eletrónicos, cuja conclusão ficaria assim também, em última instância, dependente da vontade do próprio prestador ofertante (mediante a emissão ou não do aviso de receção).[367]

[365] Aspeto relevante é o da chamada integração publicitária contratual, que confere validade e eficácia contratuais às declarações contidas nas mensagens publicitárias, já prevista para os contratos de consumo em geral pelo art. 7º, nº 5 da LDC (cf. *supra* § 17-2). Sobre o relevo jurídico-negocial da publicidade na "internet" (arts. 20º e 21º da LCE, art. 2º, f) da DCE), vide ANTUNES, J. Engrácia, *O Direito da Publicidade – Uma Introdução*, 822 e s., in: XCIII BFDUC (2017), 771-848; CORREIA, M. Pupo, *Conformação dos Contratos pela Publicidade na Internet*, in: VIII DSI (2009), 189-209; LEITÃO, A. Menezes, *Publicidade na Rede*, in: VIII DSI (2009), 263-279. Para outros desenvolvimentos, CASTILLO, V. Sánchez, *Publicidad en Internet*, La Ley, Madrid, 2007.

[366] Há até quem vá mais longe, considerando que a amplitude dos deveres informativos pré-contratuais, a que estão sujeitos os prestadores em linha, obrigará estes a que as respetivas ofertas eletrónicas revistam necessariamente a natureza de verdadeiras propostas contratuais: cf. CARVALHO, J. Morais, *Comércio Electrónico e Protecção dos Consumidores*, 47, in: II "Themis-UNL" (2006), 41-62; PEREIRA, A. Dias, *Comércio Electrónico e Consumidor*, 352, in: 6 EDC (2004), 341-400.

[367] É consabido que a "proposta ao público" e o "convite a contratar" constituem modalidades com regime diferenciado em matéria da formação e perfeição negociais: no caso da proposta ao público, o proponente fica imediatamente colocado numa situação de sujeição perante o destinatário, o qual, enquanto titular de um direito potestativo à conclusão

IV. Relativamente ao segundo momento do ritual formativo (*ordem de encomenda*), é também controvertida a natureza jurídica a associar-lhe, mormente se estaremos aqui ou não diante de uma aceitação que torna perfeito o contrato eletrónico. A razão fundamental para tal controvérsia – para além da terminologia utilizada, proveniente do legislador europeu (art. 11º da DCE) e estranha à tradição jurídica portuguesa – reside na circunstância de o legislador português ter vindo prever a existência de atos posteriores à própria "ordem de encomenda" enviada pelo consumidor, designadamente a emissão de um "aviso de receção" por parte do prestador ("logo que receba uma ordem de encomenda por via exclusivamente eletrónica, o prestador de serviços deve acusar a receção igualmente por meios eletrónicos, salvo acordo em contrário com a parte que não seja consumidora": cf. art. 29º, nº 1 da LCE) e a "confirmação" por parte do destinatário ("a encomenda torna-se definitiva com a confirmação do destinatário, dada na sequência do aviso de receção, reiterando a ordem emitida": cf. art. 29º nº 5 da LCE).[368]

V. Quanto ao *aviso de receção* – declaração receptícia do prestador do serviço dirigida ao consumidor ordenador da encomenda que se encontra sujeita à observância de requisitos próprios (arts. 29º, nºs 1, 3 e 4, 31º, nº 1 da LCE) –, afigura-se estarmos aqui diante de um dever legal pós-contratual do prestador do serviço: ou seja, tal aviso não constitui uma formalidade "ad substantiam" ou pressuposto da formação do contrato eletrónico, o qual se deve considerar assim perfeito e concluído com a ordem de encomenda emitida pelo consumidor destinatário, tratando-se antes de uma formalidade "ad pro-

do contrato, tem nesta matéria a última palavra; inversamente, na "invitatio ad offerendum" existe um mero convite endereçado ao destinatário no sentido de este apresentar uma proposta, que o oferente poderá ou não aceitar, pelo que é agora a este (oferente) que cabe a última palavra quanto à conclusão do contrato. Sobre a distinção entre as duas figuras, Almeida, C. Ferreira, *Contratos,* vol. I, 121 e ss., 6ª edição, Almedina, Coimbra, 2018.

368 Repare-se que a determinação do momento da celebração ou perfeição contratual não é questão meramente académica, possuindo relevância para diversos efeitos da economia dos contratos eletrónicos (pense-se, por exemplo, no direito de desistência do consumidor, cujo prazo se conta a partir da data da celebração: cf. art. 10º, nº 1, a) da LCCD).

bationem" ulterior a cargo do empresário prestador do bem ou serviço, imposta por razões de segurança no comércio eletrónico e de tutela dos consumidores[369]. Tal conclusão, não apenas é aquela que se melhor se coaduna com as regras gerais relativas à formação dos contratos – cuja aplicação na contratação eletrónica parece ser de algum modo corroborada pelo art. 32º, nº 2 da LCE, ao dispor que "o mero aviso de receção da ordem de encomenda não tem significado para a determinação do momento da conclusão do contrato" –, como também é a única que permite assegurar um modelo formativo uniforme e coerente – tendo presente, em especial, que nem sempre o aviso de receção da encomenda é exigido nos contratos B2C, mormente nos relativos ao comércio eletrónico direto (art. 29º, nº 2 da LCE).[370]

VI. Maiores são ainda porventura as perplexidades quanto à *confirmação da encomenda* – declaração receptícia emitida pelo consumidor na sequência do recebimento do aviso de receção da ordem de encomenda –, que resultam essencialmente de se tratar do derradeiro momento do "iter" negocial a que o legislador associou enigmaticamente o significado de "reiterar a ordem de encomenda" e tornar esta "definitiva" (art. 29º, nº 5 da LCE). A doutrina portuguesa encontra-se dividida quanto à natureza jurídica a atribuir-lhe: se alguns consideram tratar-se de um verdadeiro ato de aceitação contratual,

[369] Convergentemente, ALMEIDA, C. Ferreira, *Contratos*, vol. I, 171, 6ª edição, Almedina, Coimbra, 2018; CARVALHO, J. Morais, *Comércio Electrónico e Protecção dos Consumidores*, 49, in: II "Themis-UNL" (2006), 41-62; PEREIRA, A. Dias, *A Via Eletrónica da Negociação (Alguns Aspetos)*, 281, in: 8 EDC (2006-07), 275-290; HOMEM, M. Carvalho, *A Formação dos Contratos no Comércio Eletrónico*, 24 e ss., in: 1 RED (2013), 1-49. Em sentido oposto, sustentando tratar-se de uma formalidade necessária para a perfeição do contrato, SILVA, P. Costa, *Contratação Electrónica*, 188, in: AAVV, "Lei do Comércio Electrónico Anotada", 181-189, Coimbra Editora, Coimbra, 2005; VENÂNCIO, P. Dias, *O Contrato Eletrónico e o Momento da sua Conclusão*, 72, in: IV MJur (2006), 61-76.

[370] Sublinhe-se que este dever legal de emissão do aviso de receção apenas existe no caso do comércio eletrónico indireto (em que os bens ou serviços objeto da encomenda eletrónica são fornecidos pelos canais físicos tradicionais, v.g., serviços postais), já sendo dispensado no comércio eletrónico direto. Sobre esta exclusão, vide ainda *infra* § 26-6.

de que dependeria a validade e perfeição do contrato[371], outros sustentam tratar-se do momento terminal de uma "facti-species" complexa dessa aceitação contratual (sistema do "duplo clique", em que tal aceitação dependeria simultaneamente da ordem de encomenda e da confirmação)[372], e outros ainda que veem nela uma condição suspensiva da eficácia do contrato (o qual, tendo-se validamente celebrado com a ordem de encomenda, apenas produziria os seus efeitos após a confirmação)[373]. Em nossa opinião, e à semelhança do que vimos também suceder com o aviso de receção, a confirmação constitui um mero ato pós-contratual do consumidor, que não corresponde a qualquer requisito adicional da formação do contrato, representando antes um simples ato de reconhecimento ou atestação da perfeição contratual ocorrida com a ordem de encomenda[374]: a "ratio" deste dever legal é, de resto, nebulosa, afigurando-se uma formalidade complementar em larga medida inócua da perspetiva da segurança do comércio eletrónico e até da própria tutela do consumidor (salvo se lhe quisermos atribuir o significado de uma espécie de prazo suplementar de desistência ou "livre resolução contratual", para além do já conferido em via geral ao consumidor pelo art. 9º, nº 7 da LDC e art. 10º da LCCD).

5. Forma e Prova

I. No plano da *forma* e da *prova* das declarações de vontade dos contraentes, cumpre sublinhar os princípios da equivalência e progressiva neutralidade das formas (físicas ou eletrónicas) dos negócios

[371] Rosa, V. Castro, *Contratação Eletrónica,* in: AAVV, "Lei do Comércio Eletrónico Anotada", 191-208, Coimbra, Coimbra Editora, 2005.

[372] Silva, P. Costa, *Contratação Electrónica,* 187 e s, in: AAVV, "Lei do Comércio Electrónico Anotada", 181-189, Coimbra, Coimbra Editora, 2005; Venâncio, P. Dias, *O Contrato Eletrónico e o Momento da sua Conclusão,* 72, in: IV MJur (2006), 61-76.

[373] Carvalho, J. Morais, *Comércio Electrónico e Protecção dos Consumidores,* 50 e s., in: II "Themis-UNL" (2006), 41-62; Pereira, A. Dias, *Comércio Electrónico e Consumidor,* 355 e s., in: 6 EDC (2004), 341-400.

[374] Também neste sentido genérico, vide Almeida, C. Ferreira, *Contratos,* vol. I, 171, 6ª edição, Almedina, Coimbra, 2018; Homem, M. Carvalho, *A Formação dos Contratos no Comércio Eletrónico,* 29, in: 1 RED (2013), 1-49; Silva, H. Lança, *Conclusão dos Contratos no Comércio Eletrónico,* 13, Verbo Jurídico, 2007.

jurídicos que decorrem da Lei dos Documentos Eletrónicos e da Assinatura Digital (LDE), aprovada pelo Decreto-Lei nº 290-D/99, de 2 de agosto.[375]

II. Designa-se genericamente por *documento eletrónico* todo aquele que foi gerado através do processamento eletrónico de dados (art. 2º, a) da LDE): abrangem-se aqui, quer os documentos eletrónicos em sentido estrito – que são aqueles que, sendo criados através de computador, apenas são acessíveis através deste (v.g., ficheiros em memória RAM, em discos magnéticos ou óticos) –, quer os documentos eletrónicos em sentido amplo – também conhecidos por documentos informáticos, que são todos aqueles reproduzíveis pelos órgãos periféricos de saída do computador ("maxime", impressora ou "fax")[376]. Por um lado, os documentos eletrónicos são verdadeiros *documentos.* Ao dispor que "o documento eletrónico satisfaz o requisito legal da forma escrita quando o seu conteúdo seja suscetível de representação como declaração escrita" (art. 3º, nº 1 da LDE), o legislador veio reconhecer expressamente que as declarações negociais geradas, transmitidas e conservadas através de processamento eletrónico de dados, são documentos escritos no sentido do art. 363º, nº 1 do CCivil. Por outro lado, os documentos eletrónicos com assinatura eletrónica qualificada certificada possuem a *força probatória plena* dos documentos

[375] Sobre a forma dos contratos eletrónicos, vide AAVV, *Leis do Comércio Electrónico,* 46 e ss., Centro Atlântico, Lisboa, 2000; Correia, M. Pupo, *Comércio Electrónico: Forma e Segurança,* in: "As Telecomunicações e o Direito na Sociedade da Informação", 223-258, IJC, Coimbra, 1999; Pizarro, S. Nóbrega, *Comércio Electrónico – Contratos Electrónicos e Informáticos,* 76 e ss., Almedina, Coimbra, 2005. Noutros quadrantes, Moscarini, Lucio, *Formalismo Negoziale e Documento Informatico,* in: "Studi in Onore a Pietro Rescigno", vol. V, 1045-1070, Giuffrè, Milano, 1998; Ortiz, R. Illescas, *Derecho de la Contratación Electrónica,* Civitas, Madrid, 2000; Stallone, Francesco, *La Forma dell'Atto Giuridico Elettronico,* in: VI CeImp (1990), 756-778.

[376] Sobre os documentos eletrónicos, vide ainda Finocchiaro, Giusella, *Documento Elettronico,* in: X CeImp (1994), 433-450; Taglino, Daniela, *Il Valore Giuridico del Documento Elettronico,* Diss., Roma, 1996. Tratamos aqui dos documentos escritos, diretamente pertinentes à contratação de consumo, dado que os documentos não escritos, físicos (v.g., fotografias, registos fonográficos) ou digitais (v.g., ficheiros informáticos de áudio, de imagem), se encontram sujeitos a um regime próprio: cf. art. 368º do CCivil e art. 3º, nº 3 da LDE.

particulares assinados (art. 3º, nº 2 da LDE)[377]. A assinatura eletrónica qualificada consiste numa espécie de "selo eletrónico", a qual, uma vez aposta no documento e preenchidos os requisitos cumulativos previstos na lei (aposição de assinatura eletrónica qualificada, certificação por uma entidade certificadora credenciada), faz prova material e plena das declarações constantes desse documento, sem prejuízo naturalmente da arguição e prova da falsidade deste, nos termos gerais do art. 376º do CCivil.[378]

III. De acordo com a própria LCE, "é livre a celebração de contratos por via eletrónica, sem que a validade ou eficácia destes seja prejudicada pela utilização deste meio" (art. 25º, nº 1 da LCE). É sabido que, relativamente aos contratos civis (art. 219º do CCivil) e comerciais (art. 3º do CCom), vigora o princípio geral da liberdade de forma, ou consensualismo, segundo o qual a validade das declarações negociais não está sujeita a qualquer forma especial, podendo a vontade das partes ser exteriorizada por qualquer via juridicamente relevante. O referido preceito veio assim estabelecer, ao lado dos veículos ou suportes tradicionais das declarações negociais (via oral, documento escrito, documento autêntico), *a relevância da forma eletrónica* para efeitos da contratação eletrónica (já decorrente, aliás, do art. 6º da LDE) e, consequentemente, a equiparação dos contratos tradicionais e eletrónicos (cf. também art. 9º da DCE): pelo que, sempre que o concreto negócio "on line" não esteja sujeito a uma forma especial imposta por lei e ressalvados certos casos excecionais

[377] Sobre a prova eletrónica, vide Mendes, A. Ribeiro, *Valor Probatório dos Documentos Emitidos por Computador*, in: 47/48 DDC (1991), 487-527. Noutros ordenamentos jurídicos, vide AAVV, *Empresa y Prueba Informatica*, Bosch, Barcelona, 2007; Barceló, R. Juliá, *Comercio Electrónico entre Empresários – La Formación y la Prueba del Contrato Electrónico*, Tirant lo Blanch, Valencia, 2000; Poullet, Yves/ Amory, Bernard, *Le Droit de la Preuve face à l'Informatique et à la Télématique*, in: 37 RIDC (1985), 331-352; Graziosi, Andrea, *Premesse ad una Teoria Probatoria del Documento Informatico*, in: 50 RTDPP (1998), 481-529.

[378] Relativamente aos demais documentos eletrónicos a que faltem todos ou algum desses requisitos legais (v.g., falta de assinatura eletrónica, aposição de assinatura eletrónica não qualificada, entidade certificadora não credenciada em conformidade com a lei portuguesa), valerá o princípio da *livre apreciação da prova pelo julgador*, nos termos gerais do art. 366º do CCivil (art. 3º, nº 5 da LDE).

(v.g., contratos reais sobre imóveis, etc.: cf. art. 25º, nº 2 da LCE), as suas validade e eficácia ficam dependentes apenas da observância dos restantes requisitos materiais de celebração (partes, objeto, consentimento, etc.).[379]

IV. Nos termos ainda da mesma LCE, "as declarações emitidas por via eletrónica satisfazem a exigência legal de forma escrita quando contidas em suporte que ofereça as mesmas garantias de fidedignidade, inteligibilidade e conservação" (art. 26º, nº 1). Tal significa agora que as declarações contidas em documento eletrónico que reúnam tais garantias ("maxime", documento com assinatura eletrónica qualificada, certificada por entidade credenciada) *preenchem integralmente o requisito de forma escrita, cominado pela lei (forma legal) ou pelas partes (forma convencional) para a formação contratual.* Além disso, tenha-se ainda em conta que o mesmo diploma contém disposições relevantes em sede da perfeição jurídico-negocial das declarações de vontade contidas em documentos eletrónicos (no caso de existência de convenção, expressa ou tácita, de endereço eletrónico: cf. art. 6º, nºs 1 e 4), do valor jurídico da validação cronológica aposta nesses documentos (permitindo assim fixar com extrema precisão o momento da produção dos respetivos efeitos: cf. art. 6º, nº 2), e do valor formal da respetiva equiparação (permitindo integrar as normas, muito abundantes na lei positiva e em contratos duradouros, que exigem comunicações por carta registada sem ou com aviso de receção: cf. art. 6º, nº 3, todos da LCE).

V. Por último, saliente-se que, sem prejuízo dos limites imperativos decorrentes da LCCG, as partes dos contratos B2C têm a faculdade de incluir nos seus contratos *convenções em matéria probatória*, "maxime", atribuindo valor de prova plena a documentos eletrónicos

[379] Como refere J. Vega Vega, "encontramo-nos diante de uma nova forma de manifestação (transmissão) do consentimento, que não é nem a voz (contrato oral) nem um escrito (contrato escrito)", falando então de "um princípio de equivalência funcional" entre os suportes eletrónicos e os demais suportes tradicionais (*La Forma en el Negocio Jurídico Electrónico*, in: 23 REEE (2011), 125-163). Cf. ainda Silva, H. Lança, *Conclusão dos Contratos no Comércio Eletrónico*, 5, Verbo Jurídico, 2007.

que não preencham tais requisitos, mormente a outras modalidades de assinatura eletrónica (v.g., mera assinatura digitalizada), a outras entidades certificadoras (v.g., entidades estrangeiras não reconhecidas oficialmente em Portugal) ou a outros meios de prova (v.g., acesso mediante "password" no âmbito de contratação bancária "on-line").

6. Outros Aspetos

I. O regime dos contratos de consumo eletrónicos é vasto e complexo, envolvendo diversas outras importantes especialidades e encerrando problemas de difícil resolução, a que aqui se fará uma mera alusão breve.

II. Um dos aspetos mais relevantes diz respeito às questões da *lei aplicável* e *jurisdição competente* nos litígios de consumo. O comércio eletrónico, e a contratação eletrónica em particular, é, caracteristicamente, global e transnacional: tal como a rede mundial ou "world wide web" ignora fronteiras políticas e nacionalidade dos internautas, também assim os contratos eletrónicos de consumo são celebrados entre contratantes domiciliados e localizados fisicamente em diferentes Estados. São aqui particularmente relevantes diversas normas em matéria de determinação da lei aplicável ("choice of law") e da competência judiciária ("jurisdiction"), de fonte nacional (v.g., arts. 4º e 5º da LCE), europeia (v.g., arts. 17º a 19º do Regulamento UE/1215/2012, de 12 de dezembro) e internacional ("maxime", art. 5º da Convenção de Roma de 1980, art. 6º do Regulamento "Roma I")[380]. Saliente-se, todavia, que as tradicionais normas internacional-jusprivatísticas, centradas no critério da localização geográfica para

[380] Sobre tais regras, além dos estudos referidos *supra* § 2-4, vide Gonçalves, A. Sousa, *Evolução da Regulamentação Europeia dos Contratos de Consumo Internacionais Celebrados por Via Electrónica*, in: 162 SI (2013), 5-32; Oliveira, E. Dias, *A Protecção dos Consumidores nos Contratos Celebrados Através da Internet*, 176 e ss., Almedina, Coimbra, 2002; Oliveira, E. Dias, *Lei Aplicável aos Contratos Celebrados com os Consumidores através da Internet e Tribunal Competente*, in: 4 EDC (2002), 219-239; Pinheiro, L. Lima, *Direito Aplicável aos Contratos Celebrados Através da Internet*, in: 66 ROA (2006), 131-190. Para mais desenvolvimentos, Tang, Z. Sophia, *Electronic Consumer Contracts in the Conflict of Laws*, 2nd edition, Hart Publishing, New York, 2015.

efeitos da determinação da lei aplicável e da jurisdição competente, mostram-se algo desajustadas à ubiquidade da contratação eletrónica, em especial à tutela dos ciberconsumidores em contratos B2C internacionais ou transfronteiriços: o problema crucial é que, "in cyberspace, here or there is everywhere".[381]

III. Quanto à *celebração*, à *execução* e à *extinção* dos contratos B2C, existem várias especialidades a ter em conta, que o legislador não chegou a resolver ou esclarecer na sua totalidade. Tal o caso do momento relevante da *receção das declarações negociais eletrónicas*. Nos termos do art. 31º, nº 2 da LCE, "a ordem de encomenda, o aviso de receção e a confirmação da encomenda consideram-se recebidos logo que os destinatários têm a possibilidade de aceder a eles" (cf. também art. 11º, nº 1 da DCE). Acolheu-se assim uma versão mitigada da teoria da receção, já dominante entre nós para os negócios jurídicos em geral (art. 224º do CCivil), pelo que uma declaração eletrónica se considera eficaz logo que seja acessível ou se encontre à disposição do respetivo destinatário ou contraparte. Todavia, questão discutida – atenta a especificidade das comunicações eletrónicas – é a de saber se tal acessibilidade se dá com a entrada da mensagem no servidor do destinatário ou apenas quando a mesma é descarregada na sua caixa de correio eletrónico[382]. Mas existem muito outros exemplos. Pense-se assim, designadamente, na questão da *capacidade negocial* dos contraentes (v.g., no caso de ciberconsumidores menores, ciberconsumidores insolventes: cf. art. 16º, nº 1 da DCE); da *privacidade e proteção dos dados pessoais*, disciplinada por um complexo emaranhado de disposições contidas nas Lei nº 67/98, de 26 de outubro (relativa à proteção dos dados pessoais), Lei nº 32/2008, de

[381] KRONKE, Herber, *Applicable Law in Torts and Contracts in Ciberspace*, 65, in: "Internet – Which Court Decides? Which Law Applies?", 65-97, Kluwer, Hague/ London/ Boston, 1998.

[382] Sobre tal questão, entre outros, vide OLIVEIRA, E. Dias, *A Protecção dos Consumidores nos Contratos Celebrados Através da Internet*, 125 e ss., Almedina, Coimbra, 2002; PEREIRA, A. Dias, *Princípios do Comércio Electrónico*, 98 e s., in: "Miscelâneas do IDET", nº 3, 77-112, Almedina, Coimbra, 2004; ROSA, V. Castro, *Contratação Eletrónica*, 195, in: AAVV, "Lei do Comércio Eletrónico Anotada", 191-208, Coimbra Editora, Coimbra, 2005; VENÂNCIO, P. Dias, *O Contrato Eletrónico e o Momento da sua Conclusão*, 70, in: IV MJur (2006), 61-76.

17 de junho (relativa à conservação de dados gerados ou tratados no contexto da oferta de serviços de comunicações eletrónicas), e Lei nº 41/2004, de 18 de agosto (relativa ao tratamento de dados pessoais e à proteção da privacidade no setor das comunicações eletrónicas); do *tempo, prazo e lugar do cumprimento* das prestações contratuais, em especial a execução da encomenda por parte do prestador de serviço (sendo em princípio aplicáveis, com as necessárias adaptações, as regras que regem os aos contratos à distância: cf. art. 19º da LCCD); ou da *extinção* do contrato, muito em particular no regime do direito de desistência dos ciberconsumidores (também regido, "mutatis mutandis", pelas normas relativas ao direito de livre resolução dos arts. 10º e segs. da LCCD).[383]

IV. Por fim, mas não menos relevante, é ainda necessário ter presente a existência de certas formas de contratação eletrónica de consumo que se encontram, total ou parcialmente, excluídas do âmbito de aplicação de algumas das regras da LCE, atrás referidas. Estão neste caso os *contratos eletrónicos B2C "puros"*, ou seja, que são integralmente concluídos e cumpridos por via eletrónica: com efeito, nos contratos do comércio eletrónico direto, que têm por objeto produtos ou serviços de conteúdo incorpóreo e digital que são fornecidos imediatamente em linha ao consumidor, é dispensado o aviso de receção da ordem da encomenda por parte do prestador e, implicitamente, a confirmação do destinatário (art. 29º, nº 2 da LCE)[384].

[383] Barros, J. Leite, *O Direito de Arrependimento nos Contratos Eletrônicos de Consumo como Forma de Extinção das Obrigações – Um Estudo de Direito Comparado Luso-Brasileiro*, in: 14 EDC (2018), 117-183.

[384] Por conseguinte, o processo formativo dos contratos B2C, mais atrás descrito (*infra* § 26-4), apenas vale para a contratação relativa ao *comércio eletrónico indireto*, em que o fornecimento dos bens ou serviços objeto da encomenda eletrónica se processa fora da rede ou "off line" (v.g., serviços postais na encomenda de um livro, transporte de eletrodoméstico encomendado), mas já não para a contratação relativa ao comércio eletrónico direto, em que as prestações das partes são realizadas imediata e diretamente em linha ou "on line", caraterísticamente no caso dos chamados "bens informáticos" de conteúdo incorpóreo e digital ("electronic delivered products"), v.g., livros eletrónicos ("e-book"), ficheiros multimédia (v.g., "mp3", "avi"), "software" informático, ficheiros digitais, bases de dados, etc. Esta última dimensão origina interessantes, mas espinhosos, problemas adicionais: pense-se, por

Estão também neste caso os *contratos B2C por e-mail*, que são contratos eletrónicos entre empresários e consumidores celebrados exclusivamente através de correio eletrónico ou outros meios de comunicação individual equivalente: tais contratos constituem, no essencial, negócios de consumo sujeitos às regras gerais, com as necessárias adaptações, a que não são aplicáveis as normas especiais relativas à negociação e formação previstas na LCE (art. 30º)[385]. Estão ainda, e por fim, neste caso os *contratos eletrónicos automáticos*, que designam os contratos celebrados exclusivamente através de computadores e sem qualquer intervenção humana (v.g., negociação de alta frequência[386]): tais contratos, nuclearmente assentes na transferência eletrónica de dados ("eletronic data interchange" ou EDI) e relevantes na contratação B2B (v.g., operações interbancárias, operações entre intermediários financeiros, raramente envolvendo por via direta, por conseguinte, consumidores ou contratos B2C), encontram-se sujeitos ao regime dos arts. 33º, 25º, e 26º do diploma legal em referência.[387]

exemplo, nos "shrinkwrap agreements", que designam genericamente os acordos relativos às condições de uso de licença de "software" informático fornecido pela empresa virtual ao consumidor final, cuja aceitação por este apenas ocorre após a abertura, instalação, ou primeira utilização do dito produto.

[385] A razão de ser desta exclusão parece residir na circunstância de o correio eletrónico, tal como os meios de comunicação tradicionais, constituir um veículo da declaração negocial suficientemente individualizado para permitir às partes (mormente, ao consumidor) influenciarem os termos do contrato, reclamando assim uma tutela menos intensa. Já mais discutível, todavia, parece ser a inaplicabilidade dos deveres informativos previstos no art. 28º da LCE: cf. Homem, M. Carvalho, *A Formação dos Contratos no Comércio Eletrónico,* 31, in: 1 RED (2013), 1-49; Silva, H. Lança, *Conclusão dos Contratos no Comércio Eletrónico,* 8, Verbo Jurídico, 2007.

[386] Sobre a negociação de alta frequência ("high-frequency trading" ou HFT), forma sofisticada de negociação algorítmica que permite efetuar operações em escala de compra e venda de instrumentos financeiros em milésimos de segundo, vide Antunes, J. Engrácia, *Os Instrumentos Financeiros,* 99, 3ª edição, Almedina, Coimbra, 2017.

[387] Silva, P. Costa, *A Contratação Automatizada,* in: IV DSI (2003), 289-305. Sobre as novas formas de contratação automatizada, assentes nas tecnologias criptográficas e "distribution ledger technologies" (DLT), de que os *"smarts contracts"* constituem uma importante ilustração, vide Batalha, D. Fernandes, *Criptografia: Uma Nova Forma de Contratação Automatizada?,* in: V CL (2018), 10-60; para mais desenvolvimentos, Braegelmann, T. Hinrich/ / Kaulartz, Markus, *Rechtshandbuch Smart Contracts,* Beck Verlag, München, 2019. Figura paralela, mas não idêntica, é a da contratação automática, que designa genericamente o

§27
Contratos de Prestação de Serviços Públicos Essenciais

1. Noção

I. Designam-se por contratos de prestação de serviços públicos essenciais ("general economic interest service contracts", "Daseinvorsorge Verträge") *os contratos celebrados entre empresários prestadores de certos serviços de interesse económico geral e os respetivos utentes.*[388]

II. Os contratos de prestação de serviços públicos essenciais – que melhor seriam designados de contratos de prestação de serviços de interesse económico geral – encontram-se essencialmente previstos e regulados na Lei nº 23/96, de 26 de julho, doravante designada *Lei dos Serviços Públicos Essenciais (LSPE).* Vindo dar cumprimento à missão cominada no art. 9º, nº 8 da LDC, a LSPE veio estabelecer um conjunto de mecanismos específicos de proteção dos sujeitos passivos de tais contratos, os quais, conjuntamente com as diferentes leis reguladoras de cada um dos serviços abrangidos (v.g., LCE para os serviços de comunicações eletrónicas, LSEN para os serviços de eletricidade, etc.), integram o regime deste tipo contratual.

processo de contratação realizado por intermédio de autómatos ou máquinas automáticas destinadas ao fornecimento de produtos ou à prestação de serviços (cf. Antunes, J. Engrácia, *Direito dos Contratos Comerciais,* 148 e ss., reimp. Almedina, Coimbra, 2017).

[388] Almeida, C. Ferreira, *Serviços Públicos, Contratos Privados,* in "Estudos em Homenagem à Prof. Doutora I. Magalhães Collaço", vol. II, 117-143, Almedina, Coimbra, 2002; Barbosa, A. Miranda, *Acerca do Âmbito da Lei dos Serviços Públicos Essenciais: Taxatividade ou Carácter Exemplificativo do Artigo 1º, nº 2, da Lei nº 23/96, de 26 de Julho,* in: 6 EDC (2004), 401-434; Cardoso, Elionora, *Os Serviços Públicos Essenciais – A Sua Problemática no Ordenamento Jurídico Português,* Coimbra Editora, Coimbra, 2010; Costa, R. Amaral, *Os Serviços Públicos Essenciais: Perspetiva Geral,* in: 70 RPDC (2012), 52-83; Falcão, Pedro, *A Tutela do Prestador de Serviços Essenciais no Ordenamento Jurídico Português,* in: 12 EDC (2017), 389-421; Frota, Mário, *Serviços Públicos Essenciais,* in: V EIDC (2017), 173-285; Mendes, C. Ramos, *O Contrato de Prestação de Serviços de Fornecimento de Água,* Diss., Universidade Nova de Lisboa, Lisboa, 2015; Monteiro, A. Pinto, *A Protecção do Consumidor de Serviços Públicos Essenciais,* in: 2 EDC (2000), 333-350; Simões, F. Dias/ Almeida, M. Pinheiro, *Lei dos Serviços Públicos Essenciais – Anotada e Comentada,* Almedina, Coimbra, 2012. Na jurisprudência, vide o Acórdão da RL de 15-XI-2007 (I. Sacarrão Martins), in: XXXII CJ (2007), V, 90-92.

III. Os contratos de prestação de serviços públicos essenciais são *contratos de direito privado*, e não de direito público. Segundo um entendimento doutrinal e jurisprudencial, ao menos quando os prestadores do serviço revestissem a forma de entidade pública, estaríamos diante de contratos administrativos, dado que, prosseguindo aqueles fins de interesse público e encontrando-se munidos de poderes de autoridade, jamais poderiam dar origem a relações jurídicas entre iguais[389]. Este entendimento não se afigura de acolher. Com efeito, apesar da (equívoca) terminologia legal ("serviços públicos"), encontramo-nos diante de verdadeiros contratos privados, usualmente reconduzíveis ao contrato de compra e venda ou ao contrato de fornecimento, sujeitos enquanto tais às disposições da lei civil e comercial – mormente, da LDC (quando nele intervenha um utente-consumidor), mas também das demais leis comerciais, v.g., LCCG (cf. arts. 3º, nº 1, c) e 9º, nº 3) – e sujeitos também à jurisdição dos tribunais comuns – independentemente de serem celebrados por entidades públicas ou entidades privadas concessionárias.[390]

2. Modalidades

I. Este tipo contratual pode revestir uma pluralidade de modalidades concretas, cuja disciplina resultará da articulação das regras gerais previstas na LSPE com o regime especial e próprio regulador do *concreto serviço* abrangido pelo contrato. Entre tais modalidades, podem referir-se os contratos de serviço de fornecimento de água (Decreto-Lei nº 194/2009, de 20 de agosto), os contratos de fornecimento de energia elétrica (Decreto-Lei nº 29/2006, de 2 de fevereiro), os con-

[389] AMARAL, D. Freitas, *Curso de Direito Administrativo*, vol. II, 164, 2ª edição, Almedina, Coimbra, 2014; LEITÃO, A. Menezes, *A Proteção dos Consumidores no Setor das Telecomunicações*, 147, in: I EIDC (2002), 131-152; na jurisprudência, vide o Acórdão do TConf de 13-XI-2014 (A. São PEDRO) e o Acórdão da RG de 2-V-2013 (Carvalho GUERRA), ambos in: www.dgsi.pt.

[390] Convergentemente, ALMEIDA, C. Ferreira, *Serviços Públicos, Contratos Privados*, 124, in: "Estudos em Homenagem à Prof. Doutora I. Magalhães Collaço", vol. II, 117-143, Almedina, Coimbra, 2002; GONÇALVES, P. Costa, *A Concessão de Serviços Públicos*, 318 e s., Almedina, Coimbra, 1999; na jurisprudência, vide os Acórdãos da RG de 19-2-2013 (A. Beça PEREIRA) e da RP de 29-V-2014 (Judite PIRES), ambos in: www.dgsi.pt.

tratos de fornecimento de gás natural (Decreto-Lei nº 30/2006, de 15 de fevereiro), os contratos de serviços de comunicações eletrónicas (Lei nº 5/2004, de 10 de fevereiro), os contratos de serviços postais (Decreto-Lei nº 448/99, de 4 de novembro, Lei nº 17/2012, de 26 de fevereiro), ou os contratos de serviços de recolha e tratamento de águas residuais (Decreto-Lei nº 152/97, de 19 de junho) e de serviços de gestão de resíduos sólidos urbanos (Decreto-Lei nº 73/2011, de 17 de junho).[391]

II. Conquanto constituindo um tipo contratual tipicamente associado às relações de consumo, é mister sublinhar que – como vimos suceder com outros ("maxime", contratos eletrónicos) – ele não reveste sempre e necessariamente a natureza jurídica de um contrato de consumo, dado que também pode ser celebrado por utentes que não sejam consumidores.

3. Requisitos

I. Quanto à figura contratual propriamente dita, importa distinguir os requisitos relativos aos seus sujeitos (requisitos subjetivos) e ao seu objeto (requisitos objetivos).

II. Relativamente aos requisitos objetivos, este tipo contratual tem por objeto a prestação dos *serviços de interesse económico geral* compreendidos no elenco do art. 1º, nº 2 da LSPE, sendo de salientar alguns aspetos a este respeito. Por um lado, apesar da terminologia legal ("serviços públicos essenciais"), encontramo-nos diante de um conjunto de serviços de interesse económico geral, ou seja, de atividades económicas de prestação de bens ou serviços de interesse geral ou coletivo[392]. Por outro lado, de entre tais serviços, apenas são atual-

[391] Para alguns destes contratos, vide MENDES, C. Ramos, *O Contrato de Prestação de Serviços de Fornecimento de Água*, Diss., Universidade Nova de Lisboa, Lisboa, 2015; SÁ, F. Costa, *Contratos de Prestação de Serviços de Comunicações Eletrónicas*, Diss., Universidade Nova de Lisboa, Lisboa, 2014.

[392] Sobre a noção de serviços de interesse económico geral (SIEG), bem como a sua distinção de serviço público e de serviço universal, vide D'ALTE, S. Tomé, *A Nova Configuração do Sector Empresarial do Estado e a Empresarialização dos Serviços Económicos*, 91 e ss., Almedina,

mente abrangidos os serviços de fornecimento de água, de energia elétrica, e de gás natural, os serviços de comunicações eletrónicas, os serviços postais, os serviços de recolha e tratamento de águas residuais, e os serviços de gestão de resíduos sólidos urbanos[393]. Finalmente, os serviços legalmente elencados são apenas relevantes na medida em que originem contratos duradouros, cuja existência e cumprimento se prolonga no tempo mediante prestações contínuas realizadas aos utentes (excluindo-se, por exemplo, os fornecimentos em quantidade determinada, v.g., uma botija de gás ou uma garrafa de água, que serão tratados como compras e vendas[394]).

III. Já relativamente aos seus requisitos subjetivos, são *sujeitos* deste tipo contratual o prestador de serviço e o utente. Por um lado, temos o *prestador de serviço*, que a lei define como "toda a entidade pública ou privada que preste ao utente qualquer dos serviços referidos no nº 2, independentemente da sua natureza jurídica, do título a que o faça ou da existência ou não de contrato de concessão" (art. 1º, nº 4 da LSPE): abrangem-se aqui assim todas as empresas que prestam em mercado um dos serviços previstos na lei, sendo irrelevante se se trata de entidades de natureza privada ("maxime", sociedades anónimas) ou pública ("maxime", entidades públicas empresariais, empresas municipais), atuantes em setores económicos privados ou reservados ("maxime", sob reserva de propriedade ou de controlo)

Coimbra, 2007; no domínio jusconsumerista, Liz, J. Pegado, *Serviços Públicos Essenciais: Públicos ou Privados?*, in: 81 RPDC (2015), 13-79.

393 O elenco legal reveste natureza taxativa, sem prejuízo da possibilidade de a LSPE ou lei especial virem futuramente a considerar relevantes outros serviços de interesse económico geral, v.g., gás de petróleo liquefeito (Decreto-Lei nº 5/2018, de 2 de fevereiro), transportes (cf. Barbosa, A. Miranda, *Acerca do Âmbito da Lei dos Serviços Públicos Essenciais: Taxatividade ou Carácter Exemplificativo do Artigo 1º, nº 2, da Lei nº 23/96, de 26 de Julho*, in: 6 EDC (2004), 401-434). Sublinhe-se que os serviços de comunicações eletrónicas abrangem, quer os serviços de "internet" fixa e móvel, quer os serviços de televisão, rádio, e telefone fixo ou móvel (cf. Cardoso, Elionora, *Os Serviços Públicos Essenciais – A Sua Problemática no Ordenamento Jurídico Português*, 102 e ss., Coimbra Editora, Coimbra, 2010; Silva, J. Calvão, *Serviços Públicos Essenciais*, 168, in: 137 RLJ (2008), 165-181).

394 Mendes, C. Ramos, *O Contrato de Prestação de Serviços de Fornecimento de Água*, 23, Diss., Universidade Nova de Lisboa, Lisboa, 2015.

e no exercício da livre iniciativa económica ou de autorização pública ("maxime", concessão)[395]. Aspeto relevante é ainda o *dever legal de contratar* que impende sobre o prestador do serviço: ao arrepio da regra geral do art. 405º, nº 1 do CCivil, ainda quando a lei não tenha previsto expressamente tal obrigação, as empresas prestadoras de serviços de interesse económico geral (em particular, as concessionárias) encontram-se vinculadas a fornecer os serviços aos utentes que assim o solicitem, concluindo com estes o contrato respetivo[396]. Por outro lado, temos o *utente*, que a lei definiu singelamente como "a pessoa singular ou coletiva a quem o prestador do serviço se obriga a prestá-lo" (art. 1º, nº 3 da LSPE): daqui resulta, como já atrás se referiu, que este tipo contratual não reveste necessariamente a natureza de contrato de consumo, já que, conquanto o seu regime legal tenha sido primacialmente inspirado pela finalidade de proteção dos utentes-consumidores, ele se aplica indistintamente a todos os demais indivíduos ou entes coletivos independentemente do destino final do serviço, incluindo, pois, os próprios empresários individuais ou coletivos no exercício das suas atividades económicas ou profissionais.[397]

4. Regime

I. O cerne jusconsumerista dos contratos de prestação de serviços públicos essenciais reconduz-se a um *regime especial* associado aos direitos e obrigações nucleares das partes contratantes.

II. No plano do sujeito ativo, a obrigação nuclear do prestador do serviço (prestação do serviço de interesse económico geral convencionado) é reforçada por vários deveres especiais ou secundários. São eles o *dever de boa fé* (art. 3º da LSPE), que vincula o prestador a

[395] Costa, R. Amaral, *Os Serviços Públicos Essenciais: Perspetiva Geral*, 58, in 70 RPDC (2012), 52-83; Simões, F. Dias/ Almeida, M. Pinheiro, *Lei dos Serviços Públicos Essenciais – Anotada e Comentada*, 56, Almedina, Coimbra, 2012.

[396] Cardoso, Elionora, *Os Serviços Públicos Essenciais*, 54 e 63, Coimbra Editora, Coimbra, 2010. Sobre este traço de alguns contratos de consumo, vide *supra* § 18-1.

[397] Barbosa, A. Miranda, *Acerca do Âmbito da Lei dos Serviços Públicos Essenciais*, 407, in: 6 EDC (2004), 401-434; Simões, F. Dias/ Almeida, M. Pinheiro, *Lei dos Serviços Públicos Essenciais – Anotada e Comentada*, 48 e s., Almedina, Coimbra, 2012.

atuar em conformidade com a boa fé e os ditames que decorram da natureza pública do serviço, tendo igualmente em conta a importância dos interesses dos utentes que se pretende proteger; o *dever de informação* (art. 4º da LSPE), que vincula o prestador a informar os utentes das condições em que o serviço é fornecido e a prestar-lhes todos os esclarecimentos necessários, obrigando-se ainda em particular a informar estes diretamente, de forma atempada e eficaz, sobre as tarifas aplicáveis pelos serviços prestados; o *dever de continuidade* do serviço prestado (art. 5º da LSPE), que proíbe a suspensão do serviço sem pré-aviso adequado (é o designado "corte" da luz, água, etc.), salvo caso fortuito ou de força maior, vedando, além disso, que a mesma possa ocorrer em consequência de falta de pagamento por parte do utente de qualquer outro serviço (salvo se forem funcionalmente indissociáveis) e apenas admitindo que a mesma possa ocorrer em consequência da mora do utente após advertência tempestiva e fundamentada (ressalvadas disposições legais específicas: cf. art. 52º da LCE, arts. 17º-E, nº 8 e 222º-E, nº 8 do CIRE, art. 12º da Lei nº 8/2018, de 2 de março); e o *dever de qualidade* (art. 7º da LSPE), vinculando o prestador do serviço a elevados padrões de qualidade, neles se incluindo o grau de satisfação dos utentes, especialmente quando a fixação do preço varie em função desses padrões.

III. No plano do sujeito passivo, a obrigação nuclear do utente (pagamento do preço) é rodeada de um conjunto de medidas especiais de tutela do utente[398]. Entre tais medidas, destacam-se as relativas aos *consumos mínimos* (art. 8º da LSPE), que proíbem a imposição e a cobrança de consumos mínimos, bem como de quaisquer importâncias a título de preço, aluguer, amortização ou inspeção periódica de instrumentos de medição dos serviços utilizados (v.g., contadores) ou de outras taxas de efeito equivalente; à *faturação detalhada e acertada* (arts. 9º e 12º da LSPE), que investe o utente no direito ao recebimento de uma fatura com periodicidade mensal que especifi-

[398] Para além destas medidas gerais, poderão ainda existir medidas particulares para certos consumidores em especial: é o caso do regime de *tarifa social* nos contratos de serviços de fornecimento de água com utentes em situação de carência económica (Decreto-Lei nº 147/2017, de 5 de dezembro).

que os valores que apresenta, discrimine os serviços prestados e as correspondentes tarifas (sem prejuízo das regras particulares aplicáveis aos diferentes tipos de serviços, v.g., art. 39º, nº 3, c) da LCE para os serviços de comunicações eletrónicas), além do direito ao abatimento dos excessos cobrados relativamente ao consumo efetuado sempre que estes resultem do método de faturação utilizado; e à *prescrição* do crédito do prestador do serviço (art. 10º da LSPE), sendo que o direito ao recebimento do preço do serviço prestado ou ao recebimento de pagamentos adicionais prescreve no prazo de seis meses após a prestação do serviço ou o pagamento inicial. Trata-se, neste último caso, de uma prescrição ordinária, a qual, nos termos gerais (art. 323º do CCivil), se interrompe com a propositura da ação ou injunção judiciais pelo credor: tal significa que tais ações ou injunções deverão ser intentadas no prazo legal de 6 meses, prazo esse que começa a correr a partir do último dia do período mensal de faturação em referência (art. 10º, nº 4 da LSPE, 306º, nº 1 do CCivil) – pressupondo que o prestador haja enviado tempestivamente a fatura ao utente, cabendo àquele o ónus da prova desse envio (arts. 10º, nºs 3 e 4, e 11º da LSPE) – e que apenas se interrompe no caso de tentativa de resolução extrajudicial do conflito (art. 15º, nº 2 da LSPE).[399]

§28
Contratos de Crédito ao Consumo

1. Noção

I. Designa-se por contrato de crédito ao consumo ("consumer credit loan", "Verbraucherkreditgeschäft", "contrat de consommation de crédit", "contratto de credito al consumo") *o contrato pelo qual um*

[399] Sobre o regime da prescrição, muito glosado na doutrina e jurisprudência portuguesas, vide entre muitos, com posições por vezes divergentes, Carvalho, J. Morais, *Prescrição do Direito de Exigir o Pagamento do Preço nos Contratos Relativos a Serviços Públicos Essenciais*, in: LX SI (2011), 81-99; Cordeiro, A. Menezes, *Da Prescrição de Créditos das Entidades Prestadoras de Serviços Públicos Essenciais*, in: 133 OD (2001), 769-810; Silva, J. Calvão, *Aplicação da Lei nº 23/96 ao Serviço Móvel de Telefone e Natureza Extintiva da Prescrição Referida no seu Art. 10º*, in: 132 RLJ (1999-2000), 135-160; na jurisprudência, vide o AUJ do STJ nº 1/2010, de 3-XII-2009 (M. Prazeres Beleza), in: DR, Iª série, nº 14, de 21 de janeiro.

banco, ou outra instituição creditícia ou financeira, concede ou promete conceder um crédito a um consumidor.[400]

II. Este contrato desempenha uma *função* primordial nas modernas economias de produção em série e consumo em massa, caraterizadas pela aquisição financiada de bens de consumo. Após um período originário em que os consumidores adquirentes eram financiados diretamente pelos próprios vendedores (v.g., venda a prestações), tornou-se frequente a intervenção de empresas especializadas no financiamento, usualmente uma instituição de crédito ou uma sociedade financeira.

III. O regime jurídico dos contratos de crédito ao consumo encontra-se nuclearmente previsto no Decreto-Lei nº 133/2009, de 2 de junho, doravante designado *Lei do Crédito ao Consumo* (LCC). Frise-se que, ao lado do regime geral fixado na LCC, haverá ainda que ter em conta a existência de *regimes especiais* para certos tipos particulares de crédito ao consumo: tal o caso, designadamente, dos contratos de crédito relativos a imóveis garantidos por hipoteca (Decreto-Lei nº 74-A/2017, de 23 de junho, Avisos do BdP nºs 4/2017 e 5/2007, de 22 de setembro).[401]

2. Requisitos

I. O âmbito desta figura contratual encontra-se delimitado, simultaneamente, pela positiva (requisitos subjetivos e objetivos) e pela negativa (exclusões).

[400] Sobre a figura, com especial incidência na sua dimensão jusconsumerista, vide CASTELO, Higina, *Crédito ao Consumo e Diversidade de Tipos Contratuais*, in: "Direito do Consumo", 103-111, CEJ, Ebook, 2014; COELHO, N. Ribeiro, *O Consumidor e a Tutela do Consumo no Âmbito do Crédito ao Consumo*, in: 103 RMP (2005), 79-109; FROTA, Ângela, *Crédito ao Consumidor*, in: V EIDC (2017), 375-393; MORAIS, F. Gravato, *Contratos de Crédito ao Consumo*, Almedina, Coimbra, 2007; MORAIS, F. Gravato, *Proteção do Consumidor a Crédito na Celebração e Execução do Contrato*, in: "Direito do Consumo", 115-128, CEJ, Ebook, 2014.

[401] DUARTE, R. Pinto, *O Novo Regime do Crédito Imobiliário a Consumidores*, Almedina, Coimbra, 2018.

II. Do ponto de vista do seu âmbito subjetivo de aplicação, trata-se de um tipo contratual concluído entre *"credores"* e *"consumidores"* (art. 4º, nº 1, c) da LCC). Quanto aos primeiros ("credores"), que a lei define como "qualquer pessoa singular ou coletiva que concede ou que promete conceder um crédito no exercício da sua atividade comercial ou profissional", estarão aqui abrangidos, em primeira linha, os bancos, as instituições financeiras de crédito, e as sociedades financeiras para aquisições a crédito, enquanto empresas que exercem profissionalmente atividades de financiamento (art. 4º, nº 1, b) da LCC, arts. 3º, a) e f), 6º, nº 1, b) (i) do RGIC). Quanto aos últimos ("consumidores"), corroborando o sentido restrito do conceito na legislação portuguesa, a lei abrangeu apenas os mutuários que revestem a natureza de pessoa singular (art. 4º, nº 1, a) da LCC): em regra, tratar-se-á de clientes individuais de bancos ou de outras instituições ou sociedades financeiras creditícias que com estas possuam uma relação jurídica ou negocial no exercício da atividade própria destas, mormente na base de um contrato de conta bancária.[402]

III. Do ponto de vista do seu âmbito objetivo de aplicação, tais contratos podem ter por objeto qualquer *concessão ou promessa de concessão de crédito*, designadamente sob a forma de diferimento de pagamento, mútuo, utilização de cartão de crédito, ou qualquer outro acordo de financiamento semelhante (arts. 4º, nº 1, c), 8º, 15º, e 23º da LCC): isto significa que eles podem ser realizados através de figuras negociais tão variadas quanto a venda a prestações, o mútuo bancário, a abertura de crédito, o descoberto bancário, a emissão de cartão bancário, a locação financeira, ou o aluguer de longa duração.[403]

[402] Sobre o contrato de conta bancária, também designado de "abertura de conta", enquanto contrato-quadro que estabelece a disciplina geral de formação e regulação dos diversos negócios bancários individuais que venham futuramente a ser celebrados entre banco e cliente, vide ANTUNES, J. Engrácia, *Os Contratos Bancários,* 84 e ss., in: AAVV, "Estudos em Homenagem ao Professor Doutor Carlos Ferreira de Almeida", vol. II, 71-155, Almedina, Coimbra, 2011.

[403] CASTELO, Higina, *Crédito ao Consumo e Diversidade de Tipos Contratuais,* in: "Direito do Consumo", 103-111, CEJ, Ebook, 2014.

IV. Em contrapartida, o referido regime legal tem a sua aplicação excluída ou limitada em determinadas situações, v.g., financiamento de aquisição imobiliária, créditos de montante muito baixo ou elevado, créditos garantidos por hipoteca imobiliária, créditos resultantes de transação judicial, etc. (arts. 2º e 3º da LCC).

V. O regime legal é bastante complexo. Ilustração do caráter bifronte dos contratos de consumo como contratos (unilateralmente) comerciais, este tipo contratual reveste, simultaneamente, uma natureza jusbancária e jusconsumerista: em seguida, referiremos apenas as notas distintivas do seu regime jusconsumerista, analisando sucessivamente a regulação da sua negociação e formação, do seu conteúdo e do seu cumprimento.[404]

3. Negociação e Formação

I. Desde logo, no que concerne à *negociação* e *formação* dos contratos de crédito ao consumo, deve ser sublinhada a existência de um vasto conjunto de deveres pré-contratuais e contratuais a cargo do credor mutuante.

II. Entre eles, salientem-se os *deveres publicitários*, com particular destaque para a TAEG (art. 5º da LCC), sem prejuízo da sujeição geral às disposições relevantes do CPub e da LPCD; os *deveres de informação* (arts. 6º a 9º da LCC), que compreendem uma ampla gama de informações visando permitir ao consumidor tomar uma decisão esclarecida, consubstanciadas num formulário ou ficha padronizada («Informação Normalizada Europeia em Matéria de Crédito a Consumidores» (Anexo II da LCC))[405]; e o *dever de avaliação da solvabili-*

[404] Sobre o regime jusbancário deste contrato, vide ANTUNES, J. Engrácia, *Os Contratos Bancários*, 107 e ss. in: AA.VV., "Estudos em Homenagem ao Professor Doutor Carlos Ferreira de Almeida", vol. II, 71-155, Almedina, Coimbra, 2011.

[405] Frise-se que a entidade mutuante não está apenas vinculada por deveres informativos, mas também por um dever de assistência pré-contratual perante o consumidor mutuário, que lhe impõe uma atitude pró-ativa de esclarecimento com o objetivo de permitir a este último avaliar se o contrato de crédito proposto se adapta às suas necessidades e à sua situação financeira, devendo os esclarecimentos orais ser-lhe ainda entregues em documento escrito ou noutro suporte duradouro (art. 7º da LCC).

dade do consumidor (arts. 10º e 11º da LCC), o qual, com vista a assegurar a tutela dos interesses individuais do consumidor (prevenção do crédito irresponsável e insolvência) e os próprios interesses gerais (prevenção do sobre-endividamento dos particulares e do crédito bancário malparado), obriga a entidade mutuante a proceder a uma avaliação da capacidade de o mutuário manter a sua solvabilidade, reunindo e ponderando um conjunto de informações relevantes para este efeito (v.g., situação familiar, situação laboral, património e rendimentos, consulta de bases de dados de responsabilidades de crédito, etc.).[406]

III. Por seu turno, no plano da formação contratual, a celebração do contrato deve revestir *forma especial*, mediante a sua redução a documento escrito ou eletrónico assinado pelas partes e dotado de um conteúdo mínimo imperativo (art. 12º, nos 1, 3 a 5 da LCC)[407], acarretando a respetiva inobservância uma invalidade atípica do contrato (ou seja, a sua nulidade não é de conhecimento oficioso e apenas é invocável pelo consumidor: cf. art. 220º do CCivil, art. 13º, nos 1 e 5 da LCC)[408]. Sublinhe-se que a lei prevê ainda, expressamente, a obrigação de entrega ao consumidor e eventuais garantes (v.g., fiador, cônjuge)[409] de um exemplar do documento escrito do contrato

[406] Sobre este dever, que conhece concretizações (v.g., arts. 16º e segs. do Decreto-Lei nº 74-A/ /2017, de 23 de junho, sobre crédito imobiliário a consumidores) e que se encontra regulamentado pelo Aviso do BdP nº 4/2017, de 20 de setembro, e cujo incumprimento acarreta sanções contraordenacionais (art. 30º da LCC), vide SALAZAR, C. Moreira, *Crédito Responsável e Dever de Avaliação da Solvabilidade do Consumidor*, Diss., UCP, Porto, 2012.

[407] Ao invés do que sucedia anteriormente (cf. Acórdão da RP de 12-X-2000 (Coelho da ROCHA), in: XXV CJ (2000), IV, 208-210), tal documento contratual perdeu força executiva à luz do atual art. 703º do CPC.

[408] Sem prejuízo dos casos em que, tendo o consumidor atuado em conformidade com a aceitação do contrato, venha mais tarde a frustrar as legítimas expetativas comprovadamente criadas na contraparte ao invocar abusivamente a sua nulidade com fundamento na inobservância da forma (cf. *supra* § 9-5). Noutros quadrantes, AMAYUELAS, E. Arroyo, *La Forma del Crédito al Consumo y las Sanciones para el Caso de Contravención*, in: 1 RED (2014), 1-28.

[409] Muito embora mantendo-se o contrato de crédito, são nulas as garantias prestadas se o garante ou garantes não receberem um exemplar do mesmo (art. 13º, nº 2 da LCC). Cf. CAMPOS, I. Menéres, *Notas Breves sobre os Mecanismos de Garantia do Cumprimento no Crédito ao Consumo*, in: "Liber Amicorum Mário Frota", 291-310, Almedina, Coimbra, 2012.

– obrigação essa aplicável indistintamente aos contratos de crédito ao consumo presenciais (em que a entrega deve ocorrer no momento da assinatura) e à distância (em que a mesma poderá ocorrer em momento posterior) (art. 12º, nº 2 da LCC)[410], cabendo ao mutuante o ónus da prova dessa entrega[411], sem prejuízo de requisitos adicionais para certas formas especiais do crédito ao consumo (cf. pontos 9º e 10º do Aviso do BdP nº 11/2001, de 20 de novembro, relativo à emissão de cartões de crédito e débito) –, além de prever implicitamente a obrigação de entrega da quantia mutuada para a perfeição do contrato – que assim se afigura revestir uma natureza real "quod constitutionem".[412]

4. Conteúdo

I. Quanto ao conteúdo do contrato, merecem destaque especial as normas relativas à taxa anual de encargos efetiva global (arts. 4º, nº 1, g), 6º, nº 3, g), e 24º da LCC) e aos juros (art. 28º da LCC).

II. A *taxa anual de encargos efetiva global (TAEG)* constitui um elemento essencial da tutela do consumidor, funcionando como um parâmetro objetivo que permite a este conhecer o custo real global do crédito a conceder e simultaneamente compará-lo com ofertas congéneres e concorrentes no mercado: por TAEG entende-se o custo integral do crédito para o consumidor expresso em percentagem

[410] Em sentido inverso, dispensando a entrega nos contratos à distância, vide MORAIS, F. Gravato, *Proteção do Consumidor a Crédito na Celebração e Execução do Contrato*, 119, in: "Direito do Consumo", 115-128, CEJ, Ebook, 2014. Sobre o ponto, vide ainda os Acórdãos da RL de 29-I-2008 (Arnaldo SILVA), in: XXXIII CJ (2008), I, 85-87, e da RP de 19-I-2010 (Henrique ANTUNES), in: XXXV CJ (2010), I, 11-19.

[411] CARVALHO, J. Morais/ TEIXEIRA, Micael, *Crédito ao Consumo – Ónus da Prova de Entrega de Exemplar e Abuso do Direito de Invocar a Nulidade*, in: 42 CDP (2013), 36-52; na jurisprudência, os Acórdãos do STJ de 5-12-2006 (Sousa LEITE) e de 7-I-2010 (M. Prazeres BELEZA), da RL de 14-III-2013 (Pedro MARTINS), e da RC de 4-V-2010 (Gonçalves FERREIRA), in: www.dgsi.pt.

[412] Esta natureza real deve ser habilmente entendida, tanto no sentido em que se basta com a mera entrega eletrónica da quantia mutuada (de modo algum pressupondo a sua entrega física), como no sentido em que se considera satisfeita com a entrega realizada à empresa vendedora do bem (de modo algum se pressupondo que ela seja feita diretamente ao consumidor). Cf. Acórdão do STJ de 22-VI-2005 (Oliveira BARROS), in: XIII CJ/STJ (2005), II, 134-140.

anual do montante total do crédito, abrangendo todos os valores a pagar no pressuposto de que o contrato será integralmente cumprido, incluindo os montantes atuais das obrigações assumidas, os juros remuneratórios, os encargos atuais e futuros que tenham sido acordados, os custos de manutenção da conta, os custos das operações de pagamento, etc. (arts. 4º, nº 1, g), 24º e Anexo I da LCC). Trata-se de um aspeto fundamental da fase pré-contratual – devendo constar da publicidade comercial (art. 5º da LCC) e da ficha de informação normalizada (arts. 6º, nº 3, g), 8º, nº 2, a) da LCC) – e do conteúdo contratual – devendo ser objeto de menção obrigatória expressa (art. 12º, nºs 3 e 5, a) da LCC) –, sob pena da nulidade do contrato (art. 13º, nº 5 da LCC).[413]

III. Relevante é também o regime especial previsto em matéria de *juros usurários* (art. 28º da LCC). Assim sendo, para além dos limites gerais decorrentes dos arts. 559º-A e 1146º do CCivil (aplicáveis por força do §2 do art. 102º do CCom)[414], serão também havidos como usurários os contratos que, no momento da respetiva celebração, fixem uma TAEG superior em 25% à taxa média praticada no mercado pelas instituições de crédito no trimestre anterior para cada tipo de contrato de crédito ao consumo (v.g., crédito pessoal, crédito automóvel, etc.) ou em 50% à taxa média dos contratos de crédito ao consumo no seu conjunto (sendo tais taxas médias divulgadas periodicamente pelo Banco de Portugal: cf. Instrução do BdP nº 14/2013, de 17 de junho). A estipulação de TAEG usurárias não ocasiona a invalidade do contrato, originando antes a sua redução automática para metade do limiar legal máximo ultrapassado (art. 28º, nº 6 da LCC)

[413] Sobre a TAEG, vide os Acórdãos da RL de 7-VII-2001 (Farinha ALVES) e de 9-II-2006 (Olindo GERALDES), bem como da RC de 6-VII-2010 (Carlos GIL), todos in: www.dgsi.pt. No direito europeu, LUTZ, Paul, *Taux Débiteur et TAEG dans la Directive Européenne sur le Crédit aux Consommateurs*, in: 44 RD (2009), 2955-2958.

[414] O que significa que não serão lícitas as cláusulas de juros ou cláusulas penais superiores em, respetivamente, 3% e 5%, ou 7% e 9%, à taxa supletiva de juros legais, consoante exista ou não garantia real. Sobre tais limites gerais, vide ANTUNES, J. Engrácia, *Direito dos Contratos Comerciais*, 243, reimpressão, Almedina, Coimbra, 2017.

e a responsabilidade contraordenacional da entidade mutuante (art. 30º, nº 1 da LCC).[415]

5. Cumprimento

I. Finalmente, no que concerne ao cumprimento do contrato, destacam-se as normas relativas à revogação do contrato (art. 17º da LCC), ao cumprimento antecipado do contrato (art. 19º da LCC) e ao incumprimento do contrato (art. 20º da LCC).

II. O direito à "revogação" do consumidor de crédito representa mais um afloramento concreto do *direito de desistência contratual*, caraterístico dos negócios juscomerciais celebrados com consumidores em geral. O seu regime encontra-se previsto no art. 17º da LCC, conferindo ao consumidor o direito de, no prazo de 14 dias após a data da celebração contratual (ou, se posterior, da receção pelo consumidor do exemplar do contrato e das informações devidas), se desvincular livremente do contrato de crédito ao consumo mediante declaração escrita ou eletrónica, devendo aquele devolver ao mutuante o montante do crédito entretanto já eventualmente disponibilizado, acrescido dos respetivos juros, no prazo máximo de 30 dias.[416]

III. Por outra banda, o consumidor pode ainda desembaraçar-se do contrato de crédito ao consumo em momento posterior, mediante o respetivo *cumprimento antecipado* total ou parcial. O seu regime encontra-se previsto no art. 19º da LCC, permitindo ao consumidor uma redução do peso da sua dívida, seja mediante o pagamento total do valor do crédito em dívida, seja mediante amortizações parciais

[415] Sobre os juros usurários, CARVALHO, J. Morais, *Usura nos Contratos de Crédito ao Consumo*, in: 36 SubJ (2006), 35-53; CARVALHO, J. Morais, *Limites das Taxas de Juro e Usura*, in: "Direito do Consumo – Ebook", 186-203, CEJ, Lisboa, 2014; LOUREIRO, C. Silva, *Juros Usurários no Crédito ao Consumo*, in: 8 REP (2007), 265-280; na jurisprudência, Acórdão da RL de 11-II-2010 (A. Luísa GERALDES), in: www.dgsi.pt.

[416] MORAIS, F. Gravato, *O Direito de Revogação nos Contratos de Crédito ao Consumo: Confronto entre os Regimes Jurídicos Português e Alemão*, in: 307 SI (2006), 457-491. Sobre o "direito de desistência", vide *supra* § 21-1.

desse valor em dívida, através da redução dos juros e outros encargos relativos ao período contratual remanescente.[417]

IV. Por fim, em caso de *incumprimento do contrato* pelo consumidor, a entidade mutuante tem o direito de exigir a resolução do contrato ou o vencimento antecipado das prestações em atraso. O regime legal desse direito encontra-se previsto no art. 20º da LCC, o qual, ao invés do regime geral dos arts. 934º e 781º do CCivil, fica dependente da falta de pagamento de duas prestações sucessivas de valor superior a 10% do montante total do crédito e do decurso infrutífero de um prazo suplementar mínimo de 15 dias concedido ao consumidor para realizar tal pagamento, sem prejuízo dos eventuais direitos fundados no contrato e em responsabilidade contratual.[418]

§29
Contratos Turísticos

1. Noção

I. Designam-se genericamente por contratos turísticos os *contratos relativos ao exercício e à exploração empresariais de atividades de turismo, em especial ao fornecimento de bens ou à prestação de serviços turísticos.*[419]

[417] Duarte, Paulo, *O Direito do Consumidor ao Cumprimento Antecipado nos Contratos de Concessão de Consumo*, in: "Liber Amicorum Mário Frota", 409-437, Almedina, Coimbra, 2012.

[418] Pereira, A. Patrícia, *O Incumprimento do Contrato de Crédito ao Consumo pelo Consumidor*, 63 e ss., Diss., Univ. Nova de Lisboa, 2015. Saliente-se que o vencimento antecipado das prestações contratuais não implica a obrigação de pagamento dos juros remuneratórios relativos às prestações vincendas: cf. AUJ do STJ nº 7/2009, de 25 de março (Cardoso de Albuquerque), in: DR, I série, nº 86, de 5 de maio.

[419] Sobre os contratos turísticos, vide Duarte, Paulo, *A Protecção Jurídica do Consumidor nos Contratos de Aquisição de Cartões Turísticos*, in: 0 RPDC (1994), 25-34; Ferreirinha, Pedro, *Os Condomínios Turísticos*, in: "Estudos de Advocacia em Homenagem a Vasco Vieira de Almeida", 491-499, Almedina, Coimbra, 2017; Oliveira, F. Paula/ Abreu, A. Vassalo, *Instalação de Empreendimentos Turísticos em Propriedade Plural*, Almedina, Coimbra, 2014; Paiva, R. Moura, *Direito, Turismo e Consumo*, Renovar, Rio de Janeiro, 2012; Patrício, Manuela, *Direito do Turismo e Alojamento Turístico*, Almedina, Coimbra, 2016. Noutros quadrantes, Minervini, Gustavo, *Il Contratto Turistico*, in: 72 RivDCom (1974), 275-282; Puig, V. Julián,

II. O turismo – enquanto atividade de deslocação temporária de indivíduos para locais distintos da sua residência habitual, por motivos de lazer, negócios e outros[420] – é hoje uma atividade empresarial de primeira grandeza[421]. Os contratos turísticos constituem uma *categoria contratual heterogénea*, de contornos muito fluidos e de duvidosa autonomia[422]. Trata-se indubitavelmente de contratos comerciais, já que, por regra, são celebrados por "operadores turísticos", os quais constituem empresas singulares ou coletivas que têm por objeto a produção, exercício, gestão, intermediação e prestação de atividades, produtos e serviços de turismo, incluindo agências de viagens e turismo, empresas titulares de empreendimentos turísticos ("maxime", hotéis), empresas de animação turística, etc. (art. 18º do Decreto-Lei nº 191/2009, de 17 de agosto). Todavia, num sentido amplo, tal categoria abrange tanto os contratos bilateralmente comerciais, ou seja, celebrados entre empresários – por exemplo, os contratos de exploração de empreendimentos turísticos (v.g., contratos de gestão hoteleira) – como os contratos unilateralmente comerciais, concluídos entre empresários e consumidores – enquanto destinatários finais ou utentes dos serviços turísticos (v.g., contratos de viagem organizada, contratos de "time sharing", contratos de alojamento turístico e local, contratos de "catering", etc.).

Contratos Turísticos, in: AAVV, "Contratos Mercantiles", vol. II, 909-982, 2ª edición, Bosch, Barcelona, 2009.

420 O art. 2º, a) do Decreto-Lei nº 191/2009, de 17 de agosto, define turismo como "o movimento temporário de pessoas para destinos distintos da sua residência habitual, por motivos de lazer, negócios ou outros, bem como as atividades económicas geradas e as facilidades criadas para satisfazer as suas necessidades".

421 De acordo com a Organização Mundial de Turismo (OMT), o número de chegadas de turistas internacionais atingiu 1,2 biliões em 2016, representativas de um volume de negócios de quase 700 biliões de dólares, após uma sequência de sete consecutivos aumentos anuais, que não se verificava desde 1960. Cf. *UNWTO Annual Report 2016*, Madrid, 2017.

422 Nesse sentido, Patrício, Manuela, *Direito do Turismo e Alojamento Turístico*, 34 e s., Almedina, Coimbra, 2016; noutros países, Puig, V. Julián, *Contratos Turísticos,* in: AAVV, "Contratos Mercantiles", 2ª edición, vol. II, 909-982, Bosch, Barcelona, 2009.

III. Em seguida, serão apenas referidas algumas das mais relevantes figuras contratuais da "praxis" do consumo turístico, com particular enfoque nos mecanismos de tutela jurídica do consumidor.[423]

2. Viagem Organizada

I. Por contrato de viagem organizada ("package travel contract", "Pauschalreisevertrag", "contratto di pacchetto turistico", "contrat de voyage à forfait", "contrato de viaje combinado") designa-se *o contrato celebrado entre uma empresa singular ou coletiva (agência de viagens e turismo) e um cliente (viajante) que tem por objeto uma prestação unitária e complexa consistente num plano previamente organizado de viagem, que combine pelo menos dois serviços (transporte, alojamento, aluguer de veículos, e/ou serviços não subsidiários), contra o pagamento de um preço global.*[424]

II. O contrato de viagem organizada – que constitui porventura o contrato turístico por excelência dos nossos dias – encontra-se hoje previsto e regulado no Decreto-Lei nº 17/2018, de 8 de março, tendo assim por objeto um serviço específico das atuais sociedades de consumo: o "pacote turístico", produto acabado e unitário que, contra um preço global, coloca à disposição do viajante ("maxime", turista) uma ampla gama de serviços relacionados com um programa de viagem previamente preparado por empresas especializadas. Tal contrato pode revestir duas modalidades fundamentais: uma modalidade mononegocial – correspondente ao contrato de viagem organizada "stricto sensu", celebrado entre um operador e um viajante relativo à globalidade da viagem organizada – e uma modalidade plurinegocial

[423] Frota, Mário, *Turismo e Direitos do Consumidor*, in: 78 RPDC (2014), 123-152; no plano europeu, Fragola, Massimo, *La Figura del «Consumatore-Turista» e i Diritti ad Esso Riconosciuti nell'Ordinamento Comunitario*, in: 40 DCSI (2001), 5-58.

[424] Sobre este contrato, vide Miranda, Miguel, *O Contrato de Viagem Organizada*, Almedina, Coimbra, 2000; Ribeiro, J. Sousa, *O Contrato de Viagem Organizada na Lei Vigente e no Anteprojeto do Código do Consumidor*, in: 8 EDC (2006/07), 127-164; Santo, L. Espírito, *O Contrato de Viagem Organizada*, Almedina, Coimbra, 2016; na jurisprudência, vide os Acórdãos da RL de 8-V-2014 (Fátima Galante) e de 24-VI-2008 (M. Rosário Morgado), da RP de 13-X-2009 (João Proença), e da RC de 6-XI-2011 (Artur Dias), todos in: dgsi.pt. Noutros quadrantes, Valdés-Blanco, A. Soler, *El Contrato de Viaje Combinado*, Thomson-Aranzadi, Cizur Menor, 2005.

– que envolve uma pluralidade de contratos distintos celebrados com diferentes prestadores de serviços de viagem, designadamente, diferentes operadores interligados de reserva em linha (arts. 2º, nº 1, d) e p))[425]. Além de ser típico e nominado, é também um contrato *comercial* (já que apenas pode ser celebrado ativamente por empresas singulares ou coletivas inscritas no RNAVT: cf. arts. 4º e 8º, nº 2, a)), um contrato de *adesão* (já que o viajante dispõe apenas da possibilidade de aderir ou rejeitar em bloco um conjunto de cláusulas contratuais padronizadas prévia e unilateralmente elaboradas pela agência no programa de viagens: cf. arts. 17º e 20º), e um contrato *consensual* (cujas celebração e validade não estão sujeitas à observância de forma especial, exceto diferente vontade das partes: cf. art. 20º, nº 1).[426]

III. O regime legal deste tipo contratual é vasto, merecendo destaque, do ponto de vista dos interesses do consumidor (viajante), um conjunto de normas relativas à negociação, celebração, conteúdo e extinção do contrato.[427]

IV. Assim, em *sede pré-contratual*, as normas que obrigam a agência a disponibilizar ao público informação normalizada relativa à viagem organizada (art. 17º e Partes A e B do Anexo II), mormente no contexto dos chamados "programas de viagem" (art. 18º), as cláusulas

[425] Sublinhe-se que com a viagem organizada não se confundem *outras modalidades de viagem* – onde se incluem as viagens *por medida* (em que a organização ou o programa da viagem é da iniciativa do cliente), as viagens *turísticas "stricto sensu"* (que são viagens organizadas de duração inferior a 24 horas ou sem dormida, v.g., excursões "domingueiras") ou as *viagens de negócios* (celebradas ao abrigo de contrato duradouro para uma pluralidade de serviços de viagem) –, cumprindo ainda distingui-la de *outros tipos de serviços turísticos* prestados pelas agências de viagens – por exemplo, a intermediação na venda ou reserva de serviços de viagem, reservas de alojamento turístico ou local, receção e assistência a turistas, etc.

[426] Inversamente, ainda quando celebrado no âmbito de um sistema de negociação à distância e sem a presença física simultânea dos contraentes, este contrato não será considerado como um contrato à distância para efeitos da aplicação do regime da LCCD (cf. art. 2º, nº 2, h) e nº 3).

[427] Sobre tal regime, vide OLIVEIRA, E. Dias, *A Proteção do Consumidor nas Viagens Organizadas,* in: "Estudos de Direito do Consumo – Homenagem a Manuel Ataíde Ferreira", 208-232, Deco, Lisboa, 2016.

contratuais a incluir no contrato (art. 15º, nº 2), e ainda outros deveres informativos e materiais acessórios (arts. 15º, nº 1 e 16º). Tal informação pré-contratual reveste uma natureza vinculativa e de oferta pública no que diz respeito às principais caraterísticas da viagem organizada (v.g., destino, itinerário, períodos de estadia, meios de transporte, locais e datas da partida e regresso, localização, categoria turística do alojamento, refeições fornecidas, etc.), ao preço total da viagem organizada (incluindo impostos, taxas, encargos e outros custos adicionais), às modalidades de pagamento (incluindo os eventuais montantes ou percentagens do preço a pagar a título de adiantamento e o calendário de pagamento do remanescente), ao número mínimo de pessoas exigido para a realização da viagem organizada (bem como a data limite para o respetivo cancelamento) e à informação relativa ao direito de rescisão do contrato pelo viajante (art. 19º).

V. Em sede da *formação contratual*, sublinhe-se que o contrato, caso revista forma escrita, deve ser redigido de forma clara e compreensível (arts. 15º, nº 2 e 20º, nº 1), considerando-se concluído com a entrega ao cliente do documento de reserva e (caso exista) do programa de viagem, e com o pagamento, ainda que parcial, do preço (art. 20º, nº 2).

VI. Em sede do *conteúdo contratual*, merece destaque a exigência de um vasto conjunto de menções obrigatórias, onde se incluem, para além das requeridas na fase pré-contratual (art. 17º), elementos informativos relativos às eventuais exigências do viajante que a agência tenha aceitado, à responsabilidade da agência pela correta execução de todos os serviços de viagem contratados e pela prestação de assistência ao viajante, à identificação do nome da entidade responsável pela proteção em caso de insolvência, à identificação do representante local da agência, aos procedimentos de tratamento de reclamações e aos mecanismos de resolução alternativa de litígios, e ao direito de cessão de posição contratual (art. 20º, nº 3).

VII. Finalmente, em sede dos *efeitos contratuais*, saliente-se a imposição legal de deveres de informação e prestação pós-contratuais (art.

20º, nº 9), bem assim como a disciplina das modificações subjetivas e objetivas do contrato (arts. 22º a 24º) e da rescisão do contrato por iniciativa da agência ou do viajante, que inclui um direito de retratação no caso de contratos celebrados fora do estabelecimento comercial (arts. 25º a 27º): destaque especial merece a questão, sempre relevante, da responsabilidade civil da agência por incumprimento ou cumprimento defeituoso das prestações devidas (arts. 28º, 35º a 37º, todos do citado diploma legal)[428]. Refira-se ainda que a lei prevê, como garantias especiais dos consumidores, a existência obrigatória de um fundo de garantia de viagens e turismo (FGVT), destinado a responder solidariamente pelos créditos dos consumidores relativamente a serviços contratados a agências de viagens e turismo (arts. 37º a 40º), e de seguros de responsabilidade civil, destinados a cobrir os riscos associados ao ressarcimento dos danos patrimoniais e não patrimoniais causados àqueles (arts. 41º e 42º).

3. Habitação Periódica

I. Por contratos relativos a direitos de habitação periódica ("timeshare contracts", "Teilzeitwohnrechtverträge", "contrats de jouissance d'immeuble à temp partagé", "multiproprietà immobiliare") designa-se genericamente aquele *conjunto de contratos, preliminares ou definitivos, que têm por objeto a aquisição ou transmissão de direitos reais ou obrigacionais de gozo ou utilização periódica sobre unidades de alojamento integradas em empreendimentos turísticos.*[429]

[428] SERRAT, J. Bech, *La Responsabilidad Contratual de los Organizadores y los Detallistas de Viajes Combinados,* Diss., Girona, 2001.

[429] Sobre a figura, BASTOS, M. Manuel, *Direito Real de Habitação Periódica: Direito de Arrependimento,* in: AAVV, "Conflitos de Consumo", 145-146, Almedina, Coimbra, 2006; COSTA, C. Felício/ FLORIM, José, *Do Time Sharing ou do Direito Real de Habitação Periódica,* Livraria da Universidade, Coimbra, 1997; MENDES, I. Pereira, *Direito Real de Habitação Periódica,* Almedina, Coimbra, 1993; na jurisprudência, vide os Acórdãos do STJ de 21-I-2016 (João TRINDADE), de 10-IV-2014 (Granja da FONSECA), de 6-III-2012 (Martins de SOUSA), bem como o Acórdão da RL de 2-VII-2015 (M. Teresa ALBUQUERQUE), todos in: www.dgsi.pt. Noutros países, vide ERMINI, Mario/ LASCIALFARI, Massimo, *I Contratti di Multiproprietà,* 39 e ss., Giuffrè, Milano, 2003; HENZE, Mark, *The Law and Business of Time-Share Resorts,* Clark Boardman Callaghan, New York, 1982; KELP, Ulla, *Time-Sharing-Verträge,* Nomos, Baden-Baden, 2005.

II. Com vista a permitir uma exploração plena dos empreendimentos turísticos, o legislador português, à semelhança de outros, criou uma nova modalidade de direitos reais de gozo: o *direito real de habitação periódica*, vulgarmente conhecido por "time-sharing" e previsto e regulado no Decreto-Lei nº 275/93, de 5 de agosto, que consiste num direito de utilização temporária e periódica de unidades de alojamento integradas em hotéis-apartamentos, aldeamentos turísticos e apartamentos turísticos (arts. 1º e 3º)[430]. Ora, o legislador e a "praxis" conhecem um conjunto de figuras contratuais surgidas em torno deste novel direito.

III. A mais relevante é, sem dúvida, a dos *contratos sobre direitos reais de habitação periódica*, que têm por objeto a aquisição e a transmissão do direito real de habitação periódica (arts. 12º a 24º). Entre alguns dos aspetos jusconsumeristas mais relevantes do seu regime legal, podem referir-se os relativos à *informação pré-contratual* – entre os quais se destacam a entrega obrigatória aos potenciais adquirentes de formulários normalizados (art. 9º) e à publicidade relativa à venda ou comercialização (arts. 43º e 44º) –[431], à *formação* do contrato – cuja celebração é efetuada mediante declaração das partes, com reconhecimento presencial das assinaturas de comprador e vendedor, aposta no certificado predial que titula o direito real, além da entrega ao primeiro do documento complementar e de um formulário de resolução (art. 13º)[432] –, e à *extinção* do contrato – com destaque para

[430] Mesquita, M. Henrique, *Uma Nova Figura Real: O Direito de Habitação Periódica,* in: VII RDE (1982), 39-69. Para mais desenvolvimentos, vide Antunes, H. Sousa, *Direitos Reais,* 491 e ss., UCP Editora, Lisboa, 2017; Leitão, L. Menezes, *Direitos Reais,* 7ª edição, 385 e ss., Almedina, Coimbra, 2016; Vieira, J. Alberto, *Direitos Reais,* 749 e ss., 2ª edição, Almedina, Coimbra, 2018.

[431] Cf. Acórdão da RL de 21-IV-1998 (Francisco de Sá), in: www.dgsi.pt. Sublinhe-se que em toda a publicidade, contratos e documentos relativos aos direitos de habitação periódica não pode ser utilizada a palavra "proprietário" ou outras expressões suscetíveis de criar nos adquirentes desses direitos a convicção (errónea) de serem comproprietários do empreendimento (art. 47º): cf. Acórdão da RL de 29-II-2000 (Jorge Santos), in: www.dgsi.pt.

[432] Sobre a forma e os requisitos da celebração, vide, em sentidos parcialmente divergentes, os Acórdãos da RL de 12-X-2000 (F. Isabel Santos) e da RP de 25-VI-1996 (Durval Morais), ambos in: www.dgsi.pt.

o direito conferido ao adquirente de resolver o contrato de aquisição no prazo de 14 dias após a respetiva celebração, por mera declaração de vontade unilateral e discricionária (arts. 13º-A, 16º e 17º).[433]

IV. Mas são ainda importantes os *contratos sobre direitos de habitação turística*, que são contratos com duração superior a um ano que têm por objeto a constituição ou transmissão de direitos obrigacionais de habitação periódica em empreendimentos turísticos (arts. 45º a 53º-B). Tais contratos podem revestir duas modalidades fundamentais: os "contratos de utilização periódica de bens", pelos quais o consumidor adquire, a título oneroso, o direito de utilizar uma ou mais unidades de alojamento, por mais do que um período de ocupação, que não configure um direito real de habitação periódica (art. 45º, nº 2, a)); e os "contratos de aquisição de produtos de férias de longa duração", pelos quais o consumidor adquire, a título oneroso, o direito a beneficiar de descontos ou outras vantagens a nível de alojamento, por si só ou em combinação com serviços de viagens ou outros, nomeadamente contratos referentes a cartões e clubes de férias, cartões turísticos ou outros de natureza semelhante (art. 45º, nº 2, b), todos do citado diploma legal).[434]

4. Alojamento Turístico

I. Por contrato de alojamento turístico designa-se o *contrato celebrado entre uma empresa turística (titular de empreendimento turístico) e um utente (turista) que tem por objeto a prestação de serviços de alojamento temporário,*

[433] Gomes, J. Costa, *Sobre o Direito de Arrependimento do Adquirente do Direito Real de Habitação Periódica (Time Sharing) e a sua Articulação com Outros Direitos Similares noutros Contratos de Consumo*, in: 3 RPDC (1995), 70-86; Acórdão da RL de 19-II-2002 (Pimentel Marques), in: www.dgsi.pt. A lei previu ainda uma regulação para os próprios *negócios preliminares*, ao disciplinar os contratos-promessa de transmissão de direitos reais de habitação periódica (arts. 17º a 20º): cf. Acórdão do STJ de 21-I-2016 (João Trindade), in: ww.dgsi.pt.

[434] Sobre estes contratos, vide Duarte, Paulo, *A Proteção Jurídica do Consumidor nos Contratos de Aquisição de Cartões Turísticos*, in: 0 RPDC (1994), 25-37; na jurisprudência, o Acórdão da RL de 13-XI-2007 (R. Ribeiro Coelho), in: ww.dgsi.pt. A lei consagrou um regime próprio para este feixe de contratos, que inclui igualmente a disciplina jurídica das informações pré-contratuais (art. 47º-A), da formação do contrato (art. 48º) e do direito de desistência contratual (art. 49º).

com ou sem fornecimento de refeições, e outros serviços acessórios (v.g., receção, limpeza, guarda de bagagens e valores, alimentação), mediante remuneração.[435]

II. Trata-se de um contrato nominado e (socialmente) típico, cujo regime deve ser integrado, para além das regras civis e comerciais comuns (com destaque para a LCCG), pelas disposições do "Regime Jurídico dos Empreendimentos Turísticos" (RJET), aprovado pelo Decreto-Lei nº 39/2008, de 7 de março. Nos termos desta lei, consideram-se "empreendimentos turísticos" os estabelecimentos hoteleiros, os aldeamentos turísticos, os apartamentos turísticos, os conjuntos turísticos ("resorts"), os empreendimentos de turismo de habitação e de turismo no espaço rural, e ainda os parques de campismo e de caravanismo, que tenham um fim lucrativo e disponham de adequado conjunto de estruturas, equipamentos e serviços complementares (arts. 2º e 4º do RJET): com exceção do alojamento local, apenas estas entidades podem prestar serviços de alojamento turístico (art. 43º do RJET), podendo as unidades de alojamento consistir (consoante os casos) em quartos, suites, apartamentos ou moradias, destinados ao uso exclusivo e privativo dos hóspedes.[436]

III. Este contrato possui importantes incidências jusconsumeristas, destacando-se as obrigações pré-contratuais (mormente, publicidade: cf. art. 42º do RJET), as obrigações contratuais (mormente, o âmbito do serviço de alojamento e dos deveres acessórios), a formação do contrato ("maxime", em sede do relevo da reserva feita

[435] Sobre este contrato, vide PAIVA, R. Moura, *Direito, Turismo e Consumo,* 103 e ss., Renovar, Rio de Janeiro, 2012; PATRÍCIO, Manuela, *Direito do Turismo e Alojamento Turístico,* 34 e ss., Almedina, Coimbra, 2016; na jurisprudência, vide os Acórdãos do STJ de 22-I-2015 (João BERNARDO) e da RC de 21-III-2006 (Cura MARIANO), ambos in: www.dgsi.pt. Para mais desenvolvimentos, GONZÁLEZ, I. Cabrera/ MARTEL, R. Pérez, *El Alojamiento Turístico: Problemática y Soluciones en la Ejecución del Contrato de Hospedaje,* Dyckinson, Madrid, 2008.

[436] Diferente, embora conexo, é o *contrato de reservas turísticas,* que consiste no contrato celebrado entre um empreendimento turístico e um operador turístico ("maxime", uma agência de viagens) através do qual o primeiro reserva em favor do último um conjunto de unidades de alojamento para um determinado período temporal. Cf. MARTÍNEZ-NADAL, Appolonia, *El Contrato de Reserva de Plazas de Alojamiento en Régimen de Contigente,* Bosch, Barcelona, 1995.

pelo utente) e a extinção do contrato por iniciativa do empreendimento ("overbooking") ou do utente (cancelamento de reserva).[437]

5. Alojamento Local

I. Figura vizinha, embora autónoma, é a do contrato de alojamento local, também tradicionalmente denominado contrato de hospedagem, que *designa o contrato celebrado entre uma pessoa singular ou coletiva titular de um estabelecimento de alojamento local (hospedeiro) e um utente (hóspede) que tem por objeto a prestação de serviços de alojamento temporário, mediante remuneração.*[438]

II. Trata-se igualmente de um contrato nominado e (socialmente) típico – cujas raízes históricas, todavia, remontam ao "contrato de albergaria" do CCivil de 1867 (art. 1419º) e ao "contrato de hospedagem" reconhecido pela nossa jurisprudência –, que reveste a natureza jurídica de um contrato misto decorrente da combinação de elementos caraterísticos da locação, da prestação de serviços ou outros, consoante o âmbito das prestações do hospedeiro, que vai desde a mera cedência do gozo de imóveis mobilados até serviços vários, v.g., fornecimento de refeições, limpeza diária, transporte, guia turístico[439]. Além disso, encontramo-nos diante de um contrato comercial: a atividade de alojamento local constitui "uma *atividade comercial* no sentido de que o prestador disponibiliza o serviço ao público em

[437] Castro, P. Castaños, *Derechos y Deberes de los Consumidores en los Hoteles*, Dyckinson, Madrid, 2015.

[438] Sobre este contrato, vide Almeida, A. Rodrigues, *A Actividade de Exploração de Estabelecimento de Alojamento Local*, in: 3 RED (2017), 1-30; Oliveira, F. Paula/ Passinhas, Sandra/ / Lopes, Dulce, *Alojamento Local e Uso de Fração Autónoma*, Almedina, Coimbra, 2017; Fernandes, Marília, *Residência Fiscal e Alojamento Local*, Ordem dos Técnicos Oficiais de Contas, Lisboa, 2016; na jurisprudência, vide os Acórdãos do STJ de 28-III-2017 (Salreta Pereira), da RL de 20-X-2016 (I. Sacarrão Martins) e de 5-IV-2011 (Gouveia de Barros), e da RP de 27-4-2017 (A. Lucinda Cabral) e de 15-IX-2016 (A. Rodrigues de Almeida), todos in: www.dgsi.pt.

[439] Sustentando a distinção, no universo do alojamento particular para turistas, entre contratos de alojamento local e contratos de arrendamento de curta duração, Garcia, M. Olinda, *Arrendamento de Curta Duração a Turistas: Um (Impropriamente) Denominado Contrato de Alojamento Local*, in: 3 RED (2017), 1-23.

geral, de forma organizada e numa lógica de mercado, visando com essa atividade obter lucro".[440]

III. O regime jurídico deste tipo contratual veio a ser densificado e complexificado pelo legislador, devendo ser hoje integrado pelas disposições do "Regime Jurídico do Alojamento Local" (RJAL), aprovado pelo Decreto-Lei nº 128/2014, de 28 de setembro, o qual veio procurar disciplinar o mercado paralelo de oferta de alojamento turístico ao mesmo tempo que conferiu tratamento jurídico próprio a um tipo de oferta turística de crescente relevância. Nos termos desta lei, consideram-se "estabelecimentos de alojamento local" aqueles que prestam serviços remunerados de alojamento temporário, nomeadamente a turistas (art. 2º, nº 1 do RJAL), em determinadas unidades de alojamento, incluindo sob a forma de moradias, apartamentos, estabelecimentos de hospedagem (incluindo "hostels") e quartos (art. 3º do RJAL): aspeto relevante é o de que se presume ser esse o caso dos imóveis ou respetivas frações que sejam publicitados ou disponibilizados como alojamento temporário ou para turistas, ou daqueles em que, estando mobilados ou equipados, sejam oferecidos dormida e serviços complementares ao alojamento por períodos inferiores a 30 dias (art. 4º, nº 2 do RJAL).[441]

[440] ALMEIDA, A. Rodrigues, *A Actividade de Exploração de Estabelecimento de Alojamento Local*, 11 e ss., in: 3 RED (2017), 1-30. Embora para outros efeitos, alguma jurisprudência tem qualificado tais contratos como civis, e não comerciais, com fundamento em não estarmos aqui diante de um ato de comércio (art. 2º do CCom) (Acórdão do STJ de 28-III-2017 (Salreta PEREIRA), in: www.dgsi.pt). Tal entendimento, todavia, não parece de subscrever. Para além de a maior parte dos atos de comércio objetivos se encontrarem hoje previstos fora do CCom (cf. ANTUNES, J. Engrácia, *Direito dos Contratos Comerciais,* 31 e s., reimpressão, Almedina, Coimbra, 2017), a natureza empresarial de uma das partes contratantes ("estabelecimento de alojamento local") e a afinidade deste contrato com o contrato de alojamento turístico parecem justificar a sua qualificação (unilateralmente) comercial: saliente-se que isto nada tem que ver com o fim do contrato, que se destina indubitavelmente a fins habitacionais e não a fins comerciais.

[441] Trata-se de uma presunção relativa: os contratos celebrados por período inferior a 30 dias presumem-se de alojamento local, sem prejuízo de os interessados poderem demonstrar que se trata de contratos de arrendamento ("maxime", através da exibição do seu registo no serviço de finanças).

IV. O contrato de alojamento local tem como *sujeitos* o titular singular ou coletivo do estabelecimento de alojamento local (devidamente licenciado e registado: cf. arts. 6º e 7º do RJAL) e o utente ou hóspede (usualmente um turista, mas não necessariamente, v.g., simples visitantes, locais, indivíduos em deslocação de trabalho) e como *objeto* típico uma prestação de serviço de alojamento ou dormida (sem prejuízo de serem convencionados serviços complementares ao alojamento: v.g., limpeza, televisão e internet, pequeno-almoço, etc.), revestindo uma natureza onerosa (que implica o pagamento de um preço ou contrapartida pelo hóspede ou alojado) e temporária (sendo o serviço de alojamento de curta-duração, nunca superior a 30 dias: cf. implicitamente art. 4º, nº 2 do RJAL).

6. "Catering"

I. Designa-se por contrato de "catering" o *contrato pelo qual uma das partes se obriga, mediante remuneração, a assegurar um serviço de fornecimento de refeições coletivas, durante um determinado período de tempo ou para um determinado tipo de evento específico, bem como outros serviços complementares (v.g., escolha e decoração do espaço, equipamentos, empregados de mesa, serviços de limpeza, coordenação do evento).*[442]

II. Contrato legalmente inominado e atípico, embora socialmente típico, o "catering" tornou-se numa figura contratual muito difundida no domínio das atividades turísticas (v.g., companhias de aviação, eventos sociais e desportivos, etc.), embora a estas não esteja confinada (v.g., hospitais, cantinas escolares, restaurantes empresariais, etc.). Tal contrato reveste, em regra, uma natureza mercantil (envolvendo uma empresa singular ou coletiva especializada), consensual (sem prejuízo da forma voluntária, frequentemente revestindo a natureza de um contrato de adesão) e mista (que combina usualmente a prestação de serviços, a empreitada e o fornecimento).

[442] Sobre este contrato, vide Coallier, Julien, *Catering Services Agreement – Legally Binding*, CreateSpace Independent Publishing Platform, London, 2017; Pittalis, Margherita, *Catering*, in: 1 CeIm (1989), 265-307.

BIBLIOGRAFIA

AAKER, David/ DAY, George, *Consumerism*. 4th edition, Free Press, New York, 1982.

AAVV, *A Concorrência e os Consumidores*. CES, Lisboa, 2001.

AAVV, *Conflitos de Consumo*. Almedina, Coimbra, 2006.

AAVV, *Empresa y Prueba Informatica*. Bosch, Barcelona, 2007.

AAVV, *I Metodi Alternativi nella Soluzione delle Controversie dei Consumatori*. Cacucci Editore, Bari, 2007.

AAVV, *Leis do Comércio Electrónico*. Centro Atlântico, Lisboa, 2000.

AAVV, *Les Moyens Judiciaires et Parajudiciaires de la Protection des Consommateurs*. CEE, Bruxelles-Luxembourg, 1976.

AAVV, *O Endividamento dos Consumidores*. Almedina, Coimbra, 2000.

ABREU, J. Coutinho, *Curso de Direito Comercial*, vol. I. 11ª edição, Almedina, Coimbra, 2018.

ÁGUILA-REAL, J. Alfaro, *La Interpretación de las Condiciones Contratuales Generales*. In: 183 "Revista de Derecho Mercantil" (1987), 7-61.

ALBUQUERQUE, F. Santos, *O Dever de Informar nas Relações de Consumo*. In: 2 "Revista Trimestral de Direito Civil" (2001), 83-100.

ALEXANDER, Christian, *Verbraucherschutzrecht*. Beck, München, 2015.

ALMEIDA, C. Ferreira, *Contratos*, vol. I. 6ª edição, reimpr., Almedina, Coimbra, 2018.

ALMEIDA, C. Ferreira, *Direito do Consumo*. Almedina, Coimbra, 2005.

ALMEIDA, C. Ferreira, *Negócio Jurídico de Consumo*. In: 347 "Boletim do Ministério da Justiça" (1985), 11-38.

ALMEIDA, C. Ferreira, *O Consumidor na Ordem Jurídica Portuguesa*. In: II "Progresso do Direito" (1984), 13-18.

ALMEIDA, C. Ferreira, *O Futuro do Direito do Consumo na Crise Económica Global*. In: "I Congresso Luso-Brasileiro de Direito", 33-39, Almedina, Coimbra, 2014.

ALMEIDA, C. Ferreira, *Os Direitos dos Consumidores*. Almedina, Coimbra, 1982.

ALMEIDA, C. Ferreira, *Qualidade do Objecto Contratual*. In: 7 "Estudos de Direito do Consumidor" (2005), 17-47.

ALMEIDA, C. Ferreira, *Relevância Contratual das Mensagens Publicitárias*. In: 6 "Revista Portuguesa de Direito do Consumo" (1996), 9-25.

ALMEIDA, C. Ferreira, *Serviços Públicos, Contratos Privados*. In "Estudos em Homenagem à Prof. Doutora I. Magalhães Collaço", vol. II, 117-143, Almedina, Coimbra, 2002.

ALMEIDA, C. Pizarro, *Direito Penal do Consumo – Algumas Questões*. In: I "Estudos do Instituto de Direito do Consumo" (2002), 255-278.

ALMEIDA, Teresa, *Lei de Defesa do Consumidor Anotada*. 2ª edição, Instituto do Consumidor, Lisboa, 2001.

ALPA, Guido, *Contratti del Consumatore*. Giuffrè, Milano, 2014.

ALPA, Guido/ BESSONE, Mario, *Carta Europea dei Consumatori*. In: XIX "Rivista delle Società" (1974), 827-837.

ALPA, Guido/ CATRICALÀ, Antonio, *Diritto dei Consumatori*. Il Mulino, Torino, 2016.

ALVES, Eugénia, *Guia do Consumidor de Seguros*. 2ª edição, Instituto do Consumidor, Lisboa, 2002.

ALVES, João, *Direito dos Consumidores: Textos e Peças*. Coimbra Editora, Coimbra, 2006.

ALVES, João, *O Ministério Público e a Defesa do Consumidor*. In: 7 "Estudos de Direito do Consumidor" (2005), 457-474.

ALVES, M. Santos, *Os Direitos dos Consumidores em Caso de Desconformidade da Coisa Comprada e Sua Articulação com o Abuso do Direito*. Dissertação, Universidade Nova de Lisboa, 2011.

AMARAL, D. Freitas, *Acesso à Justiça em Matéria de Ambiente e de Consumo*. In: AAVV, "Textos: Ambiente e Consumo", vol. 1, 159-163, CEJ, Lisboa, 1996.

AMARAL, D. Freitas, *Curso de Direito Administrativo*, vol. II. 2ª edição, Almedina, Coimbra, 2014.

AMAYUELAS, E. Arroyo, *¿Qué Es Forma en el Derecho Contractual de Consumo?*. In: 2 "Anuario de Derecho Civil" (2008), 519-542.

AMAYUELAS, E. Arroyo, *La Forma del Crédito al Consumo y las Sanciones para el Caso de Contravención*. In: 1 "Revista Eletrónica de Direito" (2014), 1-28.

ANDRADE, J. Vieira, *Os Direitos dos Consumidores como Direitos Fundamentais na Constituição Portuguesa de 1976*. In: LXXVIII "Boletim da Faculdade de Direito da Universidade de Coimbra" (2002), 43-64.

ANNUß, Georg, *Der Arbeitnehmer als solcher ist kein Verbraucher*. In: 55 "Neue Juristische Wochenschrift" (2002) 2844-2847.

ANTUNES, H. Sousa, *Direitos Reais*. UCP Editora, Lisboa, 2017.

ANTUNES, J. Engrácia, *Direito das Sociedades*. 8ª edição, Ed. de Autor, Porto, 2018.

Antunes, J. Engrácia, *Deveres e Responsabilidade do Intermediário Financeiro*. In: 56 "Cadernos do Mercado de Valores Mobiliários" (2017), 31-52.

Antunes, J. Engrácia, *Direito dos Contratos Comerciais*. 5ª reimpressão, Almedina, Coimbra, 2017.

Antunes, J. Engrácia, *Direito da Contabilidade*. Reimpressão, Almedina, Coimbra, 2019.

Antunes, J. Engrácia, *O Direito da Publicidade – Uma Introdução*. In: XCIII "Boletim da Faculdade de Direito da Universidade de Coimbra" (2017), 771-848.

Antunes, J. Engrácia, *O Regime Jurídico dos Actos de Comércio*. In: IX "Themis – Revista da Faculdade de Direito da Universidade Nova de Lisboa" (2009), nº 17, 19-60.

Antunes, J. Engrácia, *Os Contratos Bancários*. In: AAVV, "Estudos em Homenagem ao Professor Doutor Carlos Ferreira de Almeida", vol. II, 71-155, Almedina, Coimbra, 2011.

Antunes, J. Engrácia, *Os Instrumentos Financeiros*. 3ª edição, Almedina, Coimbra, 2017.

Antunes, J. Engrácia, *O Conceito Jurídico de Consumidor*. In: III "Revista de Direito Civil" (2018), 771-796.

Antunes, J. Engrácia, *Os Direitos dos Consumidores*. In: 63 "Cadernos de Direito Privado" (2018), em curso de publicação.

Antunes, J. Engrácia, *O Regime Geral da Contratação de Consumo*. In: 96 "Revista Portuguesa de Direito do Consumo" (2018), em curso de publicação.

Antunes, J. Engrácia, *Dos Contratos de Consumo em Especial*. In: 78 "Revista da Ordem dos Advogados" (2018), em curso de publicação.

Antunes, L. Colaço, *A Tutela dos Interesses Difusos em Direito Administrativo*. Almedina, Coimbra, 1989.

Aparício, A. Arroyo, *Noción de Consumidor para el Derecho Europeo (Noción del Reglamento 1215/2012 versus la de las Directivas de Protección de los Consumidores)*. In: 1 "Revista Eletrónica de Direito" (2018), 1-38.

Ascensão, J. Oliveira, *A Protecção do Investidor*. In: "Direito dos Valores Mobiliários", vol. 4, 13-40, Almedina, Coimbra, 1999.

Ascensão, J. Oliveira, *A Sociedade Digital e o Consumidor*. In: "Direito da Sociedade da Informação", vol. VIII, 123-153, Coimbra Editora, Coimbra, 2009.

Ascensão, J. Oliveira, *Cláusulas Contratuais Gerais, Cláusulas Abusivas e Boa-Fé*. In: 60 "Revista da Ordem dos Advogados" (2000), 573-595.

Ascensão, J. Oliveira, *Contratação Electrónica*. In: "Direito da Sociedade de Informação", vol. IV, 43-68, Coimbra Editora, Coimbra, 2003.

Ascensão, J. Oliveira, *Direito Civil e Direito do Consumidor*. In: 53 "Revista Portuguesa de Direito do Consumo" (2008), 9-27.

Ascensão, J. Oliveira, *Direito Comercial*, vol. I. AAFDL, Lisboa, 1998.

ASCENSÃO, J. Oliveira, *Direito Industrial e Consumidor.* In: LVII "Scientia Ivridica – Revista de Direito Português e Brasileiro" (2008), 71-92.

ASCENSÃO, J. Oliveira, *O Anteprojecto do Código do Consumidor e a Publicidade.* In: III "Estudos do Instituto de Direito do Consumo" (2006), 7-36.

ASSUNÇÃO, A. Filipa, *Os Direitos do Consumidor em Caso de Desconformidade do Bem com o Contrato na Compra e Venda de Bens de Consumo.* Dissertação, Universidade Nova de Lisboa, 2016.

ATAÍDE, R. Mascarenhas, *Direitos e Garantias do Comprador: Meios de Tutela.* In: V "Estudos [do Instituto] de Direito do Consumo" (2017), 149-171.

BAPTISTA, Fátima, *A Ação Inibitória Nacional e Europeia.* In: "Direito do Consumo", 167-180, CEJ, Lisboa, 2014.

BAPTISTA, Fátima, *A Protecção do Consumidor de Seguros.* In: 149 "Revista do Ministério Público" (2017), 103-139.

BAPTISTA, Fátima, *Cláusulas Abusivas nos Contratos com os Consumidores.* In: V "Estudos [do Instituto] de Direito do Consumo" (2017), 13-39.

BARATA, C. Lacerda, *Contratos Celebrados Fora do Estabelecimento Comercial.* In: V "Estudos [do Instituto] de Direito do Consumo" (2017), 41-127.

BARBIERI, Diovana, *A Proteção do Consumidor no Comércio Eletrônico: Estudo Comparado à luz dos Ordenamentos Jurídicos Brasileiro e Português.* Editorial Juruá, Lisboa, 2013.

BARBIERI, Diovana, *A Vinculação dos Particulares aos Direitos Fundamentais dos Consumidores na Ordem Jurídica Portuguesa.* In: 8 "Estudos de Direito do Consumidor" (2006/07), 291-345.

BARBOSA, A. Miranda, *A Obrigação Geral de Segurança e a Responsabilidade Civil.* In: 14 "Estudos de Direito do Consumidor" (2018), 274-332.

BARBOSA, A. Miranda, *Acerca do Âmbito da Lei dos Serviços Públicos Essenciais: Taxatividade ou Carácter Exemplificativo do Artigo 1º, nº 2, da Lei nº 23/96, de 26 de Julho.* In: 6 "Estudos de Direito do Consumidor" (2004), 401-434.

BARBOSA, A. Miranda, *Os Contratos de Adesão no Cerne da Protecção do Consumidor.* In: 3 "Estudos de Direito do Consumidor" (2001), 389-424.

BARCELÓ, R. Juliá, *Comercio Electrónico entre Empresários – La Formación y Prueba del Contrato Electrónico.* Tirant lo Blanch, Valencia, 2000.

BARENGUI, Andrea, *Diritto dei Consumatori.* Cedam, Padova, 2017.

BARROS, J. Araújo, *Cláusulas Contratuais Gerais – DL nº 446/85 – Anotado – Recolha de Jurisprudência.* Wolters Kluwer/ Coimbra Editora, Coimbra, 2010.

BARROS, J. Leite, *Os Contratos de Consumo Celebrados pela Internet – Um Estudo de Direito Comparado Luso-Brasileiro.* In: 3 "Revista Jurídica Luso-Brasileira" (2017), 781-843.

BARROS, J. Leite, *O Direito de Arrependimento nos Contratos Eletrônicos de Consumo como Forma de Extinção das Obrigações – Um Estudo de Direito Comparado Luso-Brasileiro.* In: 14 "Estudos de Direito do Consumidor" (2018), 117-183.

BARRY, Denis/ JENKINS, Edward/ SUMNALL, Charlene/ DOUGLAS-JONES, Ben/ LLOYD, Daniel, *Blackstone's Guide to the Consumer Rights Act 2015*. Oxford University Press, Oxford, 2016.

BASTOS, M. Manuel, *Direito Real de Habitação Periódica: Direito de Arrependimento*. In: AAVV, "Conflitos de Consumo", 145-146, Almedina, Coimbra, 2006.

BATALHA, D. Fernandes, *Criptografia: Uma Nova Forma de Contratação Automatizada?*. In: V "Ciber Law" (2018), 10-60.

BEATER, Axel, *Verbraucherschutz und Schutzzweckdenken im Wettbewerbsrecht*. Mohr Siebeck, Tübingen, 2000.

BELMONTE, C. Petrini, *A Redução do Negócio Jurídico e a Protecção dos Consumidores – Uma Perspectiva Luso-Brasileira*. Coimbra Editora, Coimbra, 2003.

BENÖR, Iris, *EU Consumer Law and Human Rights*. Oxford University Press, Oxford, 2013.

BERLIOZ, George, *Droit de la Consommation et Droit des Contrats*. In: "Jurisclasseur Périodique – Édition Générale" (1979), II, 2954-2965.

BERNARDEAU, Ludovic, *La Notion de Consommateur en Droit Communautaire (À la Suite de l'Arrêt de la C.J.C.E. du 22 novembre 2001)*. In: 4 "Revue Européenne de Droit de la Consommation" (2001), 341-362.

BONOMI, Andrea, *Jurisdiction over Consumer Contracts*. In: Dickynson, Andrew/ Lein, Eva (eds.), "The Brussels I Regulation Recast", 213-245, Oxford University Press, Oxford, 2015.

BORGES, J. Marques, *Direito Penal Económico e Defesa do Consumidor*. Rei dos Livros, Lisboa, 1982.

BOURGOIGNIE, Thierry, *Éléments pour une Théorie du Droit de la Consommation*. Story Scientia, Bruxelles, 1988.

BRADGATE, Robert, *Commercial Law*. 3rd edition, Butterworths, London, 2000.

BRAEGELMANN, T. Hinrich/ KAULARTZ, Markus, *Rechtshandbuch Smart Contracts*. Beck Verlag, München, 2019.

BRAGA, Armando, *A Venda de Coisas Defeituosas no Código Civil*. Almedina, Coimbra, 2005.

BRAVO, Fabio, *Commercializzazione a Distanza dei Servizi Finanziari ai Consumatori*. Ipsoa, Milano, 2003.

BRITO, P. Quelhas, *Promoção de Vendas e Comunicação de Preços*. Almedina, Coimbra, 2016.

BRUNAUX , Geoffray, *Le Contrat à Distance au XXIème Siècle*. LGDJ, Paris, 2010.

BÜLOW, Peter, *Beweislast für die Verbrauchereingenschaft nach § 13 BGB*. In: "Wertpapier-Mitteilungen – Zeitschrift für Wirtschafts- und Bankrecht" (2011), 1349-1351.

BÜLOW, Peter/ ARTZ, Markus, *Verbraucherprivatrecht*. C.F. Müller, Heidelberg, 2016.

BUONOCORE, Vincenzo, *Contrattazione d'Impresa e Nuove Categorie Contrattuali*. Giuffrè, Milano, 2000.

Buonocore, Vincenzo, *Contratti del Consumatore e Contratti d'Impresa.* In: XLI "Rivista di Diritto Civile" (1995), 1-41.

Byron, David, *The Rights of the Consumer.* Straightforward Publishing, London, 2015.

Cabinda, H. André, *Empreitada para Consumo.* Universidade Católica Editora, Lisboa, 2015.

Cafaggi, Fabrizio/ Micklitz, Hans-W., *Collective Enforcement of Consumer Law: A Framework for Comparative Assessment.* In: 16 "European Review of Private Law" (2008), 391-425.

Calais-Auloy, Jean, *L'Influence du Droit de la Consommation sur le Droit des Contrats.* In: 51 "Revue Trimestrielle de Droit Civil" (1998), 239-254.

Calais-Auloy, Jean, *Les Actions en Justiçe des Associations des Consommateurs.* In: XXXIX "Recueil Dalloz Sirey" (1988), Chr., 193-198.

Calais-Auloy, Jean/ Steinmetz, Frank, *Droit de la Consommation.* 4ème édition, Dalloz, Paris, 1996.

Calais-Auloy, Jean/ Temple, Henri, *Droit de la Consommation.* 9ème édition, Dalloz, Paris, 2015.

Caldas, L. Miguel, *Direito à Informação no Âmbito do Direito do Consumo.* In: 21 "Revista Julgar" (2013), 203-225.

Caldeira, Mirella, *A Boa-Fé Objetiva como Princípio Norteador das Relações de Consumo.* In: 2 "Revista do Curso de Direito da Universidade Metodista" (2005), 193-217.

Calero, F. Sánchez, *Perspectivas Actuales del Derecho Mercantil.* Editorial Aranzadi, Pamplona, 1995.

Calero, F. Sánchez/ Guilarte, J. Sánchez-Calero, *Instituciones de Derecho Mercantil*, tomo I. 28ª edición, Thomson/ Aranzadi, Navarra, 2005.

Campos, I. Menéres, *Notas Breves sobre os Mecanismos de Garantia do Cumprimento no Crédito ao Consumo.* In: "Liber Amicorum Mário Frota", 291-310, Almedina, Coimbra, 2012.

Canotilho, J. Gomes, *Direito Constitucional e Teoria da Constituição.* 7ª edição, Almedina, Coimbra, 2003.

Capelo, M. José, *A Lei de Arbitragem Voluntária e os Centros de Arbitragem de Conflitos de Consumo.* In: 1 "Estudos de Direito do Consumidor" (1999), 101-116.

Cardoso, Elionora, *As Práticas Comerciais Desleais: Uma Proteção nas Relações com os Consumidores ou uma Limitação à Livre Concorrência e à Liberdade Contratual?.* Dissertação de Doutoramento, Lisboa, 2014.

Cardoso, Elionora, *Coletânea de Legislação do Consumo.* Coimbra Editora, Coimbra, 2011.

Cardoso, Elionora, *Lei de Defesa do Consumidor: Comentada e Anotada.* Coimbra Editora, Coimbra, 2012.

Cardoso, Elionora, *O Direito à Qualidade dos Bens e Serviços e à Efetiva Reparação de Danos*. In: 1153 "JusNet – Wolters Kluwer" (2011), 1-8.

Cardoso, Elionora, *Os Serviços Públicos Essenciais – A Sua Problemática no Ordenamento Jurídico Português*. Coimbra Editora, Coimbra, 2010.

Carrapiço, Joaquim (org.), *Arbitragem de Conflitos de Consumo*. Instituto do Consumidor, Lisboa, 1997.

Caruso, M. Adalgisa, *Pratiche Commerciali Agresive*. Cedam, Padova, 2010.

Carvalho, J. Morais, *Comércio Electrónico e Protecção dos Consumidores*. In: II "Themis – Revista da Faculdade de Direito da Universidade Nova de Lisboa" (2006), 41-62.

Carvalho, J. Morais, *Crise e Consumo*. In: 12 "Revista de Direito Público" (2014), 103-112.

Carvalho, J. Morais, *Direitos do Consumidor na Compra de Bens de Consumo*. In: 12 "Estudos de Direito do Consumidor" (2017), 35-74.

Carvalho, J. Morais, *Implementation of the Consumer Rights Directive: Portugal*. In: 3 "Zeitschrift für Europäisches Unternehmens- und Verbraucherrecht" (2014), 285-288.

Carvalho, J. Morais, *La Protección de los Consumidores en la Unión Europea: Mito o Realidad?*. In: 6 "Critério Jurídico – Revista de Pontifícia Universidad Javeriana" (2006), 243-266.

Carvalho, J. Morais, *Limites das Taxas de Juro e Usura*. In: "Direito do Consumo – Ebook", 186-203, CEJ, Lisboa, 2014.

Carvalho, J. Morais, *Manual de Direito do Consumo*. 5ª edição, Almedina, Coimbra, 2018.

Carvalho, J. Morais, *O Conceito de Consumidor no Direito Português*. In: 14 "Estudos de Direito do Consumidor" (2018), 185-232.

Carvalho, J. Morais, *Os Contratos de Consumo: Reflexão sobre a Autonomia Privada no Direito do Consumo*. Almedina, Coimbra, 2012.

Carvalho, J. Morais, *Período de Fidelização*. In: AAVV, "I Congresso de Direito do Consumo", 51-72, Almedina, Coimbra, 2016.

Carvalho, J. Morais, *Práticas Comerciais Desleais das Empresas Face aos Consumidores*. In: III "Revista de Direito das Sociedades" (2011), 187-219.

Carvalho, J. Morais, *Prescrição do Direito de Exigir o Pagamento do Preço nos Contratos Relativos a Serviços Públicos Essenciais*. In: LX "Scientia Ivridica – Revista de Direito Português e Brasileiro" (2011), 81-99.

Carvalho, J. Morais, *Prestação de Informações nos Contratos Celebrados à Distância*. In: AAVV, "Direito Privado e Direito Comunitário – Alguns Ensaios", 13-144, Âncora Editora, Lisboa, 2007.

Carvalho, J. Morais, *Reflexão em Torno dos Contratos Promocionais com Objeto Plural*. In: "Estudos em Homenagem ao Prof. Doutor C. Ferreira de Almeida", vol. I, 499-520, Almedina, Coimbra, 2011.

CARVALHO, J. Morais, *Usura nos Contratos de Crédito ao Consumo*. In: 36 "Sub Judice – Justiça e Sociedade" (2006), 35-53.

CARVALHO, J. Morais/ MONTEIRO, A. Pinto, *Direitos do Consumidor em Caso de Falta de Conformidade do Bem com o Contrato*. In: 145 "Revista de Legislação e de Jurisprudência" (2016), 237-248.

CARVALHO, J. Morais/ PINTO-FERREIRA, J. Pedro/ CARVALHO, J. Campos, *Manual de Resolução Alternativa de Litígios de Consumo*. Almedina, Coimbra, 2017.

CARVALHO, J. Morais/ TEIXEIRA, Micael, *Crédito ao Consumo – Ónus da Prova da Entrega de Exemplar do Contrato e Abuso do Direito de Invocar a Nulidade*. In: 42 "Cadernos de Direito Privado" (2013), 36-52.

CARVALHO, Orlando, *Critério e Estrutura do Estabelecimento Comercial*. Atlântida Editora, Coimbra, 1967.

CASTELO, Higina, *Crédito ao Consumo e Diversidade de Tipos Contratuais*. In: "Direito do Consumo – Ebook", 103-111, CEJ, Lisboa, 2014.

CASTILLO, V. Sánchez, *Publicidad en Internet*. Editorial La Ley, Madrid, 2007.

CASTRO, M. Gabriel, *Direito dos Contratos – Contrato Electrónico de Consumo*. In: 8 "Estudos de Direito do Consumidor" (2006/2007), 559-615.

CASTRO, P. Castaños, *Derechos y Deberes de los Consumidores en los Hoteles*. Editorial Dyckinson, Madrid, 2015.

CEBOLA, C. Marques, *Mediação e Arbitragem de Conflitos de Consumo: Panorama Português*. In: 70 "Revista Portuguesa de Direito do Consumo" (2012), 11-46.

CENTRO DE ARBITRAGEM DE CONFLITOS DE CONSUMO DE LISBOA, *Sinopse da Ação e Colectânea de Jurisprudência*. CACCL, Lisboa, 1999.

CHANTAL, Ammi (ed.), *Global Consumer Behavior*. Wiley-ISTE, New York, 2007.

CHOI, Steven/ GULATI, Mitu/ SCOTT, Robert, *The Grey Hole Problem in Commercial Boilerplate*. Columbia Law and Economics Working Paper 547, Columbia, 2016.

CHULIÁ, F. Vicent, *Compendio Critico de Derecho Mercantil*, tomo I, vol. 1º. Editorial Bosch, Barcelona, 1991.

CHULIÁ, F. Vicent, *Introducción al Derecho Mercantil*, vol. II. Tirant lo Blanch, Valencia, 2010.

CHUMBINHO, João, *Os Julgados de Paz*. In: V "Estudos [do Instituto] de Direito do Consumo" (2017), 463-469.

COALLIER, Julien, *Catering Services Agreement – Legally Binding*. CreateSpace Independent Publishing Platform, London, 2017.

COEHEN-ADT, Gregor, *Der Fernabsatzvertrag: Anwendungsvoraussetzungen und -probleme beim Versandhandel*. Logos Verlag, Berlin, 2009.

COELHO, N. Ribeiro, *O Consumidor e a Tutela do Consumo no Âmbito do Crédito ao Consumo*. In: 103 "Revista do Ministério Público" (2005), 79-109.

COGLIANESE, Cary/ FINKEL, Adam/ ZARING, David, *Consumer Protection in an Era of Globalization*. University of Pennsylvania, Faculty Scholarship, Paper nº 351, 2009.

Cordeiro, A. Menezes, *A Arbitragem de Consumo*. In: 11 "Estudos de Direito do Consumidor" (2016), 67-72.

Cordeiro, A. Menezes, *A Tutela do Consumidor de Produtos Financeiros*. In: "Liber Amicorum Mário Frota – A Causa dos Direitos dos Consumidores", 51-60, Almedina, Coimbra, 2012.

Cordeiro, A. Menezes, *Da Natureza Civil do Direito do Consumo*. In: 136 "O Direito" (2004), 605-640.

Cordeiro, A. Menezes, *Da Prescrição de Créditos das Entidades Prestadoras de Serviços Públicos Essenciais*. In: 133 "O Direito" (2001), 769-810.

Cordeiro, A. Menezes, *Manual de Direito Comercial*. 3ª edição, Almedina, Coimbra, 2012.

Cordeiro, A. Menezes, *O Anteprojecto de Código do Consumidor*. In: 138 "O Direito" (2006), 685-715.

Correia, A. Ferrer, *Direito Comercial*. Lex, Lisboa, 1994.

Correia, A. Ferrer, *Reivindicação do Estabelecimento Comercial como Unidade Jurídica*. In: "Estudos de Direito Civil, Comercial e Criminal", 255-276, Almedina, Coimbra, 1985.

Correia, M. Pupo, *Comércio Electrónico: Forma e Segurança*. In: "As Telecomunicações e o Direito na Sociedade da Informação", 223-258, IJC, Coimbra, 1999.

Correia, M. Pupo, *Contratos à Distância: Uma Fase na Evolução da Defesa do Consumidor na Sociedade de Informação?* In: 4 "Estudos de Direito do Consumidor" (2002), 165-180.

Correia, M. Pupo, *Conformação dos Contratos pela Publicidade na Internet*. In: AAVV, "Direito da Sociedade de Informação", vol. VIII, 189-209, Coimbra Editora, Coimbra, 2009.

Costa, C. Felício/ Florim, José, *Do Time Sharing ou do Direito Real de Habitação Periódica*. Livraria da Universidade, Coimbra, 1997.

Costa, M. Almeida, *Direito das Obrigações*. 8ª edição, Almedina, Coimbra, 2000.

Costa, M. Almeida, *Síntese do Regime Jurídico Vigente das Cláusulas Contratuais Gerais*. 2ª edição, UCP Editora, Lisboa, 1999.

Costa, M. Almeida/ Cordeiro, A. Menezes, *Cláusulas Contratuais Gerais: Anotação ao Decreto-Lei nº 446/85, de 25 de julho*. Almedina, Coimbra, 1986.

Costa, P. Nogueira, *O Direito do Consumidor à Informação na Teoria Geral do Negócio Jurídico*. In: VII "Galileu – Revista de Economia e Direito" (2002), 123-137.

Costa, R. Amaral, *Os Serviços Públicos Essenciais: Perspetiva Geral*. In: 70 "Revista Portuguesa de Direito do Consumo" (2012), 52-83.

Costa, Salvador, *A Injunção e as Conexas Acção e Execução*. 6ª edição, Almedina, Coimbra, 2008.

Cranston, Ross, *Consumers and the Law*. Weidenfeld & Nicholson, London, 1978.

CRISTAS, Assunção, *Protecção Constitucional do Consumidor e Suas Implicações no Direito Contratual.* In: AAVV, "Direito Contratual entre Liberdade e Protecção dos Interesses e Outros Artigos Alemães-Lusitanos", 47-60, Almedina, Coimbra, 2008.

CUFARO, Vincenzo, *Codice del Consumo.* 4ª edizione, Giuffrè, Milano, 2015.

CUNHA, Carolina, *Métodos de Venda a Retalho Fora do Estabelecimento: Regulamentação Jurídica e Protecção do Consumidor.* In: "Direito Industrial", vol. IV, 285-330, Almedina, Coimbra, 2005.

D'ALTE, S. Tomé, *A Nova Configuração do Sector Empresarial do Estado e a Empresarialização dos Serviços Económicos.* Almedina, Coimbra, 2007.

DAMM, Reinhard, *Privatautonomie und Verbraucherschutz.* In: 39 "Versicherungsrecht – Juristische Rundschau für die Individualversicherung" (1999), 129-141.

DAUNER-LIEB, Barbara/ DÖTSCH, Wolfgang, *Ein "Kaufmann" als "Verbraucher"? – Zur Verbrauchereigenschaft des Personengesellschafters.* In: 31 "Der Betrieb" (2003), 1666-1669.

DAVIES, Lars, *Contract Formation on the Internet: Shattering a Few Myths.* In: AAVV, "Law and the Internet – Regulating Cyberspace", 97-120, Hart, Oxford, 1997.

DE FRANCESCHI, Alberto/ LEHMANN, Michael, *Data as Tradeable Commodity and New Measures for their Protection.* In: 1 "The Italian Law Journal" (2017), 51-72.

DE ROS, R. Mateo/ LÓPEZ-MONIS, M. Gallego (coord.), *Derecho de Internet – La Ley de Servicios de la Sociedad de la Información y de Comercio Electrónico.* Ed. Aranzadi, Cizur Menor, 2003.

DEMOULIN, Marie, *La Notion de «Support Durable» dans les Contrats à Distance.* In: 4 "Revue Européenne de Droit de la Consommation" (2000), 361-377.

DINIS, Marisa, *Contratos Celebrados à Distância e Contratos Celebrados Fora do Estabelecimento Comercial.* In: 77 "Revista Portuguesa de Direito do Consumo" (2014), 11-38.

DINIS, Marisa, *Da Incidência do Regime Jurídico de Acesso e Exercício de Atividades de Comércio, Serviços e Restauração nos Direitos do Consumidor.* In: 85 "Revista Portuguesa de Direito do Consumo" (2017), 53-72.

DJUROVIC, Mateja, *The Average Consumer Under EU Law.* In: "Estudos de Direito do Consumo – Homenagem a Manuel Cabeçadas Ataíde Ferreira", 411-430, Deco, Lisboa, 2016.

DREHER, Meiner, *Der Verbraucher – Das Phantom in der Opera des europäischen und deutschen Rechts?.* In: 52 "Juristenzeitung" (1997), 167-178.

DUARTE, P. Mendonça, *Concurso com Atribuição de Prémio "Para a Melhor Frase" – Incumprimento do Promitente.* In: AAVV, "Conflitos de Consumo", 211-213, Almedina, Coimbra, 2006.

DUARTE, Paulo, *A Protecção Jurídica do Consumidor nos Contratos de Aquisição de Cartões Turísticos.* In: 0 "Revista Portuguesa de Direito do Consumo" (1994), 25-34.

DUARTE, Paulo, *O Conceito Jurídico de Consumidor, Segundo o Art. 2º, nº 1 da Lei de Defesa do Consumidor*. In: 75 "Boletim da Faculdade de Direito da Universidade de Coimbra" (1999), 649-703.

DUARTE, Paulo, *O Direito do Consumidor ao Cumprimento Antecipado nos Contratos de Concessão de Consumo*. In: "Liber Amicorum Mário Frota", 409-437, Almedina, Coimbra, 2012.

DUARTE, R. Pinto, *O Direito de Regresso do Vendedor Final na Venda para Consumo*. In: II "Themis – Revista da Faculdade de Direito da Universidade Nova de Lisboa" (2001), nº 4, 173-194.

DUARTE, R. Pinto, *O Novo Regime do Crédito Imobiliário a Consumidores*. Almedina, Coimbra, 2018.

ECOMMERCE FOUNDATION, *Global B2C ECommerce Country Report 2017*. New York, 2018.

EDWARDS, Caroline, *Article 2 of the Uniform Commercial Code and Consumer Protection*. In: 78 "St. John's Law Review" (2012), 663-734.

EPIFÂNIO, M. Rosário, *Anotação ao Acórdão do STJ de 3 de outubro de 2017*. In: 2 "Revista de Direito da Insolvência" (2018), 123-146.

ERMINI, Mario/ LASCIALFARI, Massimo, *I Contratti di Multiproprietà*. Giuffrè, Milano, 2003.

ESTEVEZ, J. Acosta, *Tutela Procesal de los Consumidores*. Editorial Bosch, Barcelona, 1995.

ESTORNINHO, M. João, *Segurança Alimentar e Proteção do Consumidor de Organismos Geneticamente Modificados*. Almedina, Coimbra, 2008.

EUROPEAN CONSUMER LAW GROUP, *Le Soft Law et l'Intérêt du Consommateur*. In: 2 "Revue Européenne de Droit de la Consommation" (2001), 113-133.

FALCÃO, David, *Direito do Consumo – Coletânea de Legislação Fundamental*. 4ª edição, Almedina, Coimbra, 2018.

FALCÃO, Pedro, *Wap Billing: Problemas e Soluções*. In:14 "Estudos de Direito do Consumidor" (2018), 383-413.

FALCÃO, Pedro, *A Tutela do Prestador de Serviços Essenciais no Ordenamento Jurídico Português*. In: 12 "Estudos de Direito do Consumidor" (2017), 389-421.

FERNANDES, L. Carvalho, *Teoria Geral do Direito Civil*, vol. II. 5ª edição, UCP Editora, Lisboa, 2010.

FERNANDES, Marília, *Residência Fiscal e Alojamento Local*. Ordem dos Técnicos Oficiais de Contas, Lisboa, 2016.

FERNÁNDEZ, M. Eugenia, *Mecanismos de Protección del Consumidor Instaurados por la Propria Empresa*. In: AAVV, "Derecho de los Consumidores y Usuarios", vol. II, 2479-2499, 3ª edición, Tirant lo Blanch, Valencia, 2016.

FERREIRA, Ataíde/ LIZ, J. Pegado, *Direitos dos Consumidores: Colectânea de Legislação*, 2 volumes. DECO, Lisboa, 1995/1998.

Ferreira, J. Cardona, *Os Julgados de Paz e os Litígios de Consumo.* In: 4 "Estudos de Direito do Consumidor" (2002), 79-88.

Ferreirinha, Pedro, *Os Condomínios Turísticos.* In: "Estudos de Advocacia em Homenagem a Vasco Vieira de Almeida", 491-499, Almedina, Coimbra, 2017.

Fidalgo, M. Carballo, *La Protección del Consumidor Frente a la Cláusulas no Negociadas Individualmente.* Ed. Bosch, Barcelona, 2013.

Finocchiaro, Giusella, *Documento Elettronico.* In: X "Contratto e Impresa" (1994), 433-450.

Florença, Â. Marques, *O Abuso do Direito no Direito do Consumo.* Dissertação, Universidade Nova de Lisboa, 2015.

Fourgoux, Jean-Claude/ Mihaïlov, Jeanne/ Jeannin, M. Veronique, *Principes et Pratique du Droit de la Consommation.* Éd. Delmas, Paris, 1979.

Frade, Catarina, *Sobreendividamento e Soluções Extradudiciais: A Mediação de Dívidas.* In: "I Congresso de Direito da Insolvência", 9-28, Almedina, Coimbra, 2013.

Fragola, Massimo, *La Figura del «Consumatore-Turista» e i Diritti ad Esso Riconosciuti nell'Ordinamento Comunitario.* In: 40 "Diritti Comunitario e degli Scambi Internazionali" (2001), 5-58.

Fraternale, Antonio, *I Contratti a Distanza.* Giuffrè, Milano, 2002.

Frayssé, Olivier/ O'Neil, Mathieu (eds.), *Digital Labour and Prosumer Capitalism: The US Matrix.* Palgrave Macmillan, New York, 2015.

Freire, João/ Silva, C. Dias, *Consumidores em Movimento.* CIES-ISCTE, Lisboa, 1996.

Freitas, J. Lebre, *A Acção Processual Civil no Código do Consumidor.* In: 49 "Revista Portuguesa de Direito do Consumo" (2007), 55-66.

Freitas, J. Lebre, *Os Meios Processuais à Disposição dos Pleiteantes em Sede de Condições Gerais dos Contratos.* In: 426 "Boletim do Ministério da Justiça" (1993), 5-14.

Frota, Ângela, *Crédito ao Consumidor.* In: V "Estudos [do Instituto] de Direito do Consumo" (2017), 375-393.

Frota, Mário, *A Tutela Jurisdicional dos Direitos dos Consumidores.* In: 8 "Revista Portuguesa de Direito do Consumo" (1996), 51-54.

Frota, Mário, *Da Representatividade das Associações de Consumidores e a sua Entronização na Sociedade Portuguesa.* In: 18 "Revista Portuguesa de Direito do Consumo" (1999), 25-36.

Frota, Mário, *Direito à Saúde e os Consumidores.* In: 3 "Tribuna da Justiça" (1990), 61-77.

Frota, Mário, *Dos Contratos de Consumo em Especial – Colectânea de Legislação.* 2ª edição, Coimbra Editora, Coimbra, 2000.

Frota, Mário, *O Tratado de Amesterdão e a Tutela dos Direitos do Consumidor.* In: 15 "Revista Portuguesa de Direito do Consumo" (1998), 91-93.

FROTA, Mário, *Os Contratos de Consumo.* In: 23 "Revista Portuguesa de Direito do Consumo" (2000), 9-27.

FROTA, Mário, *Os Serviços de Interesse Geral e o Princípio Fundamental da Protecção dos Interesses Económicos do Consumidor.* In: V "Maia Jurídica – Revista de Direito" (2007), 39-63.

FROTA, Mário, *Política de Consumidores na União Europeia. O Acervo do Direito Europeu do Consumo.* Almedina, Coimbra, 2003.

FROTA, Mário, *Saúde e Segurança Direitos Universais do Cidadão-Consumidor.* In: 77 "Revista Portuguesa de Direito do Consumo" (2014), 63-74.

FROTA, Mário, *Serviços Públicos Essenciais.* In: V "Estudos [do Instituto] de Direito do Consumo" (2017), 173-285.

FROTA, Mário, *Turismo e Direitos do Consumidor.* In: 78 "Revista Portuguesa de Direito do Consumo" (2014), 123-152.

FUCHS, Andreas, *Zur Disponibilität gesetzlicher Widerrufsrechte im Privatrecht.* In: 196 "Archiv für die civilistische Praxis" (1996), 313-361.

FUXA, Nastasja, *Consumer Protection in the Markets of Financial Products.* In: 3 "Journal of European Consumer and Market Law" (2014), 90-104.

GALÁN, J. Font, *Hacia un Sistema Jurídico Mercantil de "Faz Completamente Nueva"? La Ley de Defensa de los Consumidores y Usuarios: Un Instrumento para la Realización Histórica de un Derecho Mercantil del Estado Social.* In: 177 "Revista de Derecho Mercantil" (1985), 381-417.

GALÁN, J. Font, *La Integración Publicitaria del Contrato: Un Instrumento de Derecho Privado contra la Publicidad Engañosa.* In: IV "Cuadernos de Derecho y Comercio" (1988), 7-48.

GARCÍA, G. Botana, *Los Contratos Realizados Fuera de los Establecimientos Mercantiles y la Protección de los Consumidores.* Ed. Bosch, Barcelona, 1994.

GARCÍA, G. Botana, *Noción de Consumidor en el Derecho Comparado.* In: 18 "Estudios sobre Consumo" (1990), 54-72.

GARCÍA, J. Avilez, *Los Contratos de Compraventa de Bienes de Consumo.* Editorial Comares, Madrid, 2007.

García, L. María/ ARCE, A. Léon, *Derechos de los Consumidores y Usuarios,* 2 volumes. 3ª edición, Tirant lo Blanch, Valencia, 2016.

GARCIA, M. Olinda, *Arrendamento de Curta Duração a Turistas: Um (Impropriamente) Denominado Contrato de Alojamento Local.* In: 3 "Revista Electrónica de Direito" (2017), 1-23.

GASMURRI, I. Maza, *Il Sumministro de Información como Técnica de Protección de los Consumidores.* In: 2 "Revista de Derecho" (2010), 21-52.

GHERSI, Carlos, *Contratos de Consumo.* Editorial Astrea, Buenos Aires, 2005.

GHESTIN, Jacques, *La Formation du Contrat.* 3ème édition, LGDJ, Paris, 1993.

Gil-Delgado, M. Corripio, *Los Contratos Informáticos. El Deber de Información Precontratual.* Editorial Comillas, Madrid, 1991.

Gomes, C. Amado, *Os Novos "Trabalhos" do Estado: A Administração Pública e a Defesa do Consumidor.* In: I "Estudos do Instituto de Direito do Consumo" (2002), 31-61.

Gomes, J. Costa, *Sobre o Direito de Arrependimento do Adquirente do Direito Real de Habitação Periódica (Time Sharing) e a sua Articulação com Outros Direitos Similares noutros Contratos de Consumo.* In: 3 "Revista Portuguesa de Direito do Consumo" (1995), 70-86.

Gomide, A. Junqueira, *Direito de Arrependimento nos Contratos de Consumo.* Almedina, Coimbra, 2014.

Gonçalves, A. Sousa, *Evolução da Regulamentação Europeia dos Contratos de Consumo Internacionais Celebrados por Via Electrónica.* In: 162 "Scientia Iviridica" (2013), 5-32.

Gonçalves, P. Costa, *A Concessão de Serviços Públicos.* Almedina, Coimbra, 1999.

González, I. Cabrera/ Martel, R. Pérez, *El Alojamiento Turístico: Problemática y Soluciones en la Ejecución del Contrato de Hospedaje.* Editorial Dyckinson, Madrid, 2008.

Gottschalk, Eckardt, *Verbraucherbegriff und Dual-use-Verträge.* In: 53 "Recht der internationalen Wirtschaft" (2006), 576-778.

Gouveia, M. França, *A Eficácia Negocial da Publicidade a Imóveis.* In: XLIX "Scientia Ivridica – Revista de Direito Português e Brasileiro" (2000), 135-172.

Gouveia, M. França, *Curso de Resolução Alternativa de Litígios.* 3ª edição, Almedina, Coimbra, 2014.

Gouveia, M. França/ Carvalho, J. Morais, *A Experiência da UMAC na Mediação de Conflitos de Consumo.* In: AAVV, "Conflitos de Consumo", 23-39, Almedina, Coimbra, 2006.

Graziosi, Andrea, *Premesse ad una Teoria Probatoria del Documento Informatico.* In: 50 "Rivista Trimestrale di Diritto e Procedura Civile" (1998), 481-529.

Greve, Michael, *Harmless Lawsuits?: What's Wrong with Consumer Class Actions.* AIP Press, New York, 2005.

Guerinoni, Ezio, *Pratiche Commerciali Scorrette.* Giuffrè, Milano, 2010.

Guimarães, M. Raquel, *A Compra e Venda "Transnacional" de Bens de Consumo: Algumas Reflexões Sobre as Iminentes Novidades Legislativas.* In: 1 "Revista Electrónica de Direito" (2013), 1-19.

Guyon, Yves, *Droit des Affaires,* tome I. 9ème édition, Economica, Paris, 1996.

Hackl, Karl, *Vertragsfreiheit und Kontrahierungszwang.* Duncker & Humblot, Berlin, 1980.

Henze, Mark, *The Law and Business of Time-Share Resorts.* Clark Boardman Callaghan, New York, 1982.

HERBER, Rolf, *The Rules of Convention Relating to Buyer's Remedies in Cases of Breach of Contract.* In: AAVV, "Problems of Unification of International Sales Law", 104-129, Oceana, New York/ London/ Rome, 1980.

HERNÁNDEZ, M. Heras, *La Forma de los Contratos: El Neoformalismo en el Derecho de Consumo.* In: 89 "Revista de Derecho Privado" (2005), 27-50.

HILL, John, *Cross-Border Consumer Contracts.* Oxford University Press, Oxford, 2009.

HILTON, Matthew, *Prosperity for All: Consumer Activism in an Era of Globalization.* Cornell University Press, London, 2009.

HODGES, Christopher/ BENÖHR, Iris/ CREUTZFELDT, Naomi, *Consumer ADR in Europe.* Beck/ Hart/ Nomos, Oxford e New York, 2012.

HOMEM, M. Carvalho, *A Formação dos Contratos no Comércio Eletrónico.* In: 1 "Revista Eletrónica de Direito" (2013), 1-49.

HONDIUS, Ewoud, *The Notion of Consumer: European Union versus Member States.* In: 28 "Stanford Law Review" (2006), 89-98.

HOWELLS, Geraint, *The Right of Withdrawal in European Consumer Law.* In: Schulte--Nölke, Hans/ Schulze, Reiner (Hrsg.), "Europäisches Vertragsrecht im Gemeinschaftsrecht", 229-238, Bundesanzeiger, Köln, 2002.

HOWELLS, Geraint/ SCHULZE, Reiner (eds.), *Modernising and Harmonising Consumer Contract Law.* Sellier European Law Publishers, München, 2009.

HOWELLS, Geraint/ TWIGG-FLESNER, Christian/ MICKLITZ, Hans/ LEI, Chen (eds.), *Comparative Consumer Sales Law.* Routledge, London, 2017.

HOWELLS, Geraint/ TWIGG-FLESNER, Christian/ WILHELMSSON, Thomas, *Rethinking EU Consumer Law.* Routledge, New York, 2017.

IBAÑEZ, M. Alonso, *La Protección del Consumidor A Través de Organismos de Derecho Público.* In: AAVV, "Derecho de los Consumidores y Usuarios", vol. II, 2391-2404, 3ª edición, Tirant lo Blanch, Valencia, 2016.

IURILLI, Cristiano, *Le Garanzie Legali e Commerciali nella Vendita di Beni di Consumo.* In: LII "Giurisprudenza Commerciale" (2002), 271-289.

JACQUEMIN, Hervé, *Le Formalisme Contractuel – Mécanisme de Protection de la Partie Faible.* Éditions Larcier, Paris, 2010.

JÍMENEZ, M. Díaz, *«Interpretatio contra Stipulatorem» y Princípio de Interpretación más Favorable al Consumidor.* In: XVIII "Actualidad Civil" (1994), 315-328.

JÚNIOR, R. Rosado, *A Boa-Fé na Relação de Consumo.* In: 14 "Revista de Direito do Consumidor" (1995), 20-27.

KARSTEN, Jens, *Passengers, Consumers, and Travellers: The Rise of Passenger Rights in EC Transport Law and its Repercussions for Community Consumer Law and Policy.* In: 30 "Journal of Consumer Policy" (2007), 117-136.

KELP, Ulla, *Time-Sharing-Verträge.* Nomos, Baden-Baden, 2005.

KHOURI, P. Roque, *Direito do Consumidor.* 5ª edição, Editora Atlas, São Paulo, 2012.

KLAUSNER, E. António, *Direito Internacional do Consumidor: A Proteção do Consumidor no Livre Comércio Internacional.* Juruá Editora, Curitiba, 2012.

KOCH, Harald, *Verbraucherprozessrecht*. C.F. Müller, Heidelberg, 1990.

KOLB, Stefan, *Die Übergangsregelung der Richtlinie über unlautere Geschäftspraktiken*. Mohr Siebeck, Tübingen, 2016.

KOPASS, Dennis, *Vom Consumer zum Prosumer*. Grin Verlag, Hamburg, 2015.

KOSESNIK-WEHRLE, Anne Marie, *Konsumentenschutzgesetz – Kurzkommentar*. 4. Aufl., Manz Verlag, Wien, 2016.

KRAMER, Ernst, *Zur Konzeption des Konsumentenschutzrechts*. In: 69 "Kritische Vierteljahresschrift für Gesetzgebung und Rechtswissenschaft" (1986), 270-290.

KREBS, Peter, *Verbraucher, Unternehmer oder Zivilperson*. In: "Der Betrieb" (2002), 517-520.

KRONKE, Herber, *Applicable Law in Torts and Contracts in Ciberspace*. In: AAVV, "Internet – Which Court Decides? Which Law Applies?", 65-97, Kluwer, Hague/ London/ Boston, 1998.

KRUG, Peter, *Der Verbraucherkonkurs*. Carl Heymanns, Köln, 1998.

KRÜGER, M. Gálvez, *O Consumidor de Referência para Avaliar a Deslealdade da Publicidade e de Outras Práticas Comerciais*. In: "Estudos em Homenagem ao Prof. Doutor Carlos Ferreira de Almeida", vol. I, 521-548, Almedina, Coimbra, 2011.

LAFOND, Pierre-Claude (dir.), *L'Accès des Consommateurs à la Justice*. Éd. Yvon Blais, Cowansville, 2010.

LARCHER, Sara, *Contratos Celebrados através da Internet: Garantias dos Consumidores contra Vícios na Compra e Venda de Bens de Consumo*. In: II "Estudos do Instituto de Direito do Consumo" (2005), 152-166.

LASTRES, J. García-Pita, *Compraventa Mercantil y Derecho de los Consumidores*. In: 31 "Cuadernos de Derecho y Comercio" (1994), 14-104.

LASTRES, J. García-Pita, *Derecho Mercantil de las Obligaciones*. Marcial Pons, Madrid/ / Barcelona, 2003.

LAURENTINO, Sandrina, *Os Destinatários da Legislação do Consumidor*. In: 2 "Estudos de Direito do Consumidor" (2000), 415-441.

LAVOURAS, Matilde/ ALMEIDA, Teresa, *Bens Públicos Globais: A Problemática da sua Definição e Financiamento*. In: LII "Boletim de Ciências Económicas da Faculdade de Coimbra" (2009), 143-193.

LAWAND, J. José, *Teoria Geral dos Contratos Eletrónicos*. Editora Juarez de Oliveira, São Paulo, 2003.

LEHMANN, Michael (Hrsg.), *Rechtsgeschäfte im Netz – Electronic Commerce*. Schäffer-Poeschel, Stuttgart, 1999.

LEHMANN, Michael, *Informationsverantwortung und Gewährleistung für Werbeangaben beim Verbrauchsgüterkauf*. In: 55 "Juristenzeitung" (2000), 280-293.

LEITÃO, A. Menezes, *A Proteção dos Consumidores no Sector das Telecomunicações*. In: I "Estudos do Instituto de Direito do Consumo" (2002), 131-152.

LEITÃO, A. Menezes, *Comércio Eletrónico e Direito do Consumo*. In: "Liber Amicorum Mário Frota – A Causa dos Direitos dos Consumidores", 31-39, Almedina, Coimbra, 2012.

LEITÃO, A. Menezes, *Nótula sobre a Proteção do Consumidor no Regime Jurídico dos Contratos de Seguro*. In: "Estudos de Direito do Consumo – Homenagem a Manuel Ataíde Ferreira", 11-17, Deco, Lisboa, 2016.

LEITÃO, A. Menezes, *Práticas Comerciais Desleais como Impedimentos à Outorga de Direitos Industriais*. In: AAVV, "Estudos em Homenagem ao Prof. Doutor Carlos Ferreira de Almeida", vol. I, 547-567, Almedina, Coimbra, 2011.

LEITÃO, A. Menezes, *Publicidade e Tutela do Consumidor*. In: AAVV, "Estudos em Memória do Prof. Doutor J. L. Saldanha Sanches", 9-27, Wolters Kluwer/ Coimbra Editora, Lisboa, 2011.

LEITÃO, A. Menezes, *Publicidade na Rede*. In: AAVV, "Direito da Sociedade de Informação", vol. VIII, 263-279, Coimbra Editora, Coimbra, 2009.

LEITÃO, A. Menezes, *Tutela do Consumo e Procedimento Administrativo*. In: II "Estudos do Instituto de Direito do Consumo" (2005), 119-140.

LEITÃO, L. Menezes, *A Revisão do Regime das Práticas Comerciais Desleais*. In: AAVV, "I Congresso de Direito do Consumo", 73-94, Almedina, Coimbra, 2016.

LEITÃO, L. Menezes, *As Práticas Comerciais Desleais nas Relações de Consumo*. In: "Liber Amicorum Mário Frota", 369-386, Almedina, Coimbra, 2012.

LEITÃO, L. Menezes, *Caveat Venditor? A Directiva 1999/44/CE do Conselho e do Parlamento Europeu sobre a Venda de Bens de Consumo e Garantias Associadas e Suas Implicações no Regime Jurídico do Contrato de Compra e Venda*. In: AAVV, "Estudos em Homenagem ao Prof. Doutor I. Galvão Telles", vol. I, 263-303, Almedina, Coimbra, 2002.

LEITÃO, L. Menezes, *Direitos Reais*. 7ª edição, Almedina, Coimbra, 2016.

LEITÃO, L. Menezes, *O Direito do Consumo: Autonomização e Configuração Dogmática*. In: I "Estudos do Instituto de Direito do Consumo" (2002), 11-30.

LEITÃO, L. Menezes, *O Novo Regime da Venda de Bens de Consumo*. In: II "Estudos do Instituto de Direito do Consumo" (2004), 37-73.

LIZ, J. Pegado, *Acerca das Garantias na Venda de Bens de Consumo*. In: I "Forum Institutiae" (2000), 50-56.

LIZ, J. Pegado, *Algumas Reflexões a Propósito do Direito dos Consumidores à Informação*. In: "Liber Amicorum Mário Frota", 335-353, Almedina, Coimbra, 2012.

LIZ, J. Pegado, *Conflitos de Consumo. Uma Perspectiva Comunitária da Defesa dos Consumidores*. Centro de Informação Jacques Delors, Lisboa, 1999.

LIZ, J. Pegado, *Introdução ao Direito e à Política do Consumo*. Editorial Notícias, Lisboa, 1999.

LIZ, J. Pegado, *Práticas Comerciais Desleais*. In: IV "Estudos do Instituto de Direito do Consumo" (2014), 79-141.

Liz, J. Pegado, *Serviços Públicos Essenciais: Públicos ou Privados?*. In: 81 "Revista Portuguesa de Direito do Consumo" (2015), 13-79.

Liz, J. Pegado, *Um Código do Consumidor, Para os Consumidores ou Nem uma Coisa Nem Outra?*. In: 49 "Revista Portuguesa de Direito do Consumo" (2007), 26-32.

Lôbo, P. Netto, *A Informação como Direito Fundamental do Consumidor*. In: 3 "Estudos de Direito do Consumidor" (2001), 23-45.

Locher, Horst, *Das Recht der Allgemeinen Geschäftsbedingungen*. Beck, München, 1997.

Lohsse, Sebastian/ Schulz, Reiner/ Staudenmayer, Dirk, *Trading Data in the Digital Economy: Legal Concepts and Tools*. Nomos Verlag, Baden-Baden, 2017.

Lok, K. Long, *A Tutela dos Consumidores nas Publicidades Enganosas*. In: 12 "Estudos de Direito do Consumidor" (2017), 423-453.

Lopes, A. Oliveira, *O Exercício do Direito de Arrependimento do Consumidor nos Contratos à Distância*. Dissertação, Universidade do Porto, 2015.

López, M. Marín, *El Carácter Vinculante de las Declaraciones Públicas en la Venta de Bienes de Consumo*. In: 7 "Estudos de Direito do Consumidor" (2005), 211-243.

Loureiro, C. Silva, *Juros Usurários no Crédito ao Consumo*. In: 8 "Revista de Estudos Politécnicos" (2007), 265-280.

Luchetti, Luca, *Pratiche Commerciale Sleali e Diligenza Professionale: Profili Comparatistici e Diritto Europeo*. Dissertação, Macerata, 2012.

Luelmo, A. Domínguez, *Contratação na Internet. Regime Jurídico da Contratação na Internet*. In: "Temas de Direito da Informática e da Internet", 137-160, Coimbra Editora, Coimbra, 2004.

Luís, A. Vasconcelos, *Estudo e Análise da Regulação do Livro de Reclamações no Âmbito do Sistema Jurídico Português*. Dissertação, Lisboa, 2014.

Luminoso, Angelo, *La Contrattazione d'Impresa*. In: AAVV, "Istituzione di Diritto Commerciale", 527-626, Giappichelli, Torino, 2003.

Lutz, Paul, *Taux Débiteur et TAEG dans la Directive Européenne sur le Crédit aux Consommateurs*. In: 44 "Recueil Dalloz Sirey" (2009), 2955-2958.

Macedo Jr., R. Porto, *Contratos Relacionais e Defesa do Consumidor*. Editora Max Limonad, São Paulo, 1998.

Macri, Carmine, *I Contratti Negoziati Fuori dai Locali Commerciali*. Giappichelli, Torino, 1998.

Maia, Pedro, *Contratação à Distância e Práticas Comerciais Desleais*. In: 9 "Estudos de Direito do Consumidor" (2015), 143-175.

Maltez, R. Tocantis, *Direito do Consumidor e Publicidade – Análise Jurídica e Extrajurídica da Publicidade Subliminar*. Juruá Editora, Curitiba, 2011.

Mak, Vanessa, *Standards of Protection: In Search of the "Average Consumer" of EU Law*. In: 1 "European Review of Private Law" (2011), 25-42.

Mantovani, Paola, *La Vendita dei Beni di Consumo*. Ed. Scientifiche Italiana, Milano, 2009.

Marçal, S. Pinheiro, *Definição Jurídica de Consumidor. Evolução da Jurisprudência do STJ*. In: 26 "Revista do Advogado – Associação dos Advogados de São Paulo" (2004), 107-113.

Mariano, J. Cura, *Responsabilidade Contratual do Empreiteiro pelos Defeitos da Obra*. 3ª edição, Almedina, Coimbra, 2013.

Marques, C. Lima, *Contratos no Código de Defesa do Consumidor: O Novo Regime das Relações Contratuais*. 8ª edição, Ed. Revista dos Tribunais, São Paulo, 2016.

Martín, A. Aurioles/ Toledano, M. Mayorga, *La Protección del Usuario de Serviços Bancarios*. In: AAVV, "Derecho de los Consumidores y Usuarios", vol. I, 1186-1209, 3ª edición, Tirant lo Blanch, Valencia, 2016.

Martinez, P. Romano, *Empreitada de Bens de Consumo*. In: II "Estudos do Instituto de Direito do Consumo" (2005), 11-35.

Martínez-Nadal, Appolonia, *El Contrato de Reserva de Plazas de Alojamiento en Régimen de Contigente*. Editorial Bosch, Barcelona, 1995.

Martins, A. Guerra, *O Direito Comunitário do Consumo – Guia de Estudo*. In: I "Estudos do Instituto de Direito do Consumo" (2002), 63-91.

Martins, A. Payan, *Class Actions em Portugal?*. Cosmos, Lisboa, 1999.

Martins, A. Soveral, *A Transposição da Directiva sobre Práticas Comerciais Desleais (Directiva 2005/29/CE) em Portugal pelo Decreto-Lei nº 57/2008, de 26 de março*. In: AAVV, "Estudos em Homenagem ao Prof. Doutor Carlos Ferreira de Almeida", vol. I, 569-585, Almedina, Coimbra, 2011.

Martins, A. Soveral, *Contratação à Distância e Contrato de Seguro*. In: 10 "Estudos de Direito do Consumidor" (2016), 91-153.

Medicus, Dieter, *Wer ist ein Verbraucher?*. In: "Festschrift für Zentaro Kitagawa", 471-486, Duncker & Humblot, Berlin, 1992.

Meirim, J. Manuel, *A Constituição da República e os Consumidores*. In: XI "Revista do Ministério Público" (1990), 181-188.

Meller-Hannich, Caroline, *Verbraucherschutz im Schuldvertragsrecht: Private Freiheit und staatliche Ordnung*. Mohr Siebeck, Tübingen, 2005.

Mendes, A. Ribeiro, *Valor Probatório dos Documentos Emitidos por Computador*. In: 47/48 "Documentação e Direito Comparado" («Colóquio Informática e Tribunais») (1991), 487-527.

Mendes, C. Ramos, *O Contrato de Prestação de Serviços de Fornecimento de Água*. Dissertação, Universidade Nova de Lisboa, Lisboa, 2015.

Mendes, I. Pereira, *Direito Real de Habitação Periódica*. Almedina, Coimbra, 1993.

Ménendez, Aurélio/ León, L. Ponce (dir.), *Comentarios a la Ley sobre Condiciones Generales de Contratación*. Editorial Civitas, Madrid, 2002.

MESQUITA, M. Henrique, *Uma Nova Figura Real: O Direito de Habitação Periódica*. In: VII "Revista de Direito e Economia" (1982), 39-69.

MICKLITZ, Hans-W./ Stuyck, Jules/ Terryn, Evelyn, *Cases, Materials and Texts in EC Consumer Law*. Hart Publishing, Portland, 2010.

MINERVINI, Enrico, *Dei Contratti del Consumatore in Generale*. Giappichelli, Torino, 2014.

MINERVINI, Enrico/ CARLEO, Liliana, *Le Pratiche Commerciali Sleali*. Giuffrè, Milano, 2007.

MINERVINI, Gustavo, *Il Contratto Turistico*. In: 72 "Rivista del Diritto Commerciale e del Diritto Generale delle Obbligazioni" (1974), 275-282.

MIRANDA, Jorge, *Anotação ao Artigo 60º da Constituição*. In: IV "Estudos do Instituto de Direito do Consumo" (2014), 25-34.

MIRANDA, Miguel, *O Contrato de Viagem Organizada*. Almedina, Coimbra, 2000.

MIRANDA, Yara, *As Cláusulas Contratuais Abusivas em Matéria de Relações de Consumo*. In: AAVV, "Direito Privado e Direito Comunitário – Alguns Ensaios", 643-750, Âncora Editora, Lisboa, 2007.

MONSALVE-CABALLERO, Vladimir/ RODADO-BARRETO, D. Paola, *La Integración de la Buena Fé Objectiva en la Formación de los Contratos de Consumo*. In: 122 "Revista Vniversitas" (2011), 483-517.

MONTE, M. Ferreira, *Da Protecção Penal do Consumidor – O Problema da (Des)Criminalização no Incitamento ao Consumo*. Almedina, Coimbra, 1996.

MONTEIRO, A. Pinto, *A Protecção do Consumidor de Serviços Públicos Essenciais*. In: 2 "Estudos de Direito do Consumidor" (2000), 333-350.

MONTEIRO, A. Pinto, *A Resposta do Ordenamento Jurídico Português à Contratação Bancária pelo Consumidor*. In: LVII "Boletim de Ciências Económicas da Universidade de Coimbra" (2014), 2315-2348.

MONTEIRO, A. Pinto, *Sobre o Direito do Consumidor em Portugal*. In: 4 "Estudos de Direito do Consumidor" (2002), 121-135.

MORA, A. Urruela, *A Ação Inibitória e a Tutela do Direito à Saúde nas Relações de Consumo*. In: 3 "Lex Medicinae – Revista Portuguesa de Direito da Saúde" (2006), 45-72.

MORAIS, F. Gravato, *A Alternatividade dos Meios de Defesa do Consumidor no Caso de Desconformidade da Coisa com o Contrato de Compra e Venda*. In: "Liber Amicorum Mário Frota", 155-169, Almedina, Coimbra, 2012.

MORAIS, F. Gravato, *Contratos de Crédito ao Consumo*. Almedina, Coimbra, 2007.

MORAIS, F. Gravato, *O Direito de Revogação nos Contratos de Crédito ao Consumo: Confronto entre os Regimes Jurídicos Português e Alemão*. In: 307 "Scientia Ivridica – Revista de Direito Português e Brasileiro" (2006), 457-491.

MORAIS, F. Gravato, *Proteção do Consumidor a Crédito na Celebração e Execução do Contrato*. In: "Direito do Consumo", 115-128, CEJ, Ebook, 2014.

MORENO, Á. Guisado, *Formación y Perfección del Contrato en Internet*. Marcial Pons, Madrid, 2004.

MORENO, M. Álvarez, *El Desistimiento Unilateral en los Contratos con Condiciones Generales*. Edersa, Madrid, 2000.

MOSCARINI, Lucio, *Formalismo Negoziale e Documento Informatico*. In: "Studi in Onore a Pietro Rescigno", vol. V, 1045-1070, Giuffrè, Milano, 1998.

MÜLLER, Sandra, *Der Arbeitnehmer als Verbraucher im Sinne des § 13 BGB*. Logos Verlag, Berlin, 2005.

MUNIZ, F. Sequeira, *O Sobreendividamento por Créditos ao Consumo e os Pressupostos de Indeferimento Liminar da Exoneração do Passivo Restante no Processo de Insolvência*. In: 12 "Estudos de Direito do Consumidor" (2017), 337-387.

MUSIO, Ivana, *Obblighi di Informazione nel Commercio Elettronico*. In: Sica, Salvatore/ / Stanzione, Pasquale (eds.), *Commercio Elletronico e Categorie Civilistiche*, 117-136, Giuffrè, Milano, 2002.

NABAIS, J. Casalta, *O Estatuto Constitucional dos Consumidores*. In: AAVV, "Estudos em Homenagem ao Prof. Doutor Sérvulo Correia", vol. I, 479-508, Coimbra Editora, Coimbra, 2010.

NAVARRETE, M. Moreno, *Derecho-e: Derecho del Comercio Electrónico*. Marcial Pons, Madrid, 2002.

NEBBIA, Paolisa/ ASKHAM, Tony, *EC Consumer Law*. Oxford University Press, New York, 2004.

NETO, R. Grassi, *Elementos para uma Teoria Geral do Direito do Consumidor*. In: 57 "Revista Portuguesa de Direito do Consumo" (2009), 57-92.

NEVES, Primo/ CASTRO, Ana, *Regimes de Preços em Portugal*. Cadernos da Direção-Geral de Concorrência e Preços, nº 14, Lisboa, 1991.

NGUYÉN, Pascal, *L'Auto-Entrepreneur*. Librarie Eyrolles, Paris, 2017.

NIVARRA, Luca, *L'Obbligo a Contrattare e il Mercato*. Cedam, Padova, 1989.

NUNES, Natália, *Direitos do Consumidor: Colectânea de Jurisprudência*. DECO, Lisboa, 2003.

OCDE, *La Politique de la Consommation dans les Pays OCDE*. Paris, 1983.

OGANDO, J. Avillez, *Os Deveres de Informação Permanente no Mercado de Capitais*. In: 64 "Revista da Ordem dos Advogados" (2004), 201-256.

OLAVE, R. Pinochet, *Contratos Electrónicos y Defensa del Consumidor*. Marcial Pons, Madrid, 2001.

OLIVEIRA, A. Costa, *Dos Contratos Negociados à Distância*. In: 7 "Revista Portuguesa de Direito do Consumo" (1996), 52-96.

OLIVEIRA, A. Rita, *A Contratação Eletrónica: As Cláusulas Contratuais Gerais (Em Especial, nas Transações Realizadas via Internet) e Outros Desafios Colocados pelo Comércio Eletrónico ao Direito dos Contratos*. Dissertação, Universidade de Coimbra, 2016.

Oliveira, E. Dias, *A Protecção dos Consumidores nos Contratos Celebrados Através da Internet*. Almedina, Coimbra, 2002.

Oliveira, E. Dias, *A Proteção do Consumidor nas Viagens Organizadas*. In: "Estudos de Direito do Consumo – Homenagem a Manuel Cabeçadas Ataíde Ferreira", 208-232, Deco, Lisboa, 2016.

Oliveira, E. Dias, *Contratação Eletrónica e Tutela do Consumidor*. In: V "Estudos [do Instituto] de Direito do Consumidor" (2017), 129-148.

Oliveira, E. Dias, *Lei Aplicável aos Contratos Celebrados com os Consumidores através da Internet e Tribunal Competente*. In: 4 "Estudos de Direito do Consumidor" (2002), 219-239.

Oliveira, E. Dias, *Práticas Comerciais Proibidas*. In: III "Estudos do Instituto de Direito do Consumo" (2006), 147-173.

Oliveira, E. Dias, *Tutela do Consumidor na Internet*. In: "Direito da Sociedade de Informação", vol. V, 335-358, Coimbra Editora, Coimbra, 2004.

Oliveira, F. Baptista, *O Conceito de Consumidor – Perspectivas Nacional e Comunitária*. Almedina, Coimbra, 2009.

Oliveira, F. Gonçalves, *Os Seguros e o Consumidor*. In: 59 "Revista Portuguesa de Direito do Consumo" (2009), 19-41.

Oliveira, F. Paula/ Abreu, A. Vassalo, *Instalação de Empreendimentos Turísticos em Propriedade Plural*. Almedina, Coimbra, 2014.

Oliveira, F. Paula/ Passinhas, Sandra/ Lopes, Dulce, *Alojamento Local e Uso de Fração Autónoma*. Almedina, Coimbra, 2017.

Oliveira, Isabel, *A Arbitragem de Consumo*. In: 2 "Estudos de Direito do Consumidor" (2000), 371-414.

Oliveira, N. Pinto, *Efeitos da Declaração de Insolvência sobre os Contratos em Curso: Em Especial, sobre o Contrato-Promessa*. In: 2 "Ab Instantia – Revista do Instituto do Conhecimento AB" (2014), 11-51.

Ortiz, R. Illescas, *Derecho de la Contratación Electrónica*. Editorial Civitas, Madrid, 2000.

Osman, Filiali (dir.), *Vers un Code Européen de la Consommation?*. Bruylant, Bruxelles, 1998.

Pais, S. Oliveira, *O Critério do Bem-Estar dos Consumidores no Contexto da Renovação do Direito Comunitário da Concorrência*. In: "Estudos em Homenagem ao Prof. Doutor Carlos Ferreira de Almeida", vol. 1, 587-627, Almedina, Coimbra, 2011.

Paiva, R. Moura, *Direito, Turismo e Consumo*. Editora Renovar, Rio de Janeiro, 2012.

Parsons, Steven, *Consumer Bankruptcy Law in Focus*. Wolters Kluwer, Aspen, 2016.

Passa, Jérôme, *Commerce Electronique et Protection du Consommateur*. In: 178 "Recueil Dalloz-Sirey" (2002), 555-564.

Passinhas, Sandra, *A Diretiva 2011/83/UE, de 25 de Outubro, relativa aos Direitos dos Consumidores: Algumas Considerações*. In: 9 "Estudos de Direito do Consumidor" (2015), 93-141.

PASSINHAS, Sandra, *Jurisprudência Relevante em Matéria de Contratação à Distância*. In: 9 "Estudos de Direito do Consumidor" (2015), 251-277.

PATRÍCIO, Manuela, *Direito do Turismo e Alojamento Turístico*. Almedina, Coimbra, 2016.

PAÚL, J. Patrício, *Concorrência Desleal e Direito do Consumidor*. In: 65 "Revista da Ordem dos Advogados" (2005), 89-108.

PAZ, Margarida, *A Publicitação das Sentenças Inibitórias de Cláusulas Contratuais Gerais Nulas como Corolário do Princípio da Proteção do Consumidor*. In: 1 "Revista do CEJ" (2013), 33-59.

PAZ, Margarida, *Ações Inibitórias e Ações Coletivas*. In: V "Estudos do [Instituto de] Direito do Consumo" (2017), 409-446.

PEÑA, K. Cabrera, *El Derecho de Consumo. Desde la Teoría Clásica del Contrato Hasta los Nuevos Contratos*. In: 35 "Revista de Derecho" (2011), 55-95.

PEREIRA, A. Dias, *A Protecção do Consumidor no Quadro da Directiva sobre o Comércio Electrónico*. In: 2 "Estudos de Direito do Consumidor" (2000), 43-140.

PEREIRA, A. Dias, *A Via Eletrónica da Negociação (Alguns Aspetos)*. In: 8 "Estudos de Direito do Consumidor" (2006-07), 275-290.

PEREIRA, A. Dias, *Comércio Electrónico e Consumidor*. In: 6 "Estudos de Direito do Consumidor" (2004), 341-400.

PEREIRA, A. Dias, *Comércio Electrónico na Sociedade da Informação*. Almedina, Coimbra, 1999.

PEREIRA, A. Dias, *Novos Direitos do Consumidor no Mercado Digital*. In: 10 "Estudos de Direito do Consumidor" (2016), 155-173.

PEREIRA, A. Dias, *Os Pactos Atributivos de Jurisdição nos Contratos Electrónicos de Consumo*. In: 3 "Estudos de Direito do Consumidor" (2001), 281-300.

PEREIRA, A. Dias, *Princípios do Comércio Electrónico (Breve Apontamento ao DL nº 7/2014)*. In: "Miscelâneas do IDET", nº 3, 77-112, Almedina, Coimbra, 2004.

PEREIRA, A. Patrícia, *O Incumprimento do Contrato de Crédito ao Consumo pelo Consumidor*. Dissertação, Universidade Nova de Lisboa, 2015.

PÉREZ, Nuria F., *El Nuevo Régimen de Contratación a Distancia con Consumidores*. La Ley, Madrid, 2009.

PICOT, Yves/ PICOT, Nathalie/ CHEVRIER, Eric, *Code de la Consommation – Annoté et Commenté*. Dalloz, Paris, 2018.

PINHEIRO, L. Lima, *Contratos Celebrados Através da Internet – Tribunais Internacionalmente Competentes e Direito Aplicável*. In: III "Revista de Direito Civil" (2018), 743-769.

PINHEIRO, L. Lima, *Direito Aplicável aos Contratos com Consumidores*. In: 61 "Revista da Ordem dos Advogados" (2001), 155-170.

PINHEIRO, L. Lima, *Direito Aplicável aos Contratos Celebrados Através da Internet*. In: 66 "Revista da Ordem dos Advogados" (2006), 131-190.

PINTO, A. Mota, *Venda de Bens de Consumo e Garantias: O Direito Vivido nos Tribunais.* In: AAVV, "I Congresso de Direito do Consumo", 189-209, Almedina, Coimbra, 2016.

PINTO, P. Mota, *Conformidade e Garantias na Venda de Bens de Consumo. A Directiva 1999/44/CE e o Direito Português.* In: 2 "Estudos de Direito do Consumidor" (2000), 197-331.

PINTO, P. Mota, *O Direito de Regresso do Vendedor Final de Bens de Consumo,* in: "Estudos Dedicados ao Prof. Doutor M. J. Almeida Costa", 1177-1225, UCP Editora, Lisboa, 2002.

PINTO, P. Mota, *O Novo Regime Jurídico dos Contratos à Distância e dos Contratos Celebrados fora do Estabelecimento Comercial.* In: 9 "Estudos de Direito do Consumidor" (2015), 51-91.

PINTO, P. Mota, *Princípios Relativos aos Deveres de Informação no Comércio à Distância.* In: 5 "Estudos de Direito do Consumidor" (2003), 183-206.

PINTO-FERREIRA, J. Pedro, *A Resolução Alternativa de Litígios de Consumo no Contexto da Lei nº 144/2015.* In: "Estudos de Direito do Consumo: Homenagem a Manuel C. Ataíde Ferreira", 310-332, DECO, Lisboa, 2016.

PINTO-FERREIRA, J. Pedro, *A Tutela Efectiva dos Direitos. O Papel do Ministério Público na Promoção dos Interesses e na Protecção dos Direitos dos Consumidores.* In: 27 "Revista Portuguesa de Direito do Consumo" (2001), 11-31.

PINTO-FERREIRA, J. Pedro/ CARVALHO, J. Morais, *Contratos Celebrados à Distância e Fora do Estabelecimento Comercial.* Almedina, Coimbra, 2014.

PITTALIS, Margherita, *Catering.* In: 1 "Contratto e Impresa" (1989), 265-307.

PIZARRO, S. Nóbrega, *Comércio Electrónico – Contratos Electrónicos e Informáticos.* Almedina, Coimbra, 2005.

POILLOT, Élise, *Droit Européen de la Consommation et Uniformisation du Droit des Contrats.* LGDJ, Paris, 2006.

POLO, Eduardo, *La Protección del Consumidor en el Derecho Privado.* Editorial Civitas, Madrid, 1980.

PORTER, Katherine, *Modern Consumer Law.* Wolters Kluwer Law & Business, New York, 2016.

POULLET, Yves/ AMORY, Bernard, *Le Droit de la Preuve face à l'Informatique et à la Télématique.* In: 37 "Revue Internationale de Droit Comparé" (1985), 331-352.

PRATA, Ana, *Contratos de Adesão e Cláusulas Contratuais Gerais. Anotação ao DL nº 446/85, 25 de Outubro.* Almedina, Coimbra, 2010.

PRATA, Ana, *Venda de Bens Usados no Quadro da Diretiva 1999/44/CE.* In: II "Themis – Revista da Faculdade de Direito da Universidade Nova de Lisboa" (2001), 145-153.

PRATA, Ana, *A Obrigação de Informar na Responsabilidade Pré-Contratual.* In: XVII "Themis – Revista da Faculdade de Direito da Universidade Nova de Lisboa" (2016), 7-38.

PREIS, Ulrich, *Der Përsonlicher Anwendungsbereich der Sonderprivatrechte.* In: 158 "Zeitschrift für das gesamte Handelsrecht und Wirtschaftsrecht" (1994), 568-613.

PROENÇA, C. Brandão, *A Desvinculação Não Motivada nos Contratos de Consumo: Um Verdadeiro Direito de Resolução?.* In: 70 "Revista da Ordem dos Advogados" (2010), 219-272.

PUIG, V. Julián, *Contratos Turísticos.* In: AAVV, "Contratos Mercantiles", vol. II, 909-982, 2 ª edición, Bosch, Barcelona, 2009.

RAGNE, Piir/ SEIN, Karin, *Law Applicable to Consumer Contracts: Interaction of the Rome I Regulation and EU-Directive-based Rules on Conflicts of Laws.* In: 24 "Juridica International Law Review" (2016), 63-70.

RAMOS, R. Moura, *Remarques sur les Développements Récents du Droit International Privé Portuguais en Matière de Protection des Consommateurs.* In: "Liber Amicorum George A. L. Droz", 235-251, Martinus Nijhoff, Dordrecht, 1996.

REBELO, F. Neves, *O Direito à Informação do Consumidor na Contratação à Distância.* In: "Liber Amicorum Mário Frota", 103-153, Almedina, Coimbra, 2012.

REBELO, F. Neves, *O Direito de Livre Resolução no Quadro Geral do Regime Jurídico de Protecção do Consumidor.* In: AAVV, "Nos 20 Anos do Código das Sociedades Comerciais", vol. II, 572-617, Coimbra Editora, Coimbra, 2007.

REGO, Raquel, *O Impacto da Profissionalização nas Associações de Consumidores: o Caso da DECO.* In: 90 "Revista Crítica de Ciências Sociais" (2010), 113-132.

REICH, Nobert/ MICKLITZ, Hans, *Consumer Legislation in the EC Countries. A Comparative Analysis.* Van Nostrand Reinhold Co., New York, 1980.

REICH, Nobert/ Micklitz, Hans-W., *Europäisches Verbraucherrecht.* 4. Aufl., Nomos, Baden-Baden, 2003.

REICH, Norbert, *Markt und Recht.* Luchterhand, Darmstadt, 1977.

REINER, Günter, *Der verbraucherschützende Widerruf im Recht der Willenserklärung.* In: 203 "Archiv für die civilistische Praxis" (2003), 1-45.

REINHARD, Hans-Joachim, *Verbraucherschutz durch EU-Richtlinien – Der acquis communautaire im Bereich des Verbraucherrechts.* In: 2 "The European Legal Forum" (2004), 86-91.

REXACH, A. Menéndez, *Estudios Jurídicos sobre Seguridad Alimentaria.* Marcial Pons, Barcelona, 2015.

REYMANN, Christoph, *Das Sonderprivatrecht der Handels- und Verbraucherverträge.* Mohr Siebeck, Tübingen, 2009.

RIBEIRO, J. Sousa, *A Boa Fé como Norma de Validade.* In: "Ars Iudicandi – Estudos em Homenagem ao Prof. Doutor A. Castanheira Neves", vol. II, 667-732, Coimbra Editora, Coimbra, 2009.

RIBEIRO, J. Sousa, *O Contrato de Viagem Organizada na Lei Vigente e no Anteprojeto do Código do Consumidor.* In: 8 "Estudos de Direito do Consumidor" (2006/07), 127-164.

Ribeiro, J. Sousa, *O Princípio da Transparência no Direito Europeu dos Contratos*. In: "Direito dos Contratos – Estudos", 75-100, Coimbra Editora, Coimbra, 2007.

Ribeiro, J. Sousa, *O Problema do Contrato – As Cláusulas Contratuais Gerais e o Princípio da Liberdade Contratual*. Almedina, Coimbra, 1999.

Riefa, Christine, *The Reform of Electronic Consumer Contracts in Europe: Towards an Effective Legal Framework?*. In: 14 "Lex Electronica" (2009), 1-44.

Riesenhuber, Karl, *Anleger und Verbraucher*. In: 26 "Zeitschrift für Bankrecht und Bankwirtschaft" (2014), 134-149.

Rodrigues, H. Rigor, *A Cláusula Geral das Práticas Comerciais Desleais das Empresas face aos Consumidores*. In: 758 "JusNet – Wolters Kluwer" (2009), 1-27.

Rodrigues, H. Rigor, *A Proteção dos Consumidores Particularmente Vulneráveis nas Práticas Comerciais Desleais*. In: 56 "Revista Portuguesa de Direito do Consumo" (2008), 83-118.

Rodrigues, H. Rigor, *O Conceito Consumidor Médio no Panorama Comunitário: Subsídios para a sua Compreensão*. In: 58 "Revista Portuguesa de Direito do Consumo" (2009), 15-42.

Rodrigues, L. Silveira, *DECO – Uma Organização de Causas*. In: "I Congresso de Direito do Consumo", 219-227, Almedina, Coimbra, 2016.

Rodrigues, L. Silveira, *Direito Industrial e Tutela do Consumidor*. In: "Direito Industrial – APDI", vol. II, 257-279, Almedina, Coimbra, 2002.

Rodrigues, S. Nascimento, *A Proteção dos Investidores em Valores Mobiliários*. Almedina, Coimbra, 2001.

Rodrigues, S. Nascimento, *O Direito de Resolução do Investidor na Contratação dos Serviços Financeiros à Distância*. In: AAVV, "Direito dos Valores Mobiliários", vol. VII, 233-273, Coimbra Editora, Coimbra, 2007.

Rodrígez-Cano, A. Bercovitz, *Estudios Jurídicos sobre la Protección de los Consumidores*. Editorial Tecnos, Madrid, 1987.

Rodríguez-Cano, R. Bercovitz, *Comentario del Texto Refundido de la Ley General para la Defensa de los Consumidores y Usuarios*. 2ª edición, Ed. Aranzadi, Madrid, 2015.

Rogers, Kevin, *Philosophical Contrasts in Commercial and Consumer Law – Should We Codify Commercial Law?*. In: 26 "Business Law Review" (2005), 262-266.

Rosa, V. Castro, *Contratação Electrónica*. In: AAVV, "Lei do Comércio Electrónico Anotada", 191-208, Coimbra Editora, Coimbra, 2005.

Rose, Francis, *Blackstone's Statutes on Commercial and Consumer Law 2013-2014*. 22th edition, Oxford University Press, Oxford, 2013.

Roux, Dominique/ Nabec, Lydiane, *Protection des Consommateurs: Les Nouveaux Enjeux du Consumérisme*. Éditions EMS, Paris, 2016.

Rubio, J. Alvarez, *Contratación con Consumidores*. Editorial Dykinson, Madrid, 2012.

Rubio, J. Alvarez, *La Protección del Usuario de Servicios de Transporte*. In: AAVV, "Derecho de los Consumidores y Usuarios", vol. I, 1310-1366, 3ª edición, Tirant lo Blanch, Valencia, 2016.

Ruy, F. Bravin, *Direito do Investidor – Consumidor no Mercado de Capitais e nos Fundos.* Lumenjuris, Rio de Janeiro, 2010.

Rzepecki, Nathalie, *Droit de la Consommation et Théorie Générale du Contrat.* Presses Universitaires d'Aix-Marseille, 2015.

Sá, Almeno, *Cláusulas Contratuais Gerais e Directiva sobre Cláusulas Abusivas.* 2ª edição, Almedina, Coimbra, 2001.

Sá, F. Costa, *Contratos de Prestação de Serviços de Comunicações Eletrónicas.* Dissertação, Universidade Nova de Lisboa, Lisboa, 2014.

Sachse, Kathrin, *Der Verbrauchervertrag im internationalen Privat- und Prozessrecht.* Mohr Siebeck, Tübingen, 2006.

Salazar, C. Moreira, *Crédito Responsável e Dever de Avaliação da Solvabilidade do Consumidor.* Dissertação, UCP, Porto, 2012.

Sambucci, Leonardo, *Il Contratto dell'Impresa.* Giuffrè, Milano, 2002.

Sánchez, E. Caballero, *El Consumidor de Seguros: Protección y Defensa.* Ed. Mapfre, Madrid, 1997.

Sangensted, H. Rudolf, *Meine Rechte als Verbraucher.* Beck, München, 1980.

Santo, L. Espírito, *O Contrato de Viagem Organizada.* Almedina, Coimbra, 2016.

Santos, A. Marques, *Arbitragem no Direito do Consumo.* In: I "Estudos do Instituto de Direito do Consumo" (2002), 281-296.

Santos, A. Marques, *Direito Aplicável aos Contratos Celebrados através da Internet e Tribunal Competente.* In: 4 "Direito da Sociedade da Informação" (2003), 107-170.

Santos, M. Beja, *De Freguês a Consumidor – 70 Anos de Sociedade de Consumo – História da Defesa do Consumidor em Portugal.* Ed. Nexo, Alcochete, 2015.

Santos, P. Oliveira, *A Garantia Legal do Consumidor na Aquisição de Bens.* Dissertação, Universidade de Coimbra, 2015.

Santos, T. Moura, *A Tutela do Consumidor entre os Contratos de Adesão e as Práticas Comerciais Desleais.* In: 1 "Revista Electrónica de Direito" (2016), 1-53.

Sauphanor, Nathalie, *L'Influence du Droit de la Consommation sur le Système Juridique.* LGDJ, Paris, 2000.

Sauphanor-Brouillaud, Natacha/ Poillot, Élise/ De Vincelles, C. Aubert, *Les Contrats de Consommation – Règles Communes.* LGDJ, Paris, 2012.

Schaub, Martien, *How to Make the Best of Mandatory Information Requirements in Consumer Law.* In: 25 "European Review of Private Law" (2017), 25–44.

Schmidt, C. Heineck, *Consumidores Hipervulneráveis.* Ed. Atlas, São Paulo, 2014.

Schmidt, Karsten, *BGB-Verbraucherrecht und Handelsrecht. Eine Skizze.* In: Schulte-Nölke, Hans/ Schulze, Reiner (Hrsg.), "Die Schuldrechtsreform vor dem Hintergrund des Gemeinschaftsrechts", 143-153, Mohr, Tübingen, 2001.

Schmidtke, Stefan, *Unlautere geschäftliche Handlungen bei und nach Vertragsschluss.* H. Utz Verlag, München, 2011.

Schünemann, Wolfgang/ Blomeyer, Michael, *Existenzgründer: Unternehmen oder Verbraucher?.* In: 65 "Juristenzeitung" (2010), 1156-1160.

SCOTT, Collin/ BLACK, Julia, *Cranston's Consumer and the Law*. 3rd edition, Butterworths, London, 2000.

SEDLMEIER, Kathleen, *Rechtsgeschäftliche Selbstbestimmung im Verbrauchervertrag*. Mohr Siebeck, Tübingen, 2012.

SENDIN, P. Melero, *Compra e Venda Comercial por Amostra, por Qualidade Conhecida no Comércio e sob Exame*. In: "Estudos em Honra do Prof. Doutor J. Oliveira Ascensão", vol. II, 1113-1157, Almedina, Coimbra, 2008.

SERENS, M. Nogueira, *A Proibição da Publicidade Enganosa: Defesa dos Consumidores ou Protecção (de Alguns) Concorrentes?*. In: AAVV, "Comunicação e Defesa do Consumidor", 229-256, Instituto Jurídico da Comunicação, Coimbra, 1996.

SERRANO, L. María, *Los Contratos Celebrados Fuera de los Establecimientos Mercantiles*. Marcial Pons, Madrid, 2001.

SERRAT, J. Bech, *La Responsabilidad Contratual de los Organizadores y los Detallistas de Viajes Combinados*. Dissertação, Girona, 2001.

SILVA, D. Sousa, *Contratos à Distância – O Ciberconsumidor*. In: 5 "Estudos de Direito do Consumidor" (2003), 423-456.

SILVA, E. Moreira, *Da Responsabilidade Pré-Contratual por Violação dos Deveres de Informação*. Almedina, Coimbra, 2006.

SILVA, H. Lança, *Conclusão dos Contratos no Comércio Eletrónico*. Verbo Jurídico, 2007.

SILVA, J. Calvão, *A Publicidade na Formação do Contrato*. In: "Comemorações do 35 Anos do Código Civil", vol. II, 687-711, Coimbra Editora, Coimbra, 2006.

SILVA, J. Calvão, *Aplicação da Lei nº 23/96 ao Serviço Móvel de Telefone e Natureza Extintiva da Prescrição Referida no seu Art. 10º*. In: 132 "Revista de Legislação e de Jurisprudência" (1999-2000), 135-160.

SILVA, J. Calvão, *Compra e Venda de Coisas Defeituosas*. Almedina, Coimbra, 2008.

SILVA, J. Calvão, *Protecção do Consumidor*. In: Campos, D. Leite (ed.), "Direito das Empresas", 113-152, INA, Lisboa, 1990.

SILVA, J. Calvão, *Responsabilidade Civil do Produtor*. Almedina, Coimbra, 1990.

SILVA, J. Calvão, *Serviços Públicos Essenciais*. In: 137 "Revista de Legislação e de Jurisprudência" (2008), 165-181.

SILVA, J. Calvão, *Venda de Bens de Consumo*. 4ª edição, Almedina, Coimbra, 2010.

SILVA, P. Costa, *A Contratação Automatizada*. In: "Direito da Sociedade da Informação", vol. IV, 289-305, Coimbra Editora, Coimbra, 2003.

SILVA, P. Costa, *Contratação Electrónica*. In: AAVV, "Lei do Comércio Electrónico Anotada", 181-189, Coimbra Editora, Coimbra, 2005.

SILVA, P. Costa, *Transferência Eletrónica de Dados: A Formação dos Contratos*. In: "Direito da Sociedade da Informação", vol. I, 217-222, Coimbra Editora, Coimbra, 1999.

SIMÃO, J. Carita, *A Repressão das Práticas Comerciais Desleais das Empresas face aos Consumidores*. In: 4 "Revista de Direito das Sociedades" (2012), 1009-1045.

SIMITIS, Konstantin, *Verbraucherschutz. Schlagwort oder Rechtsprinzip?*. Nomos, Baden-Baden, 1976.

SIMÕES, F. Dias, *O Conceito de Consumidor no Direito Português*. In: 118 "JusNet – Wolters Kluwer" (2011), 1-19 e "JusNet – Wolters Kluwer" (2012), 1-14.

SIMÕES, F. Dias/ ALMEIDA, M. Pinheiro, *Lei dos Serviços Públicos Essenciais – Anotada e Comentada*. Almedina, Coimbra, 2012.

SIMPSON, Andrew/ KYNSELLA, Stephan, *Online Contract Formation*. Oceana Publications, New York, 2004.

SINIQUEL, Roberto, *Consumidor Super endividado – Tratamento Jurídico na Sociedade de Consumo*. Juruá Editora, Curitiba, 2018.

SOUSA, A. Teixeira, *O Direito de Arrependimento nos Contratos Celebrados à Distância e Fora do Estabelecimento Comercial*. In: "Estudos de Direito do Consumo – Homenagem a Manuel Cabeçadas Ataíde Ferreira", 18-41, Deco, Lisboa, 2016.

SOYKA, Julia, *Der Verbrauchsgüterkauf: Anwendungsbereich und Umgehungsprobleme*. Nomos, Baden-Baden, 2011.

STALLONE, Francesco, *La Forma dell'Atto Giuridico Elettronico*. In: VI "Contratto e Impresa" (1990), 756-778.

STEARNS, Peter, *Consumerism in World History: The Global Transformation of Desire*. 2nd edition, Routledge, New York, 2006.

STÜRNER, Michael, *Außerhalb von Geschäftsräumen geschlossener Vertrag*. In: 37 "Juristische Arbeitsblätter" (2015), 341-346.

STÜRNER, Michael, *Vollharmonisierung im Europäischen Verbraucherrecht?*. Walter de Gruyter, Berlin, 2009.

STÜRNER, Michael/ INCHAUSTI, F. Gascón/ CAPONI, Remo, *The Role of Consumer ADR in the Administration of Justice*. Sellier European Law Publishers, München, 2015.

TADEU, S. Alves/ OLIVEIRA, Adriana, *Segurança Alimentar: Direito Fundamental e o Dever de Informar ao Consumidor – Uma Perspectiva Comparada*. In: 71 "Revista Portuguesa de Direito do Consumo" (2012), 159-220.

TAGLINO, Daniela, *Il Valore Giuridico del Documento Elettronico*. Dissertação, Roma, 1996.

TANG, Z. Sophia, *Electronic Consumer Contracts in the Conflict of Laws*. 2nd edition, Hart Publishing, New York, 2015.

TAPSCOTT, Don, *The Digital Economy: Promises and Perils in the Age of Networked Intelligence*. McGraw-Hill, New York, 1997.

TARZIA, Giuseppe, *La Tutela degli Interesse Diffusi nel Diritto Comparato con Particulare Riguardo alla Protezione dell' Ambiente e dei Consumatori*. Giuffrè, Milano, 1976.

TEIXEIRA, F. Canabarro, *Os Deveres de Informação dos Intermediários Financeiros em Relação a seus Clientes e sua Responsabilidade Civil*. In: 31 "Cadernos do Mercado de Valores Mobiliários" (2008), 50-87.

TEIXEIRA, M. Martins, *A Prova no Direito do Consumo: Uma Abordagem Tópica*. In: "I Congresso de Direito do Consumo", 139-158, Almedina, Coimbra, 2016.

TEIXEIRA, P. Nascimento, *A Questão da Protecção dos Consumidores nos Contratos Plurilocalizados*. In: 54 "Revista da Ordem dos Advogados" (1994), 181-262.

TELES, E. Galvão, *A Proteção do Consumidor nos Contratos Internacionais*. Dissertação, Lisboa, 1997.

TELES, E. Galvão, *A Lei Aplicável aos Contratos de Consumo no "Labirinto Comunitário"*. In: "Estudos em Homenagem ao Prof. Doutor I. Galvão Telles", vol. I, 683-751, Almedina, Coimbra, 2002.

TELES, M. Galvão, *Obrigação de Emitir Declaração Negocial*. Almedina, Coimbra, 2012.

TENREIRO, Mário, *Un Code de la Consommation ou un Code Autour du Consommateur? Quelques Réflexions Critiques sur la Codification et la Notion du Consommateur*. In: "Liber Amicorum Norbert Reich", 339-356, Nomos, Baden-Baden, 1997.

TERRADAS, B. Añoveros, *Los Contratos de Consumo Intracomunitarios*. Marcial Pons, Madrid, 2003.

TERRYN, Evelyn/ STRAETMANS, Gert/ COLAERT, Veerle, *Landmark Cases of EU Consumer Law*. Intersentia, Antwerp, 2013.

TERUELO, J. Fernández, *La Protección Penal de los Interesses Económicos de los Consumidores y Usuarios*. In: AAVV, "Derecho de los Consumidores y Usuarios", vol. I, 1773-1834, 3ª edición, Tirant lo Blanch, Valencia, 2016.

TONNER, Klaus/ FANGEROW, Kathleen, *Directive 2011/83/EU on Consumer Rights: A New Approach to European Consumer Law?*. In: 1 "Journal of European Consumer and Market Law" (2012), 67-80.

TUPAN, S. Christoffoli, *Alguns Aspectos Jurídicos do Comércio Electrónico entre Empresas*. Dissertação, Porto, 2004.

TURNER, Catrin/ BRENANN, Sean, *Commercial Lawyers Guide to the Internet*. In: VIII "International Company and Commercial Law Review" (1997), 120-123 e 382-386.

ULLREICH, Stefan, *Der Verbrauchervertrag*. Verlag Österreich, Wien, 2016.

UNCITRAL, *Guidelines for Consumer Protection*. United Nations, New York, 2016.

VALDÉS-BLANCO, A. Soler, *El Contrato de Viaje Combinado*. Thomson-Aranzadi, Cizur Menor, 2005.

VANDEVELD-ZENGER, Jacqueline, *Les Envois de Marchandises non Commandées: Étude de Droit Comparé*. Librairie Droz, Genève, 1986.

VANNEROM, Johan, *Consumer Notion: Natural or Legal Persons and Mixed Contracts*. In: "Landmark Cases of EU Consumer Law", 57-72, Intersentia, Cambridge, 2013.

VARELA, J. Antunes, *Das Obrigações em Geral*, vol. I. 10ª edição, Almedina, Coimbra, 2000.

VARELA, J. Antunes, *Direito do Consumo*. In: 1 "Estudos de Direito do Consumidor" (1999), 391-405.

VASCONCELOS, L. Pestana, *Direito de Retenção, Contrato Promessa e Insolvência.* In: 33 "Cadernos do Direito Privado" (2011), 3-29.

VASCONCELOS, L. Pestana, *Considerações sobre a Transferência do Risco na Venda de Bens de Consumo.* In: "Estudos em Homenagem ao Prof. Doutor Heinrich Ewald Hörster", 463-478, Coimbra, Almedina, 2012.

VASCONCELOS, P. Pais, *Direito Comercial,* vol. I. Almedina, Coimbra, 2011.

VASCONCELOS, P. Pais, *Teoria Geral do Direito Civil.* 5ª edição, Almedina, Coimbra, 2008.

VEGA, J. Antonio Vega, *La Forma en el Negocio Jurídico Electrónico.* In: 23 "Revista de Estudios Económicos y Empresariales" (2011), 125-163.

VENÂNCIO, P. Dias, *O Contrato Eletrónico e o Momento da sua Conclusão.* In: IV "Maia Jurídica" (2006), 61-76.

VICENTE, D. Moura, *A Competência Judiciária em Matéria de Conflitos de Consumo nas Convenções de Bruxelas e de Lugano.* In: I "Estudos do Instituto de Direito do Consumo" (2002), 107-130.

VICENTE, D. Moura, *Lei Reguladora dos Contratos de Consumo.* In: II "Estudos do Instituto de Direito do Consumo" (2005), 75-101.

VICENTE, J. García, *La Contratación con Consumidores.* In: "Tratado de Contratos", vol. II, 1443-1582, Tirant lo Blanch, Valencia, 2009.

VICENTE, J. García, *Ley de Contratos Celebrados Fuera de los Establecimientos Mercantiles: El Derecho de Revocación.* Editorial Aranzadi, Pamplona, 1997.

VIEIRA, J. Alberto, *Direitos Reais.* 2ª edição, Almedina, Coimbra, 2018.

VOGENAUER, Stefan, *The Image(s) of the "Consumer" in EU Law.* In: 3 "Journal of European Consumer and Market Law" (2014), 61-62.

VON HIPPEL, Eike, *Verbraucherschutz durch Information? Möglichkeiten und Grenzen.* In: 19 "Zeitschrift für Europarecht, Internationales Privatrecht und Rechtsvergleichung" (1978), 110-115.

WACKE, Andreas, *«Ambiguitas contra Stipulatorem».* In: "Juristische Blätter" (1981), 666-673.

WALEY, Douglas, *Problems and Materials on Consumer Law.* 7th edition, Wolters Kluwer Law & Business, New York, 2016.

WEATHERILL, Stephen (ed.), *Federalism and Responsibility: A Study on Product Safety Law and Practice in the European Community.* Graham & Trotmann, London, 1994.

WEATHERILL, Stephen, *EU Consumer Law and Policy.* 2nd edition, Elgar European Law, Cheltenham, 2014.

WEISS, Dimitri/ CHRIOUZE, Yves, *Le Consummérisme.* Éditions Sirey, Paris, 1984.

WRBKA, Stefan, *European Consumer Access To Justice Revisited.* Cambridge University Press, Cambrigde, 2014.

Zanellato, M. António, *Considerações sobre o Conceito Jurídico de Consumidor*. In: 35 "Revista Portuguesa de Direito do Consumo" (2003), 41-65.

Zech, Herbert, *Data as a Tradeable Commodity*. In: AAVV, "European Contract Law and the Digital Single Market", 51-79, Intersentia, Cambridge, 2016.

Zeno-Zencovich, Vincenzo, *Il Diritto Europeo dei Contratti (Verso la Distinzione fra "Contratti Commerciali" e "Contratti dei Consumatori")*. In: 147 "Giurisprudenza Italiana" (1993), IV, 57-73.

ÍNDICE

CAPÍTULO V – OS CONTRATOS DE CONSUMO EM ESPECIAL